やさしく学ぶ
SketchUp

SketchUp 2022対応 ≫ for Windows & Mac

Obra Club 著

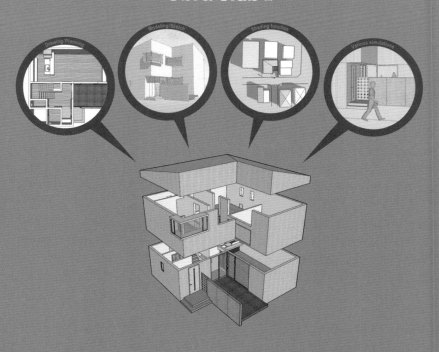

本書をご購入・ご利用になる前に 必ずお読みください

- 本書の内容は、執筆時点（2022年5月）の情報に基づいて制作されています。これ以降に製品、サービス、その他の情報の内容が変更されている可能性があります。また、ソフトウェアに関する記述も執筆時点の最新バージョンを基にしています。これ以降にソフトウェアがバージョンアップされ、本書の内容と異なる場合があります。
- 本書は、SketchUp Pro 2022の解説書です。本書の利用に当たっては、同ソフトウェアがパソコンにインストールされている必要があります。
- 本書は、Windows 11がインストールされたパソコンで、SketchUp Pro 2022を使用して解説を行っています。そのため、ご使用のOSやアプリケーションのバージョンによって、画面や操作方法が本書と異なる場合がございます。
- 本書ではSketchUp Pro 2022を前提に解説していますが、一部を除きSketchUp Free（→p.12）もほぼ同様の機能を備えており、操作を読み替えることで解説内容を体験できます。ただし、SketchUp Freeは、操作画面やファイル作成・保存をはじめとする操作方法などSketchUp Proとの違いが多くあるのでご注意ください。
- SketchUp Freeでの本書の利用は保証しておりません。そのため、SketchUp Freeの使用方法、操作画面や操作の違いなどのご質問は受け付けておりません。
- 本書は、パソコンおよびWindowsやMacなどのOS、インターネットの基本操作ができる方を対象としています。
- 本書の利用に当たっては、インターネットから教材データをダウンロードする必要があります（→p.13）。そのためインターネット接続環境が必須となります。
- 教材データを使用するには、SketchUp Pro 2022が動作する環境が必要です。同ソフトウェアより古いバージョンでは使用できません。
- 本書に記載された内容をはじめ、インターネットからダウンロードした教材データ、プログラムなどを利用したことによるいかなる損害に対しても、開発元・販売元等、著作権者ならびに株式会社エクスナレッジでは一切の責任を負いかねます。個人の責任においてご使用ください。
- 本書に直接関係のない「このようなことがしたい」「このようなときはどうすればよいか」など特定の操作方法や問題解決方法、パソコンやWindows・Macの基本的な使い方、ご使用の環境固有の設定や特定の機器向けの設定などのお問合せは受け付けておりません。本書の説明内容に関するご質問に限り、 p.271のFAX質問シートにて受け付けております。

以上の注意事項をご承諾いただいたうえで、本書をご利用ください。ご承諾いただけずにお問合せをいただいても、株式会社エクスナレッジおよび著作権者はご対応いたしかねます。予めご了承ください。

カバーデザイン————会津 勝久
編集協力—————鈴木 健二（中央編集舎）
印刷———————図書印刷株式会社

はじめに

SketchUpのことは、使い始めたら、すぐに好きになると思います。

四角をかいて引っ張り出せば直方体になり、好きなテクスチャで面をペイントすれば煉瓦や金属、半透明なガラスにもなります。直感的でわかりやすい操作で、楽しみながら簡単に3Dモデルが作れます。作成した3Dモデルをその外部、内部の好きな位置から見渡すことができ、その流れをアニメーションで見ることもできます。

これはもう、設計のプロだけのツールにしておくのは、もったいない。

設計とは無縁の一般の人が、引っ越し先の部屋のレイアウトの検討をしたり、子供たちが3Dモデルで遊ぶことだって、SketchUpなら楽しくできそうです。そして、そのような一般の方の個人利用のために、無料のWebベースの「SketchUp Free」が提供されています。

3Dモデリングソフトを使って住宅や内装リフォームの3Dモデルを作成しても、施主に渡せるのは印刷した絵や図面などの2次元の画像データだけであったら……設計のプロではない一般の方が、それらから立体の全貌を想像するのは、たやすいことではありません。誰でも使うことのできる無料版が提供されているSketchUpなら、施主自身がさまざまな方向からモデルを見たり、実際にその空間に自分や子供が立ったときの目線で室内を見渡すこともできます。SketchUpの3Dモデルなら2次元の絵や図面では伝えられなかった多くのことを伝えられるのです。SketchUpは、そうした設計者と施主とのコミュニケーションツールにもなり得るものです。

この本は「部屋のレイアウトを検討したい」という一般の方から「CADで描いた平面図をベースに住宅の3Dモデルを作成して影の検討などをしたい、施主への説明に使いたい」というプロの設計者までを対象としたSketchUpの入門書で、SketchUp Proを用いて解説しています。SketchUp Proは30日間無料で使える評価版が提供されていますので、Pro、Freeに関わらず、SketchUpの利用を検討されている方は、ぜひ評価版を利用して本書で一通りの操作を体験されることをお勧めします。
皆様が楽しくSketchUpを始める一助になれば幸いです。

本書執筆の準備段階から中村泰貴氏（Luminova Japan）には、3DモデリングソフトとしてのSketchUpのポジション、それをベースにした教材モデルの作成など、多くのご助言をいただきました。この場を借りて御礼申し上げます。

Obra Club

Contents

Chapter 1　SketchUpの基本操作に慣れよう　　15

本書の表記と凡例

マウス操作による指示の表記

マウスのクリック操作は、操作説明文では、以下のアイコンで表記します。

ホイールボタン
左ボタン　右ボタン

クリック：左ボタンを1回押す（押したらすぐはなす）。

右クリック：右ボタンを1回押す（押したらすぐはなす）。

ダブルクリック：左ボタンを立て続けに2回押す。

トリプルクリック：左ボタンを立て続けに3回押す。

解説画面図では、通常、クリックの操作は記載しませんが、右クリックや
ダブルクリック、トリプルクリックの操作に限り、下図のように記載します。

作図結果（➡部分）の文中では
（クリック）（右クリック）

解説画面図上では
（クリック）（右クリック）
と、アイコンの輪郭の色を変えています。

〈右クリックの表記例〉

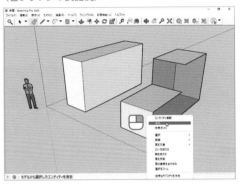

〈ダブルクリックの表記例〉

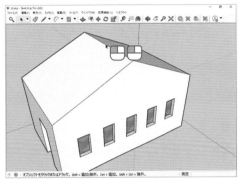

ドラッグ

マウスのドラッグ操作は、ボタンを押したままマウスを移動し
た後でボタンをはなす操作です。
解説画面図では、右図のように、ドラッグ方向に模様線の矢印を
表記します。

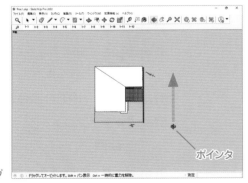

ポインタ

〈ドラッグの表記例〉上方向にドラッグ

ポインタの移動

指示対象を🖱した後（マウスのボタンをはなしてから）ポインタ
を移動する場合や、指示点にポインタを合わせた後で（🖱しな
い）ポインタを移動する場合があります。
このように、マウスのボタンをはなした状態でポインタを移動
する操作は、解説画面図では、右図のように、ポインタの移動方
向に点線の矢印を表記します。

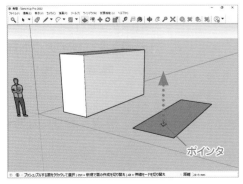

ポインタ

〈ポインタの移動の表記例〉ポインタを上方向に移動

キーボードによる指示の表記

数値や文字の入力指示は、「500」を入力する のように、「　」を付けて、入力する数値や文字を表記します。
「　」内の数値や文字を入力した後は、必ず、Enter（ Mac は return また enter ）キーを押して確定してください。
解説画面図では、右下図のように、「数値入力」ボックスに操作指示番号を記載します。

〈表記例〉**2**「6500,4000」を入力する。

寸法や角度などの数値は、画面右下の「値制御」ボックスに入力
します。その際、「値制御」ボックスをクリックする必要はありま
せん。キーボードから直接数値を入力すると、「値制御」ボックス
に数値が入力され、Enter（ Mac は return または enter ）キーを押
すことで確定します。

※ Windowsでは日本語入力が有効になっていると、「値制御」ボックスに数値
　 が入力されません。日本語入力を無効にした状態で数値を入力してください。

特定のキーを押す指示は、Shift キーを押す のように、[　　]を
付けて、押すキーを表記します。

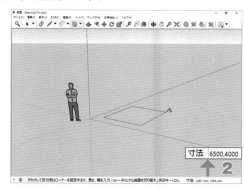

ツール選択の表記

ツールバーやメニューバーの各項目で表示されるプルダウンメニューでは、選択するツールをクリックします。
それぞれ、以下の例のように表記します。解説画面図では、下図のように、選択するツールに操作指示番号を記載
します。

〈表記例〉**2**「長方形」ツールを🖱。

「長方形」ツールにポインタを合わせて、クリックする
か（図A）、または「図形」ツール右の▼をクリックし、表
示されるプルダウンメニューの「長方形」にポインタを
合わせて、クリックします（図B）。

図A
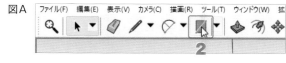

図B
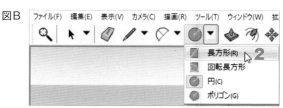

〈表記例〉**2** メニューバー［ファイル］－「開く」を🖱。

メニューバー［ファイル］をクリックし、表示されるプ
ルダウンメニューの「開く」をクリックします（図C）。

図C

凡例

Point 覚えておきたい重要なポイントや、操作上の注意事項を記載しています。

? 本書の解説どおりにならない場合の対処方法の参照ページを記載しています。

Hint 関連操作や本文とは別の操作方法を紹介しています。

Mac macOSパソコン特有の操作方法などを記載しています。

やさしく学ぶ SketchUp **7**

SketchUpの概要と動作環境

SketchUpではどのようなことができるか

「SketchUp」は、Trimble社が提供する3次元モデリングソフトです。プロダクトデザインから建築物のモデリングまで、幅広い分野で用いられています。直感的な操作で、簡単に3Dモデルを作成できることから、設計のプロだけではなく、一般の方にも、広くご利用いただけます。

モデリング
基本図形を作成する「線」「長方形」「円」ツールのほか、「引き出す／押し込む」という直感的な操作で立体を作成する「プッシュ／プル」ツールなどSketchUp独自のツールで、簡単に3Dモデルが作成できます。

マテリアル
作成したモデルに素材（マテリアル）をペイントするだけで、木材やレンガ、ガラスなど、さまざまな質感を表現できます（→p.44）。また、任意の画像をマテリアルとして登録して利用できます（→p.227）。

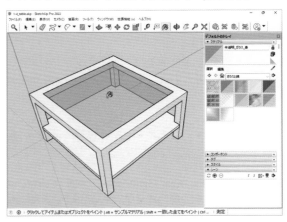

ファイルのインポート
SketchUpデータファイル（SKPファイル）のモデルを編集中のモデルにインポート（取り込み）（→p.112）することや、画像ファイル、2D・3DのDXFファイルをインポートして利用することができます（→p.134）。

アニメーション（→p.17/248）
画面の現在の表示状態を「シーン」として保存でき、ある「シーン」から別の「シーン」に切り替わる間を自動的に補完し、アニメーションにします。作成したアニメーションは、動画（MP4）ファイルとして保存できます。

3D Warehouse（→p.199/238）
3D Warehouseには、世界中のSketchUpユーザーが作成した3Dモデルが収録されており、それらのモデルをダウンロード・インポートして利用できます。

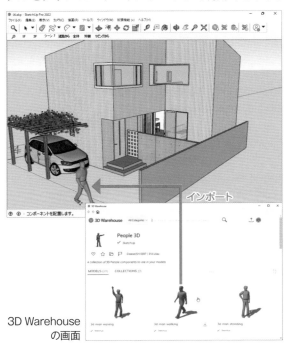

3D Warehouse
の画面

影表示（→p.121／211）
モデルの設置場所（経度・緯度）を指定（→p.207）して、その場所での指定日時の影を表示できます。

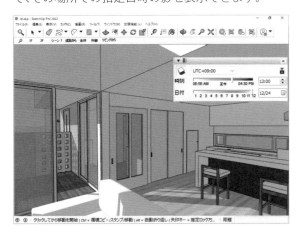

スタイル機能（→p.243）

作成したモデルを手描き風にしたり、ホワイトボードにかいたような筆致にするなど、作図タッチの表現手法を容易に変更できます。

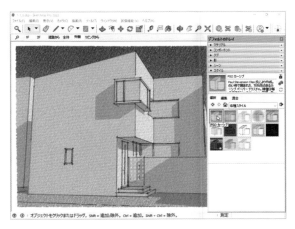

SketchUp Pro と SketchUp Free

SketchUpには、業務で使用するためのSketchUp Pro（有償・商用利用可）と、個人が趣味の範囲で利用するためのSketchUp Free（無償・商用利用不可）があります。本書では、SketchUp Proを前提に解説しますが、SketchUp Freeでも一部の機能を除き、同じことが行えます。SketchUp Freeについては、p.12をご参照ください。また、30日間無料で試用できるSketchUp Proの評価版を、アルファコックス「SketchUp Pro Japan」のWebサイト（https://www.alphacox.com/）からダウンロードできます。趣味の範囲での利用をお考えの方も、ぜひ一度評価版を使って一通りの操作を体験されることをお勧めします。

SketchUp Proの購入についても、「SketchUp Pro Japan」のWebサイトにてご確認ください。

注意

● SketchUp Freeは、操作画面や、ファイル作成・保存をはじめとする操作方法などSketchUp Proとの違いが多くあるのでご注意ください。

● SketchUp Freeでの本書の利用は保証しておりません。そのため、SketchUp Freeの使用方法、操作画面や操作などの違いなどのご質問は受け付けておりません。

● SketchUp Freeは無料のアプリケーションです。そのため、開発元・販売元、著作権者、ならびに株式会社エクスナレッジは、SketchUp Freeについてのお問合せは一切受け付けておりません。

SketchUp Pro 2022 の動作条件

	Windows	macOS
対応 OS	Windows 11/10　64 ビット版のみ ※ Windows 8 以前の OS には未対応	macOS 12（Monterey）/11.0（Big Sur）/ macOS 10.15（Catalina） ※ macOS 10.14（Mojave）以前の OS には未対応
必須のソフトウェア	・Microsoft Internet Explorer9.0 以上 ・NET Framework バージョン 4.5.2	・QuickTime 5.0 以上 ・Safari
必須の環境	インターネットへの接続環境	インターネットへの接続環境
ハードウェアの 最小条件	・1GHz 以上のプロセッサ ・4GB 以上の RAM ・500MB 以上のハードディスク空き容量 ・512MB 以上のメモリを搭載した 3D 対応のグラフィクスカードで OpenGL3.1 以上に準拠していること ・ハードウェアアクセラレーションをサポートしていること ・3 ボタン、スクロールホイールマウス	・2.1GHz 以上の Intel ™ プロセッサ 　または現行の Apple M1 プロセッサ ・4GB 以上の RAM ・500MB 以上のハードディスク空き容量 ・512MB 以上のメモリを搭載した 3D 対応のグラフィクスカードで OpenGL3.1 以上に準拠していること ・ハードウェアアクセラレーションをサポートしていること ・3 ボタン、スクロールホイールマウス

※ 条件を満たしていても、モデルのデータサイズにより、SketchUpが快適に動作しない場合があります。

※ 上記は2022年5月現在のものです。最新の動作環境については、アルファコックス「SketchUp Pro Japan」のWebサイト（https://www.alphacox.com/）にてご確認ください。

SketchUp Pro 2022の起動

SketchUp Pro 2022 の起動

SketchUp Pro 2022の起動〈Windowsの場合〉

1 デスクトップのSketchUp Pro 2022の
ショートカットアイコンを🖰🖰。

> **Point** はじめて起動した場合には「SketchUp 使用
> 許諾契約書」ウィンドウが開くので、必ず読んで同意
> したら、「SketchUp 使用許諾契約書に同意する」に
> チェックを付け、「続行」ボタンを🖰してください。

➡ 「SketchUpへようこそ」ウィンドウが開く。

2 テンプレートの「建築図面表記ミリメート
ル」の○部分を🖰して、❤マークを付ける。

> **Point** ❤マークを付けたテンプレートが先頭に表示
> されます。

3 「建築図面表記ミリメートル」を🖰。

➡ 使用単位をミリメートルとして、建築図面向けの設
定でSketchUpが起動する。

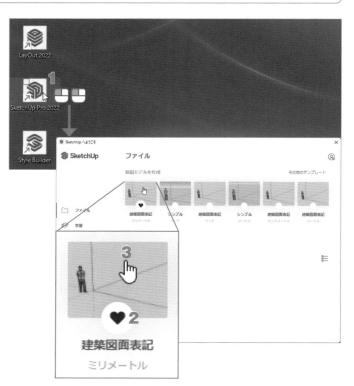

Mac SketchUp Pro 2022の起動〈macOSの場合〉

1 「Finder」を起動する。

2 サイドバーの「アプリケーション」を🖰。

3 「SketchUp 2022」を🖰🖰。

4 「SketchUp 2022」ウィンドウの「Sketch
Up」を🖰🖰。

5 「SketchUpへようこそ」ウィンドウが開く
ので、上記「SketchUp Pro 2022の起
動〈Windowsの場合〉」の**2~3**を行う。

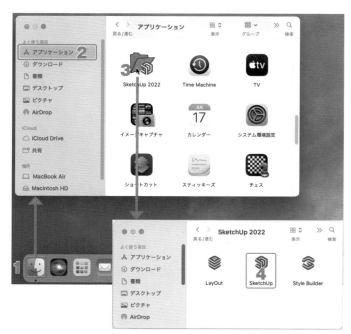

SketchUp Pro 2022 の画面と各部名称

以下は、Windows 11 にインストールした SketchUp 2022 の画面です。OS や、パソコンの画面設定・SketchUp での設定により、表示が多少異なります。

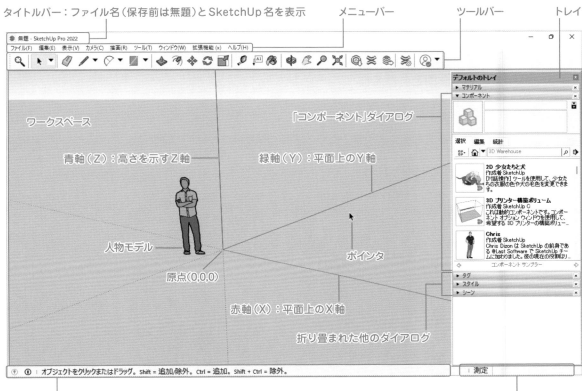

タイトルバー：ファイル名（保存前は無題）と SketchUp 名を表示 メニューバー ツールバー トレイ

ワークスペース

青軸（Z）：高さを示す Z 軸

「コンポーネント」ダイアログ

緑軸（Y）：平面上の Y 軸

人物モデル

原点(0,0,0)

ポインタ

赤軸（X）：平面上の X 軸

折り畳まれた他のダイアログ

ステータスバー：操作メッセージを表示 値制御ボックス：選択ツールに応じた長さ・距離などを表示または入力する

Mac macOSの画面

以下は、macOS にインストールした SketchUp 2022 の画面です。Windows 版とは一部表示が異なります。

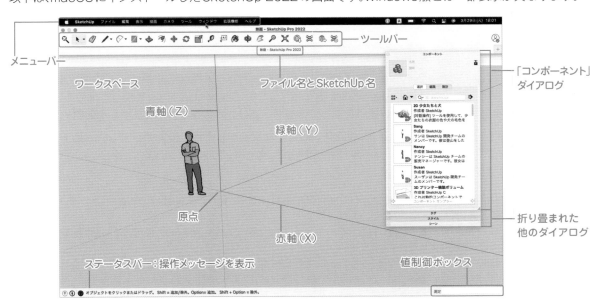

メニューバー

ツールバー

ワークスペース

青軸（Z）

ファイル名と SketchUp 名

「コンポーネント」ダイアログ

緑軸（Y）

原点

折り畳まれた他のダイアログ

赤軸（X）

ステータスバー：操作メッセージを表示

値制御ボックス

SketchUp Free について

SketchUp Freeは、趣味の範囲で利用する個人ユーザーを対象とした無料の3Dモデリングソフトウェアです。商用利用が禁じられており、Webブラウザ上で動作するため、インターネットに未接続の環境では使用できません。SketchUp Proの機能に比べると、マテリアルやスタイルのカスタム、動的コンポーネント、Extension Warehouse、LayOutが利用できない、日本語の表示・記入ができないなど、いくつかの制限はありますが、3Dモデルの作成に十分な機能を備えています。

SketchUp Freeの画面と各部名称

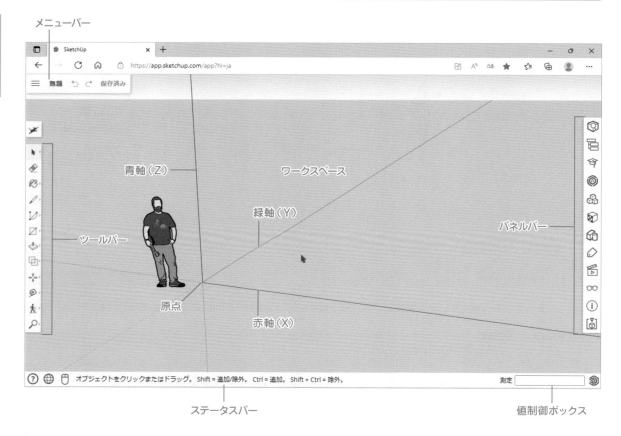

SketchUp Freeは、メニューバーやツールの配置がSketchUp Proとは異なります。ツールの選択手順こそ違いますが、該当ツール選択後の操作はSketchUp Proと同じです。SketchUp Freeを使う予定の方も、まずは30日間無料で使えるSketchUp Pro評価版を使って本書で一通りの操作を学習されることをお勧めします。

本書の教材データ（→次ページ）には、SketchUp Freeの主なツールとそれに相当するSketchUp Proのツールの本書解説ページを記載したPDFファイル「SketchUpFree.pdf」を収録しています。SketchUp Freeを使用するときにお役立てください。

注意

● SketchUp Freeは、操作画面や、ファイル作成・保存をはじめとする操作方法などSketchUp Proとの違いが多くあるのでご注意ください。

● SketchUp Freeでの本書の利用は保証しておりません。そのため、SketchUp Freeの使用方法、操作画面や操作の違いなどのご質問は受け付けておりません。

● SketchUp Freeは無料のアプリケーションです。そのため、開発元・販売元、著作権者、ならびに株式会社エクスナレッジは、SketchUp Freeについてのお問合せは一切受け付けておりません。

教材データのダウンロード方法と収録内容

本書の使用に際しては、まず解説で使用する教材データをインターネットからダウンロードする必要があります。

教材データのダウンロード方法

● Webブラウザ (Microsoft Edge、Internet Explorer、Google Chrome、FireFox、Safari など) を起動し、以下のURLの Webページにアクセスしてください。

https://www.xknowledge.co.jp/support/9784767830230

● 図のような本書の「サポート＆ダウンロード」ページが表示されたら、記載されている注意事項を必ずお読みになり、ご了承いただいたうえで、教材データ (右図下段の赤枠で囲んだファイル) をダウンロードしてください。

● 教材データはZIP形式で圧縮されています。ダウンロード後はp.14を参考に展開してご使用ください。

● 教材データを使用するには、SketchUp Pro 2022が動作する環境が必要です。これ以外のバージョンでの使用は保証しておりません。

● 教材データに含まれるファイルやプログラムなどを利用したことによるいかなる損害に対しても、データ提供者 (開発元・販売元等)、著作権者、ならびに株式会社エクスナレッジでは、一切の責任を負いかねます。

● 動作条件を満たしていても、ご使用のコンピュータの環境によっては動作しない場合や、インストールできない場合があります。予めご了承ください。

教材データの収録内容

ダウンロードしたZIPファイルには、下のフォルダーやファイルが収録されています。

```
∨ 📁 22sk
    📄 SketchUpFree.pdf
    📁 1
    📁 2
    📁 3
    📁 sample
```

📁 **sample** – Chapter1、2の主な完成ファイルを収録

1-4_table.skp	2-3_sk-house.skp
1-5_room.skp	2-4_sk-house.skp
2-1_sk-house.skp	2-4_sk-house1.skp
2-2_sk-house.skp	

📁 **1** —————— Chapter 1で使用する教材データを収録

Door.skp	Prac2.skp	Prac4.skp
Prac1.skp	Prac3.skp	w1650x2000.skp

📁 **2** —————— Chapter 2で使用する教材データを収録

1FPLAN.dxf	d1355x2000.skp	w730x1200.skp
2FPLAN.dxf	d2400.skp	w1295-2205x1200.skp
APLAN.dxf	dcl700x2000.skp	w1640x2300.skp
d640x1400.skp	dg1550.skp	w1650x400.skp
d640x2000.skp	Galva.jpg	w1650x770.skp
d670x2000.skp	kitchen.skp	w2300x500.skp
d740x2000.skp	Neighb.skp	w2550x2300.skp
d775x2000.skp	Roof.jpg	wf2550x1200.skp
d1065x2000.skp	w405x770.skp	

📁 **3** —————— Chapter 3で使用する教材データを収録

3-3_6.skp	3-8.skp	3-11.skp
3-7.skp	3-9.skp	

教材データの展開方法

ダウンロードした教材データは、ZIP形式で圧縮されています。以下の手順で、指定の場所に展開したうえでご使用ください。

1 エクスプローラーを起動し、教材データをダウンロードしたフォルダーを開く。

2 ダウンロードしたファイル「yasa_sketch up.zip」を🖰🖰。

3 「22sk」フォルダーにポインタを合わせ、「ドキュメント」までドラッグする。

➡「22sk」フォルダーごと、「ドキュメント」に展開される。

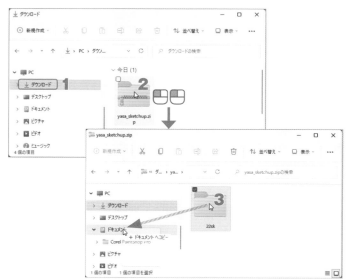

Mac macOSの場合

1 「Finder」を起動する。

2 サイドバーの「ダウンロード」を🖰。

3 ダウンロードしたファイル「yasa_sketch up.zip」を🖰🖰。

➡「22sk」フォルダーが展開される。

Point **3**で「22sk」フォルダーが表示される場合は**3**の操作は不要です。**4**に進んでください。

4 「22sk」フォルダーにポインタを合わせ、「書類」までドラッグする。

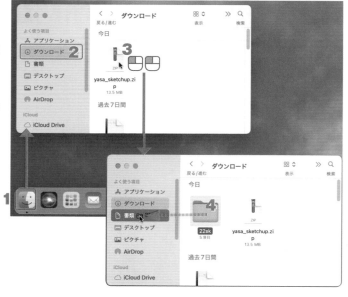

Chapter 1

SketchUpの
基本操作に慣れよう

SketchUp を使ってみよう

SketchUp Pro 2022（以降、SketchUp）で教材ファイルを開き、3Dモデルをさまざまな方向から見るためのカメラツールの使い方を学習しましょう。

SketchUpではワークスペースをカメラのビューファインダーに例え、モデルの拡大・縮小、視点の変更などを行うツールを総称して「カメラツール」と呼びます。また、ワークスペースでの表示（視界）を「ビュー」と呼びます。「22sk」フォルダー内の「1」フォルダーに収録されている教材「Prac1.skp」の住宅モデルを、「オービット」「パン」「ズーム」などのカメラツールを使って、さまざまな角度から見てみましょう。

カメラツール　　　　　　　　使用頻度の高いカメラツール

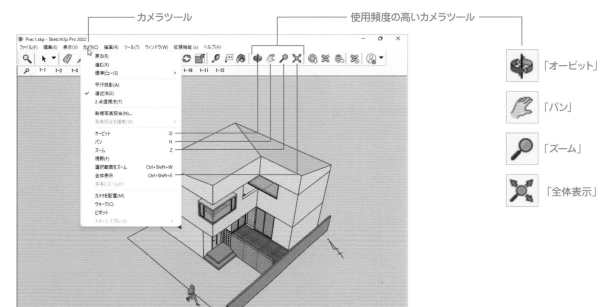

「オービット」

「パン」

「ズーム」

「全体表示」

1 ファイルを開く　［ファイル］-「開く」

p.14で「ドキュメント」（**Mac** は「書類」）に展開した「22sk」フォルダー内の「1」フォルダーに収録されている教材「Prac1.skp」を開きましょう。

1 メニューバー［ファイル］-「開く」を🖰。

　➡「開く」ダイアログが開き、「ファイルの場所」は「ドキュメント」（**Mac** は「書類」）になる。

2 「開く」ダイアログで「22sk」フォルダーを🖰🖰。

　➡「ファイルの場所」が「22sk」フォルダーになる。

? 「22sk」フォルダーがない→p.264

Point 「開く」ダイアログでのフォルダー、ファイルの表示サイズはパソコンごとの設定により異なります。ダイアログの「表示メニュー」を🖰してプルダウンリストから変更できます。

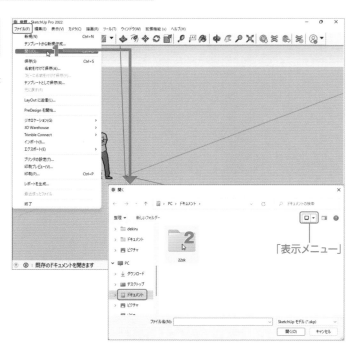

「表示メニュー」

3 「1」フォルダーを🖱🖱。

➡ 「ファイルの場所」が「1」フォルダーになる。

Point 「開く」ダイアログの表示メニューで「特大アイコン」「大アイコン」「中アイコン」を指定した場合、SketchUpデータファイル（以降「SKPファイル」と呼ぶ）は、右図のようにサムネイル表示されます。「Prac1」の後ろの拡張子「.skp」は、パソコンの設定によっては表示されませんが、支障ありません。

4 「Prac1.skp」を🖱。

5 「開く」ボタンを🖱。

➡ ファイルが開き、住宅モデルを真上から見たビューになる。

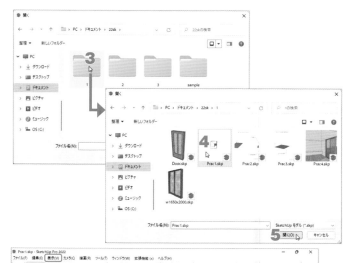

<table>
<tr><td>**2**</td><td>**アニメーションを
再生する**</td><td>[表示]－
「アニメーション」</td></tr>
</table>

練習で行うビュー変更を、アニメーションで見てみましょう。

1 メニューバー[表示]－「アニメーション」－「再生」を🖱。

➡ 住宅の外観をさまざまな角度と距離から見るアニメーションが流れる。

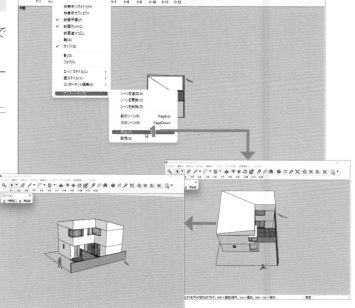

アニメーションは繰り返し流されるので、ひととおり見たら、アニメーションを停止しましょう。

2 「アニメーション」ダイアログの「■停止」ボタンを🖱。

➡ アニメーションが停止する。

Point **Mac** はワークスペース上部の「1－1」シーンタブを🖱することで、「1－1」シーンになり、アニメーションが停止します。

1-1	1-2	1-3	1-4	1-5	1-6	1-7

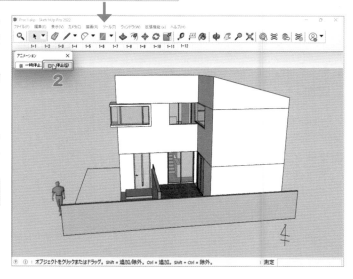

3 モデルに近づく ズーム

アニメーションのように、ビューを変更する
練習をしましょう。最初のビューに戻し、モデ
ルにズームインして近づいたビューにしま
しょう。

1 「1-1」シーンタブを🖱。

➡「1-1」シーンの真上から建物を見たビューになる。

2 🔍「ズーム」ツールを🖱。

3 ワークスペースでポインタを上方向へド
ラッグする。

Point 「ズーム」ツールでは、カメラからモデルへの方
向を変更せずに、カメラをモデルに近づけたり、遠ざ
けたりします。「ズーム」ツール選択時、ポインタは右
図のアイコンになります。ワークスペースで上方向に
ドラッグすることで拡大表示（ズームイン：モデルに
近づく）、下方向にドラッグすることで縮小表示（ズー
ムアウト：モデルから遠ざかる）になります。ワーク
スペースでのドラッグ距離が長いほど、拡大率、縮小
率も大きくなります。

➡ ドラッグ距離に応じて、ズームイン（拡大）される。

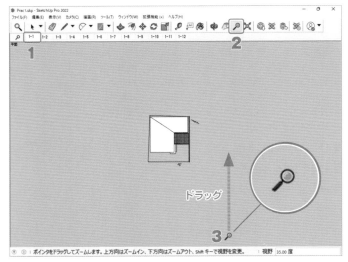

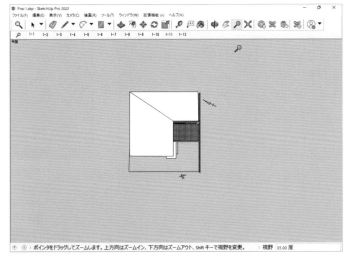

4 モデルの周りを 旋回する オービット

住宅を横から見たビューにしましょう。

1 🔄「オービット」ツールを🖱。

Point 「オービット」ツール選択時、ポインタは右図の
アイコンになります。ワークスペースで、ポインタを
モデルの回転方向にドラッグすることで、カメラがモ
デルの周りを旋回するようにビューを変更します。

2 ワークスペースでポインタを上方向へド
ラッグする。

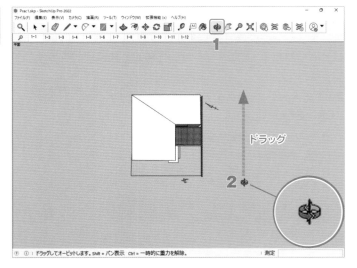

➡ ドラッグ距離に応じて、右図のように建物を横から見たビューに変更される。

ベランダ側から見たビューにしましょう。

3 ワークスペースでポインタを左方向へドラッグする。

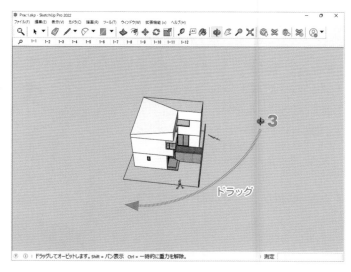

5 ズームイン

「オービット」ツールのまま、「ズーム」ツールを選択せずにマウスホイールでズームインしましょう。

1 ポインタを2階ベランダに合わせ、マウスのホイールボタンを前方へ回す。

> **Point** 「ズーム」ツールを選択せずにマウスのホイールボタンを回すことで、ワークスペースのポインタの位置を基準にズームイン・ズームアウトができます。ホイールボタンを前方へ回すとズームイン（拡大）、後方へ回すとズームアウト（縮小）になります。

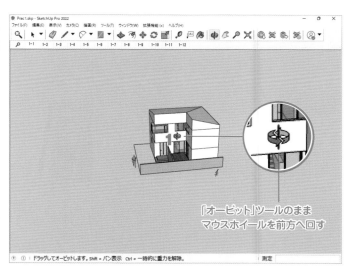

➡ 「オービット」ツールが選択されたまま（「オービット」ツールのポインタアイコンのまま）、**1**でのポインタの位置を基準にズームイン（拡大）される。

同様に、1階の掃き出し窓を基準にズームインしましょう。

2 ポインタを1階の掃き出し窓に合わせ、マウスのホイールボタンを前方へ回す。

➡ 次図のように、1階の掃き出し窓部分がズームインされる。

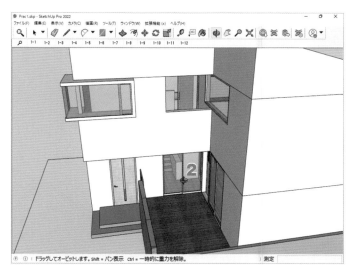

6 ワークスペースをずらして2階を表示する

 パン

2階部分をワークスペースに表示するため、モデルの表示位置をずらしましょう。

1 「パン」ツールを🖱。

> **Point**「パン」ツール選択時、ポインタは右図のアイコンになり、ポインタをモデルの移動方向にドラッグすることで、ドラッグ距離に応じて視点を平行移動します。

2 右図の位置から下方向にドラッグする。

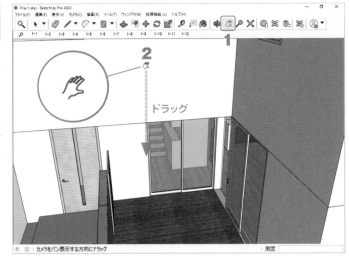

➡ ドラッグ距離に応じて、ワークスペースの表示（ビュー）がドラッグ方向に平行移動し、2階部分が表示される。

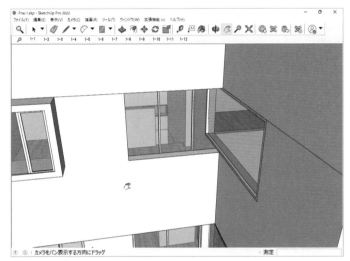

7 窓から吹抜をのぞき込む

2階の窓からリビング吹抜をのぞき込んでみましょう。

1「パン」「ズーム」「オービット」ツールを使って、右図のようにビューを変更する。

> **Point**「オービット」ツールを選択せずに、「パン」ツールのまま、一時的にオービットを使うことができます。マウスホイールボタンを押すとポインタが「オービット」ツールのアイコンになり、ホイールボタンを押したままドラッグすることでオービットを利用できます。ホイールボタンをはなすと、オービット前に選択していたツールに戻ります。ただし、パソコン環境によっては、この機能が働かない場合があります。

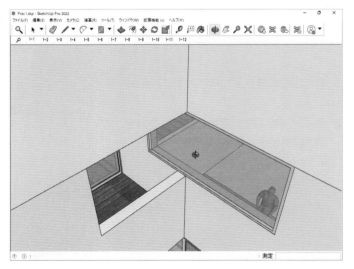

8 モデル全体を表示する

 全体表示

モデル全体がワークスペースに表示されるよう全体表示しましょう。

1 「全体表示」ツールを🖱。

> **Point** 「全体表示」ツールでは、モデル全体がワークスペースに最大の大きさで表示されるようにズームインまたはズームアウトされます。

➡ モデル全体がワークスペースに表示される。

SketchUp を終了しましょう。

2 メニューバー[ファイル]ー「終了」（**Mac** は[SketchUp]ー「SketchUp を終了」）を🖱。

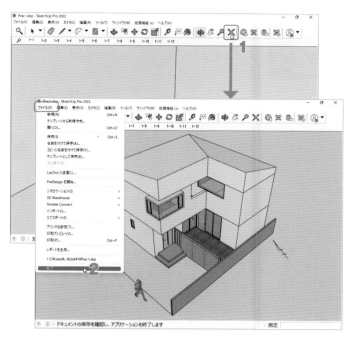

Lesson 1 のおさらい

「ズーム」ツール モデルに近づく・遠ざかる	上方向にドラッグでズームイン（拡大：モデルに近づく）、下方向にドラッグでズームアウト（縮小：モデルから遠ざかる）。 他のツール選択時にマウスのホイールボタンを回すことでもワークスペースのポインタの位置を基準にズームイン・ズームアウトできる。前方へ回すとズームイン（拡大）、後方へ回すとズームアウト（縮小）になる。	
「オービット」ツール モデルの周りを旋回する	ポインタをモデルの回転方向にドラッグすることで、カメラがモデルの周りを旋回するようにビューを変更する。 他のツール選択時に、マウスのホイールボタンを押したままドラッグすることでも、一時的にオービットが利用できる（パソコン環境によって動作しない場合がある）。	
「パン」ツール 視点を平行移動する	モデルの移動方向にドラッグすることで、視点を平行移動する。 他のツール選択時、Shiftキーを押したままドラッグする（ポインタアイコンが「パン」ツールのアイコンになる）ことでも、一時的にパンが利用できる（パソコン環境によって動作しない場合がある）。	
「全体表示」ツール モデル全体を表示する	モデル全体がワークスペースに最大の大きさで表示されるようにズームインまたはズームアウトする。	

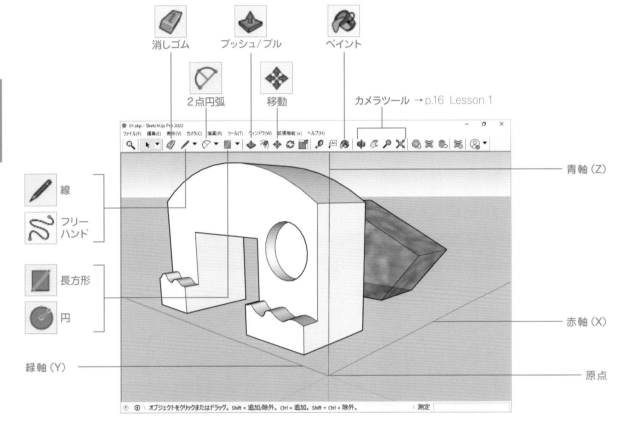

Lesson 2 立体モデルを作ってみよう

SketchUpを起動し、以下の立体（3Dモデル）を作成しましょう。ここでは、SketchUpの基本的な概念や基本操作、3Dモデルを作成するための基本的なツール（下図）の使い方を学習します。

消しゴム
プッシュ/プル
ペイント

2点円弧
移動

カメラツール →p.16 Lesson 1

青軸（Z）

線
フリーハンド

長方形
円

緑軸（Y）

赤軸（X）

原点

1 長方形を作成する　　　✏ 線

はじめに、赤軸（X軸）に平行な線を作成しましょう。

1 ✏「線」ツールを🖰。

➡「線」ツールが選択され、ステータスバーには操作を指示するメッセージが表示される。

Point「線」ツールは、始点・終点を🖰で指示することで線を作成します。「線」ツール選択時、ポインタは右図のアイコンになります。鉛筆アイコンの先端を指示位置に合わせて🖰してください。

2 線の始点として右図の位置で🖰。

➡ 2からポインタまで仮線が表示される。

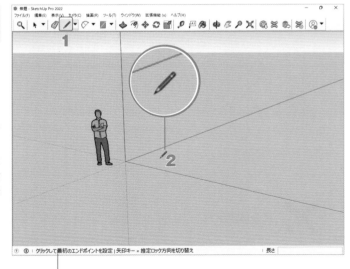

操作を指示するメッセージ

3 ポインタを赤軸（X）に平行に右図の位置に
移動し、**2**の点からの仮線が赤くなり、ポイ
ンタの近くに 赤軸上 が表示されたら終点を
🖱。

> **Point** ポインタまで表示される仮線が赤（X）、緑（Y）、
> 青（Z）、いずれかの描画軸に平行な場合、その軸の色で
> 表示され、ポインタ近くに ○軸上 と「ヒント」が表示さ
> れます。ヒントは数秒で消えますが、仮線が描画軸の
> 色で表示された状態で終点を🖱することで、その描画
> 軸に平行な線を作成できます。どの描画軸とも平行で
> ない場合、仮線は黒で表示されます。

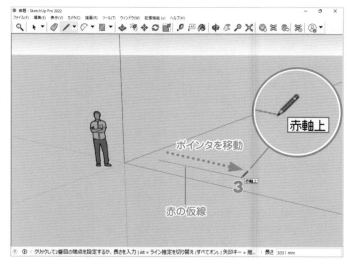

➡ 赤軸に平行な線が作成され、**3**の点からポインタま
で仮線が表示される。

> **Point** 「線」ツールでは、終点は自動的に次の線の始点
> になり、次の終点を🖱することで連続線を作成できま
> す。連続線を作成しない場合は Esc キーを押して完了
> します。

続けて、緑軸（Y軸）に平行な線を作成しましょ
う。

4 ポインタを緑軸（Y）方向に移動し、仮線が緑
になり、緑の軸上 が表示されたら終点を🖱。

> **Point** 3Dのワークスペースは遠近法で表示されま
> す。遠近法を考慮して緑軸方向にポインタを移動して
> ください。

➡ 緑軸に平行な線が作成され、**4**の点からポインタま
で仮線が表示される。

続けて、赤軸に平行な線を1辺目の線と同じ
長さで作成しましょう。

5 ポインタを赤軸左方向に移動し、1辺目始点
からの緑の点線およびポインタに黒の●と
点から軸方向 が表示されることを確認し、終
点を🖱。

> **Point** **4**の点からゆっくり赤軸左方向にポインタを
> 移動すると、1辺目端点を通る緑軸方向の線との交点
> 付近で、1辺目端点からの緑の点線とポインタ先に黒
> の●およびヒント 点から軸方向 が表示されます。この
> 時点で🖱することで、「1辺目の始点を通る緑軸方向の
> 線」と「**4**の点を通る赤軸方向の線」との仮想交点を指
> 示できます。

> **?** 緑の点線や 点から軸方向 が表示されない
> →p.264

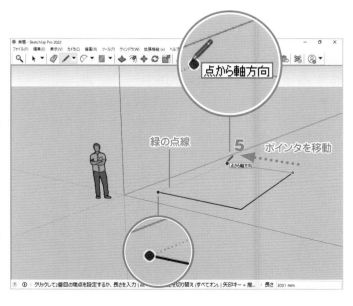

6 終点として、1辺目の始点にポインタを合わせ、ポインタに緑の●と 端点 が表示されたら🖱。

> **Point** 既存の線の端点にポインタを合わせると、端点を示す緑の●とヒント 端点 が表示されます。ヒントは数秒で消えますが、緑の●が表示された状態で🖱することで、その端点を正確に指示（スナップ）できます。

> ➡ 長方形が作成されるとともに、連続する4本の線に囲まれた内部に面が作成される。

> **Point** 4本目の線を作成したことで、図形が閉じたため、その内部に自動的に面が作成されます。SketchUpでは面をベースに3Dモデルを作成します。面を囲む外形線を「境界エッジ」と呼びます。また、モデルを構成する線（エッジ）や面など、それぞれの要素を総称して「エンティティ」と呼びます。

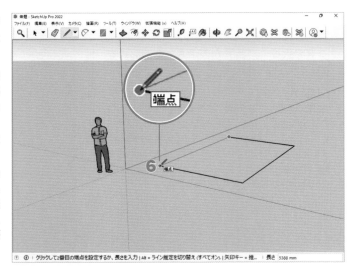

作成した長方形の右側の空きスペースを表示するため、モデルの表示位置を左にずらしましょう。

7 「パン」ツールを🖱。

8 ワークスペースでポインタを左方向にドラッグし、次図のように、長方形の右側のスペースが表示された時点でボタンをはなす。

> ➡ ドラッグ距離に応じて、視野が平行移動し、ワークスペースの表示（ビュー）が変化する。

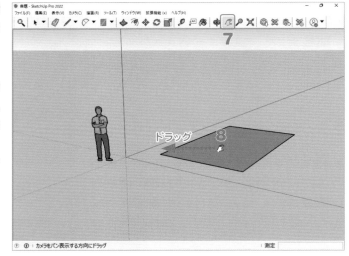

「パン」ツールを終了しましょう。

9 ワークスペースで🖱。

> ➡ コンテキストメニューが表示される。

10 コンテキストメニューの「終了」を🖱。

> ➡ 「パン」ツールが終了し、「パン」ツールを選択する前に使用していた「線」ツールに戻る。

> **Point** 「パン」ツールなどのカメラツールは、他のツールの使用中も割り込んで使用できます。

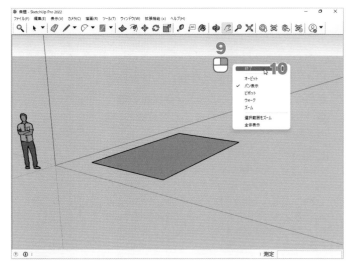

2 同じ奥行きの長方形を隣に作成する

線

長方形の手前の辺の延長上を始点として、線を作成しましょう。

1 「線」ツールで長方形の右図の角にポインタを合わせ、緑の●と 端点 が表示されたら、クリックせずにポインタを赤軸右方向に移動する。

> **Point** ポインタを端点に合わせてヒント 端点 を表示するだけで、🖱️はしません。誤って🖱️した場合は、Esc キーを押し、🖱️操作を取り消してください。

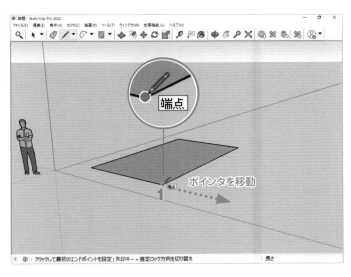

➡ 1の角に●と角からポインタまで赤の点線が表示され、ヒント 点から軸方向 が表示される。

> **Point** ポインタを点に合わせてヒント 端点 を表示したあと、(🖱️せずに) 軸方向にポインタを移動すると、軸の色の点線とヒント 点から軸方向 が表示されます。ヒントは数秒で消えますが、軸の色の点線を仮表示した状態で🖱️することで、**1**の点を通る、軸に平行な線上の位置を指示できます。

2 赤の点線と 点から軸方向 が表示されたら、線の始点位置を🖱️。

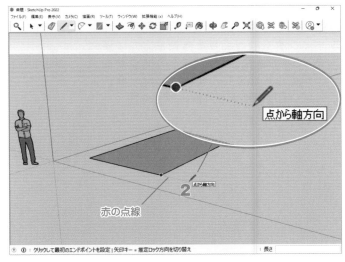

➡ 2の位置を始点とした仮線がポインタまで表示される。

3 ポインタを赤軸右方向に移動し、赤軸上 が表示された右図の位置で、終点を🖱️。

> **➡ 2−3**に赤軸方向の線が作成され、**3**の点からポインタまで仮線が表示される。

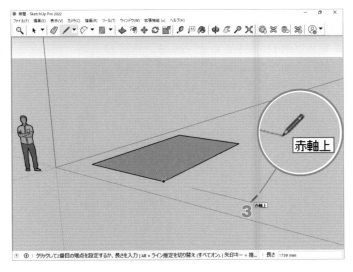

4 ポインタを緑軸方向奥へ移動し、緑の仮線と隣の長方形の奥の角からの赤の点線およびポインタに黒の●と 点から軸方向 が表示されることを確認して、終点を🖱。

> **Point** **3**の点からゆっくり緑軸方向にポインタを移動すると、隣の長方形の奥の角からの赤の点線（赤軸方向）およびポインタに黒の●とヒント 点から軸方向 が表示されます。この時点で🖱することで、「**3**を通る緑軸方向の線」と「隣の長方形の奥の角を通る赤軸方向の線」との仮想交点をスナップできます。
>
> **?** 点線と 点から軸方向 が表示されない→p.264

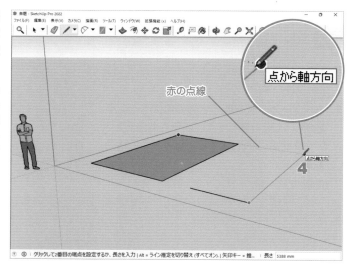

➡ 隣の長方形の奥行と同じ長さで緑軸方向の線が作成され、**4**の点からポインタまで仮線が表示される。

5 ポインタをゆっくりと赤軸左方向に移動し、赤の仮線と**2**で指示した始点からの緑の点線およびポインタに黒の●と 点から軸方向 が表示されたら、終点を🖱。

> **?** 点線と 点から軸方向 が表示されない→p.264

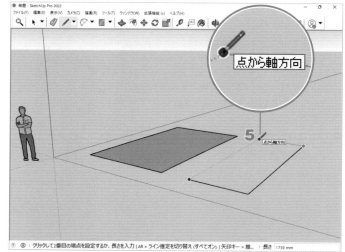

➡ 1辺目と同じ長さの赤軸方向の線が作成され、**5**の点からポインタまで仮線が表示される。

6 始点にポインタを合わせ、緑の●と 端点 が表示されたら、終点を🖱。

> ➡ 長方形が作成され、連続する4本の線に囲まれた内部に面が作成される。

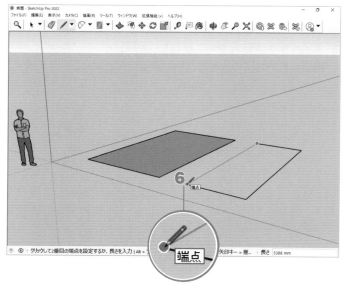

3 長方形を分割する 線

はじめに作成した長方形を2分割するエッジ（線）を作成しましょう。

1 「線」ツールで、長方形手前の辺の中点付近にポインタを合わせ、水色の●と 中点 が表示されたら🖰。

> **Point** エッジ（線）の中点付近にポインタを合わせると、中点を示す水色の●とヒント 中点 が表示されます。ヒントは数秒で消えますが、水色の●が表示された状態で🖰することで、エッジ（線）の中点をスナップできます。

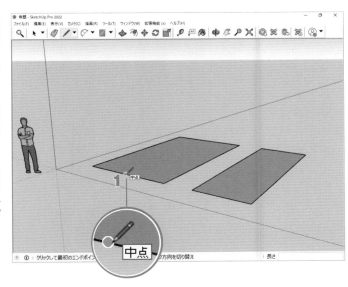

2 終点として、長方形奥の辺の中点付近にポインタを合わせ、水色の●と 中点 が表示されたら🖰。

> ➡ 手前と奥の辺の中点どうしを結ぶエッジ（線）が作成されるとともに、そのエッジと交差する面とエッジが2つに分割される。

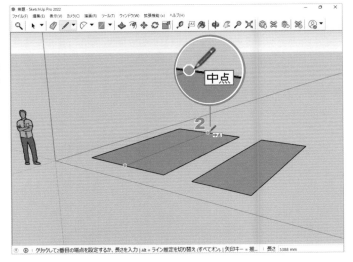

4 エッジを消去する 消しゴム

分割した長方形の辺（エッジ）を消しましょう。

1 🧽 「消しゴム」ツールを🖰。

> **Point** 「消しゴム」ツールは🖰したエンティティを消去します。「消しゴム」ツール選択時、ポインタは右図のアイコンになります。消しゴムアイコン先端の○を、消す対象に合わせて🖰してください。

2 分割した長方形の右図の辺（エッジ）にポインタを合わせて🖰。

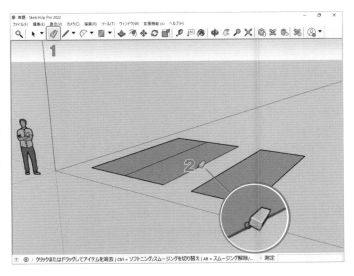

➡ 🖱したエッジが一瞬青く表示（ハイライト）され、消える。それとともに、そのエッジを境界エッジ（外形線）としていた面も消去される。

Point 選択されたエンティティは青く表示されます。この状態を「ハイライト」と呼びます。面の境界エッジの1つを消すと、閉じた図形でなくなるため、面が自動的に消去されます。

3 面が消えたあとの奥のエッジにポインタを合わせて🖱。

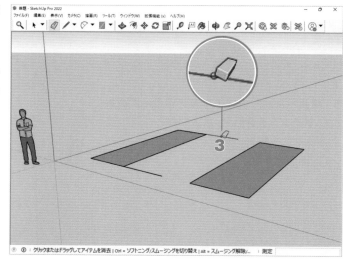

➡ 🖱したエッジが一瞬ハイライトされ、右図のように奥の辺の右半分が消える。

Point 前項で、中点どうしを結ぶエッジを作成したことで、それに交差する既存のエッジ（手前と奥の辺）も2本に分割されます。

4 手前のエッジを🖱。

➡ 🖱したエッジ（手前の辺の右半分）が消える。

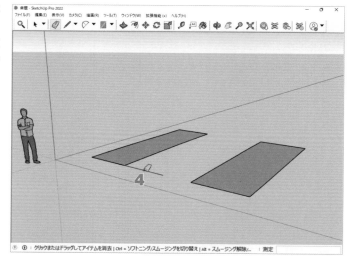

5 面を引き出す　プッシュ/プル

長方形の面を上に引き出し、直方体にしましょう。

1 「プッシュ/プル」ツールを🖱。

Point 「プッシュ/プル」ツールは、面の引き出し、面の押し込みをします。「プッシュ/プル」ツール選択時、ポインタは右図のアイコンになります。引き出す（押し込む）面にアイコンの矢印先端を合わせ、面が青の網掛け表示（ハイライト）された状態で🖱してください。

2 右図の長方形の面にポインタを合わせ、面がハイライト（青の網掛け表示）された状態で🖱。

3 ポインタを上方向に移動する。

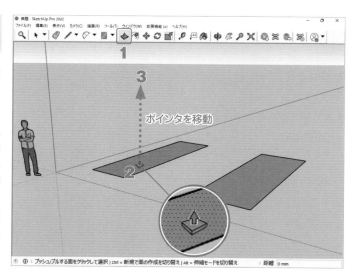

➡ ポインタまで、面が引き出される。

4 人物の身長よりも高い位置で🖱。

➡ 引き出し位置が確定し、直方体になる。

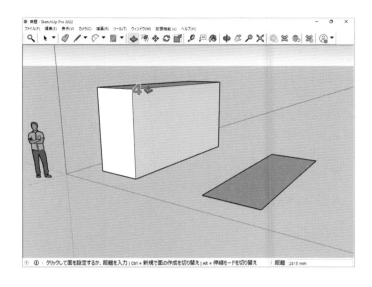

作成した直方体の半分の高さまで隣の長方形
の面を引き出しましょう。

5 隣の長方形の面にポインタを合わせ、面
がハイライト（青の網掛け表示）されたら
🖱。

6 ポインタを上方向に移動する。

➡ ポインタまで、面が引き出される。

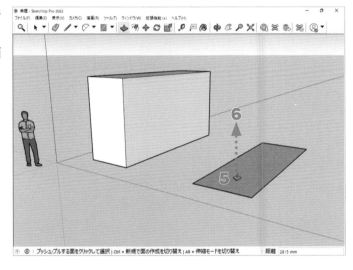

Point 「値制御」（距離）ボックスには、元の面から現在
のポインタの位置までの距離が表示されます。ここで
は位置を🖱することで確定しますが、「値制御」ボック
スに、元の面からの距離を指定して面を引き出す（ま
たは押し込む）ことも可能です。その方法については、
Lesson 3で学習します。

7 隣の直方体の右図の辺の中点付近にポイン
タを合わせ、水色の●と中点が表示された
ら🖱。

➡ 引き出し位置が**7**のエッジの中点に確定し、左の直
方体の半分の高さの直方体になる。

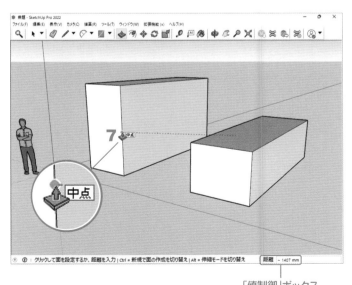

「値制御」ボックス

6 上面を分割する
線

直方体の上面が見えるようにビュー（ワークスペースの表示）を変更しましょう。

1 「オービット」ツールで、ポインタを下方向にドラッグする。

オービット→p.18

➡ ドラッグ距離に応じて、ビューが変更される。人物は3Dモデルではなく2Dモデルのため、上からのビューでは平板に見える。

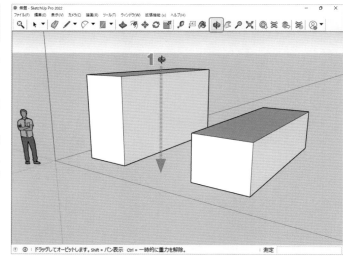

2 「全体表示」ツールを🖱。

全体表示→p.21

➡ モデル全体がワークスペースに収まるようにズームされる。

右の直方体上面の、左辺中点と右辺中点を結ぶエッジ（線）を作成し、上面を2つに分割しましょう。

3 「線」ツールを🖱。

4 始点として、直方体上面左辺の中点付近にポインタを合わせ、水色の●と[中点]が表示されたら🖱。

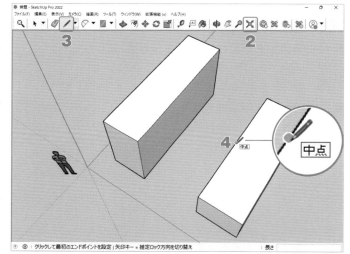

5 終点として、直方体上面右辺の中点付近にポインタを合わせ、水色の●と[中点]が表示されたら🖱。

➡ 左辺と右辺の中点どうしを結ぶエッジが作成される。作成されたエッジにより、上面が2つに分割される。

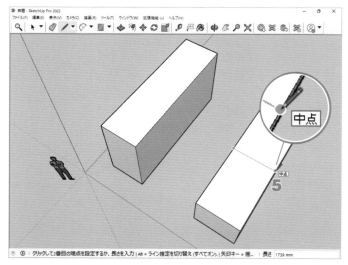

7 | 分割面を左と同じ 高さに引き出す

 プッシュ/プル

分割した奥の面を、左の直方体の上面と同じ
高さまで引き出しましょう。

1 「プッシュ/プル」ツールを🖱。

2 奥の面にポインタを合わせ、面がハイライ
トされたら🖱。

3 ポインタを上方向に移動する。

  ➡ **2**の面がポインタまで引き出される。

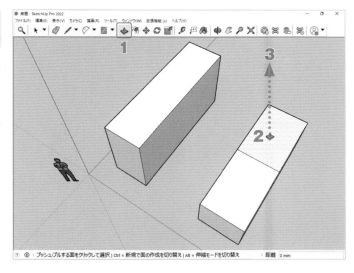

4 左の直方体の上面にポインタを合わせ、ポ
インタに青の◆と 面上 が表示されたら、引
き出し位置を決める🖱。

  ➡ **4**の面と同じ高さまで引き出される。

  Point 面にポインタを合わせると、ポインタに面上を
  示す青の◆とヒント 面上 が表示されます。ヒントは数
  秒で消えますが、面上を示す青の◆が表示された状態
  で🖱することで、面上をスナップできます。

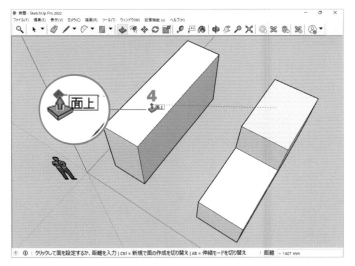

8 | 3Dモデルの エッジを消去する

 消しゴム

3Dモデルの辺（エッジ）を消すことで、モデ
ルの形状がどのように変化するかを見てみま
しょう。

1 「オービット」「パン」ツールを使い、右図の
ようにビューを変更する。

  オービット/パン➡p.18、20

2 「消しゴム」ツールを🖱。

3 右図のエッジを🖱。

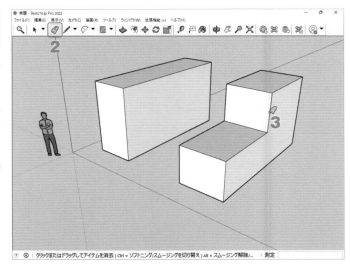

➡ 🖱したエッジが消えるとともに、そのエッジを境界エッジとしている2つの面も、右図のように消去される。

Point エッジを消去することで閉じた図形ではなくなるため、そのエッジを境界エッジとしている面も消去されます。3Dモデルは面で構成されており、その内部は右図のように空洞です。また、面には表と裏があり、通常、すべての面の表がモデルの外側を向くように作成されます。右図の内側の面は裏であることを示すため、表の面（白）とは異なる色（ブルーグレー）で表示されています。

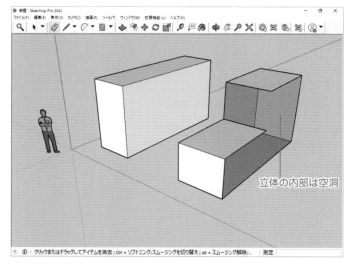

立体の内部は空洞

---

9 面だけを消去する

コンテキストメニュー「消去」

エッジを残して面だけを消しましょう。面は「消しゴム」ツールでは消せません。対象を🖱して表示されるコンテキストメニューの「消去」を使います。

1 消去対象として右図の面を🖱。

➡ 🖱した面が、このあとで指示する操作の対象としてハイライトされ、コンテキストメニューが表示される。

2 コンテキストメニューの「消去」を🖱。

➡ 境界エッジを残し、🖱した面だけが消える。

Point 1～2による消去は、「消しゴム」ツール選択時に限らず、他のツール選択時にも同様に行えます。

🖱した面だけが消える

---

10 1つ前の操作を取り消す

［編集］−「元に戻す」

1つ前の操作を取り消し、面を消去する前に戻しましょう。

1 メニューバー［編集］−「元に戻す」を🖱。

Point メニューバー［編集］−「元に戻す」を選択することで、1つ前の操作を取り消し、操作前の状態に戻します。

➡ 消去した面が元に戻る。

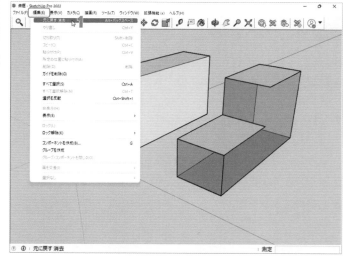

もう1つ前の操作を取り消し、エッジを消去する前に戻しましょう。

2 メニューバー[編集]－「元に戻す」を🖱。

> **Point** 2の操作の代わりにキーボードから`Ctrl`キー（**Mac**は`command`(`⌘`)キー）を押したまま`Z`キーを押すことでも、1つ前の操作を取り消し、元に戻すことができます。

➡ 消去したエッジが元に戻り、消えた面も復元する。

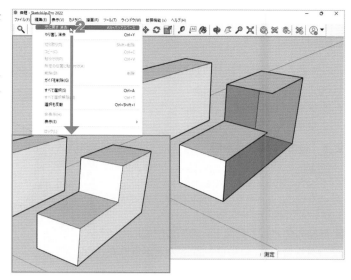

11 エッジを作成する ✏ 線

新しくエッジを作成し、それによってモデルにどのような変化があるかを見てみましょう。

1 ✏「線」ツールを🖱。

2 始点として上面の右図の角にポインタを合わせ、緑の●と`端点`が表示されたら🖱。

3 終点として右図の角にポインタを合わせ、緑の●と`端点`が表示されたら🖱。

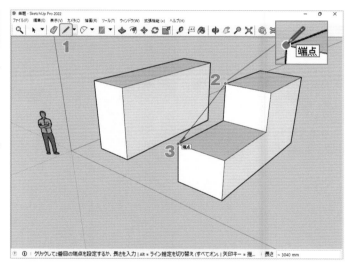

➡ 作成したエッジにより閉じた図形ができるため、右図のように、三角形の面が自動的に作成される。

もう1本エッジを作成しましょう。

4 始点として右図の角にポインタを合わせ、緑の●と`端点`が表示されたら🖱。

5 終点として右図の角にポインタを合わせ、緑の●と`端点`が表示されたら🖱。

➡ 作成したエッジにより閉じた図形ができるため、右図のように、長方形の面と三角形の面が自動的に作成される。

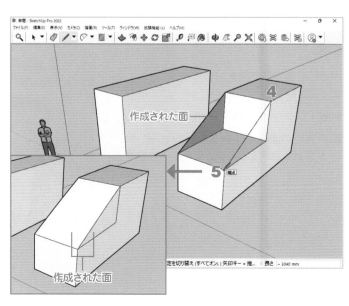

作成された面

作成された面

12 側面に長方形を作成する

 長方形

もう一方の直方体の側面に長方形を作成しましょう。

1 カメラツールを使い、ビューを右図のように変更する。

2 「長方形」ツールを🖱。

Point 「長方形」ツールは対角の2点を指示することで長方形を作成します。「長方形」ツール選択時、ポインタは右図のアイコンになります。鉛筆アイコンの先端を指示位置に合わせて🖱してください。

3 最初の角として側面上の右図の位置にポインタを合わせ、青の◆と 面上 が表示されたら🖱。

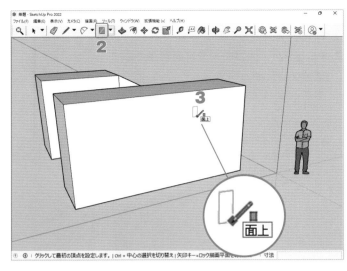

4 対角として右図のエッジにポインタを合わせ、赤の■と エッジ上 が表示されたら🖱。

Point エッジにポインタを合わせると、エッジ上を示す赤の■とヒント エッジ上 が表示されます。ヒントは数秒で消えますが、エッジ上を示す赤の■が表示された状態で🖱することで、エッジ上をスナップできます。

➡ 長方形が作成され、その長方形の境界エッジで側面が分割される。

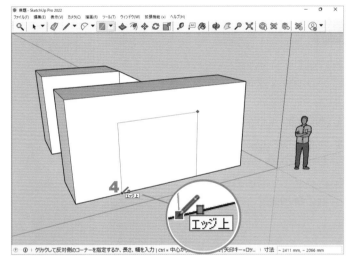

13 長方形の面を押し込む

 プッシュ/プル

作成した長方形の面を、「プッシュ/プル」ツールで奥に押し込んで抜きましょう。

1 ◆「プッシュ/プル」ツールを🖱。

2 長方形の面にポインタを合わせ、ハイライトされたら🖱し、ポインタを奥へ移動する。

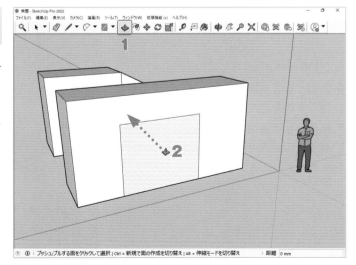

3 押し込む位置として、反対の面のエッジに
ポインタを合わせ、赤の■と エッジ上 が表
示されたら🖱。

> **Point** 反対の面のエッジをスナップすることで、立
> 体の奥行分を押し込むことになります。立体の奥行を
> 超えて押し込むことはできないため、反対の面上や
> エッジ上、エッジよりも奥にポインタを移動すると
> オフセットの限度 ~…mm と表示されます。

> ➡ 反対の面の位置まで押し込まれるため、長方形の面
> は消え、次図のように開口ができる。

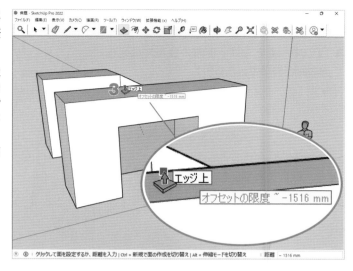

14 面上に円を作成する　円

開口右の壁面中央に円を作成しましょう。

1「長方形」ツール右の▼を🖱し、プルダウン
メニューの ◉「円」ツールを🖱。

> **Point**「円」ツールは、中心と円周上の位置を指示する
> ことで、円を作成します。「円」ツール選択時、ポインタ
> は右下図のアイコンになります。鉛筆アイコンの先を
> 指示位置に合わせて🖱してください。ポインタを合わ
> せる面により、鉛筆アイコン先の円の色は変化します
> （青軸に鉛直な面では青、赤軸に鉛直な面では赤、緑軸
> に鉛直な面では緑、それ以外の角度の面では黒）。

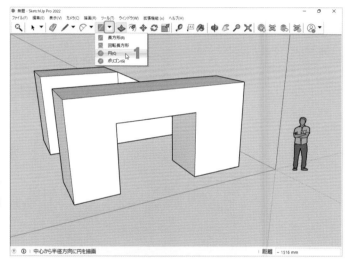

2 右図のエッジの中点付近にポインタを合
わせ、水色の●と 中点 が表示されたら、ク
リックせずに上方向に移動する。

> **Point** エッジの中点付近にポインタを合わせ、中点を
> 示す水色の●とヒント 中点 が表示された状態から、
> （🖱せずに）特定の軸方向にポインタを移動すること
> で、エッジの中点を通る指定軸方向の線上をスナップ
> できます。

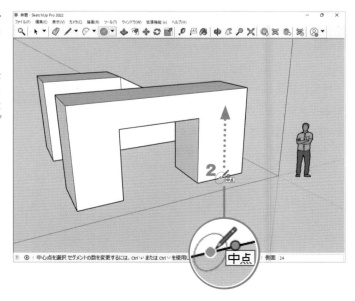

➡ **2**のエッジ中点に、黒の●と中点から青軸上を示す
青の点線が、ポインタまで表示される。

3 円の中心点として、右図の位置で点から
軸方向が表示されたら🖱。

➡ **2**のエッジ中点から青軸上の**3**の位置に円の中心
が確定し、ポインタまでの円が仮表示される。

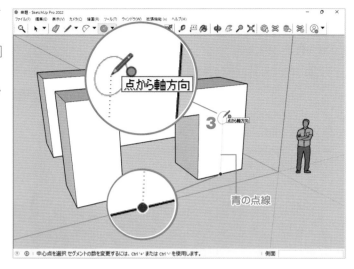

4 円周上の点として、右図の位置で青の◆と
面上が表示されたら🖱。

➡ **3**を中心として**4**を通る円が作成され、円の内部と
外部の面に分割される。

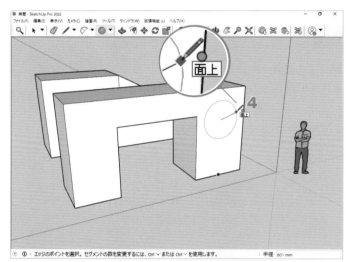

15　円を押し込む　　プッシュ/プル

円を、「プッシュ/プル」ツールで適当な位置ま
で押し込みましょう。

1 ◆「プッシュ/プル」ツールを🖱。

2 円にポインタを合わせ、ハイライトされた
ら🖱し、ポインタを奥に移動する。

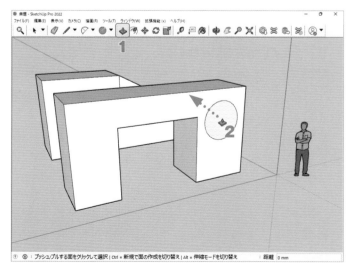

3 右図の位置で🖱。

➡ 面が、**3**で🖱した位置まで押し込まれる。

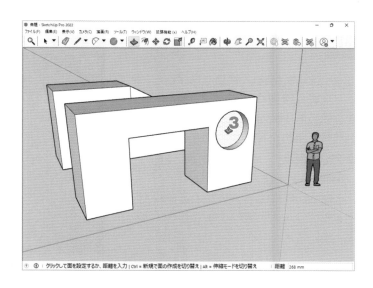

16 ファイルとして 保存する

[ファイル]－ 「名前を付けて保存」

ここまで作成したモデルをファイル名「01」として、「ドキュメント」（ Mac は「書類」）内の「22sk」フォルダーに保存しましょう。

1 メニューバー［ファイル］－「名前を付けて保存」を🖱。

➡ 「名前を付けて保存」ダイアログが開く。

2 保存先を「ドキュメント」（ Mac は「書類」）内の「22sk」フォルダーにする。

? 「22sk」フォルダーがない→p.264

3 「ファイル名」（ Mac は「名前」）ボックスの「無題.skp」を消去し、「01」を入力する。

4 「保存」ボタンを🖱。

➡ 「01.skp」として保存され、SketchUpのタイトルバーのファイル名表示も「01.skp」（または「01」）になる。

Point SketchUpのファイルは「**3**で入力したファイル名.skp」として保存されます。モデルとともに、現在のビューも保存されます。

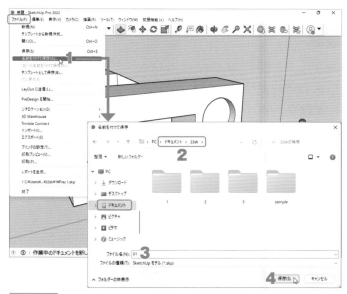

SketchUpをいったん終了しましょう。

5 メニューバー［ファイル］－「終了」（ Mac は［SketchUp］－「SketchUpを終了」）を🖱。

➡ SketchUpが終了する。

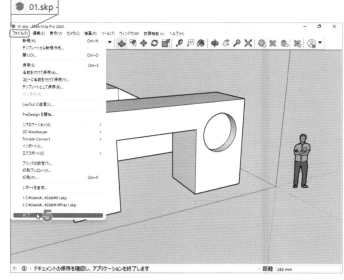

17　「01.skp」を開く

SketchUpを起動し、前項で保存したファイル「01.skp」を開きましょう。

1 デスクトップの「SketchUp Pro 2022」のショートカットアイコンを🖱🖱。

2 「最近使ったファイル」欄の「01」を🖱。

> ➡ 「01.skp」が開く。

> **Point** **2**の操作の代わりに、「ファイルを開く」ボタンを🖱してファイルを選択して開いてもよい。

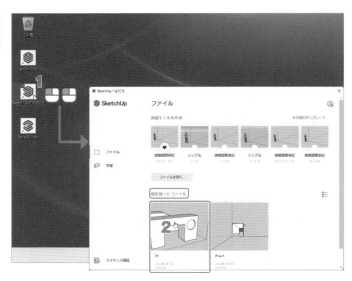

18　円弧を作成する　　2点円弧

側面の上に円弧を作成しましょう。

1 🖊「2点円弧」ツールを🖱。

> **?** 「2点円弧」ツールがツールバーにない→p.264

> **Point** 「2点円弧」ツールは、両端点（始点・終点）と円弧上の位置を指示することで円弧を作成します。「2点円弧」ツール選択時、ポインタは右図のアイコンになります。鉛筆アイコン先端を指示点に合わせ、🖱してください。

2 始点として左上角にポインタを合わせ、緑の●と 端点 が表示されたら🖱。

3 終点として右上角にポインタを合わせ、緑の●と 頂点で接線 が表示されたら🖱。

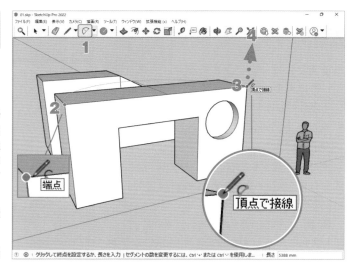

4 ポインタを**3**の端点から上（青軸）方向に移動する。

> ➡ **2**、**3**を両端点とする円弧が、ポインタに従い仮表示される。

> **Point** **2**−**3**の中点から青軸（Z軸）に平行なことを示す青の線と、**3**の端点から青の点線およびヒント 点から軸方向 が表示されることで、現在のポインタの位置が青軸に平行であることが確認できます。

5 表示される円弧の形状を確認して🖱。

> ➡ 円弧が作成され、側面上辺のエッジと円弧に囲まれた内部に面が作成される。

> **Point** 作成した円弧と側面上辺のエッジで閉じた図形ができたため、面が作成されました。円弧を単独で作成した場合、閉じた図形にはならないため、その内部に面は作成されません。

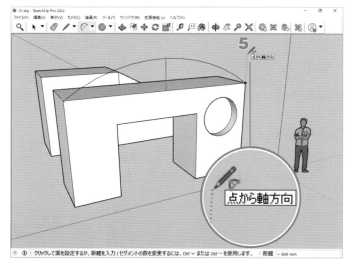

19 円弧の面を押し込む

 プッシュ/プル

前項で作成した円弧の面を押し込み、厚みをつけましょう。

1 「プッシュ/プル」ツールを🖱。

2 円弧の面にポインタを合わせ、ハイライトされたら🖱し、ポインタを奥に移動する。

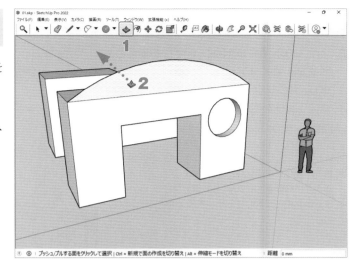

3 押し込む位置として、反対側の角にポインタを合わせ、緑の●と [端点] が表示されたら🖱。

➡ 面が **3** で🖱した位置まで押し込まれ、円弧の面に厚みができる。

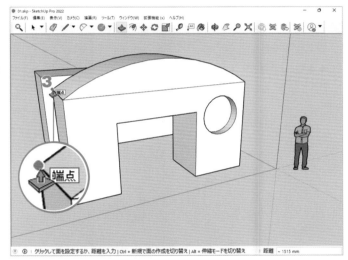

20 エッジを消去する

 消しゴム

円弧の面との境界エッジを消して、1つの面にしましょう。

1 「消しゴム」ツールを🖱。

2 右図の境界エッジを🖱。

➡ **2** のエッジが一瞬ハイライトされてから消え、2つに分かれていた面が1つの面になる。

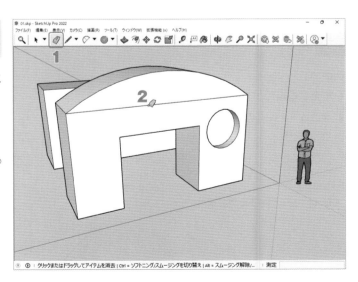

「オービット」ツールで右図のビューにし、反対の面の境界エッジも消しましょう。

3 マウスのホイールボタンを押したままで、ポインタアイコンが 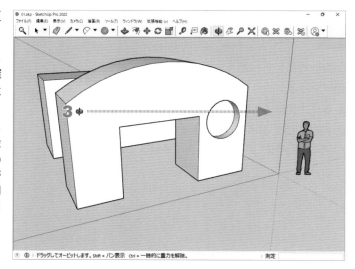 になったことを確認し、ドラッグして反対側の面が見えるようにビューを変更する。

> **Point** マウスのホイールボタンを押したままドラッグすることでオービット操作ができます。ホイールボタンをはなすと、その前に使用していたツール操作の続きになります。パソコン環境によって、この機能が働かない場合があります。その場合は、「オービット」ツールを🖱️で選択してドラッグ操作を行ってください。

4 ホイールボタンをはなしたあと、「消しゴム」ツールに戻ったことを確認し、右図の境界エッジを🖱️。

> ➡ **4**のエッジが消え、2つに分かれていた面が1つの面になる。

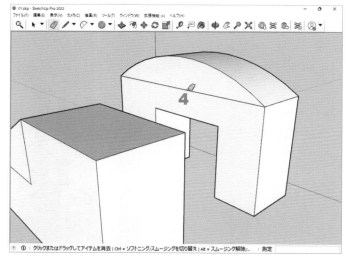

21 1つ前のビューに戻す [カメラ]ー「戻る」

前項で「オービット」ツールを使って、ビューを変更する前のビューに戻しましょう。

1 メニューバー[カメラ]ー「戻る」(**Mac** は「前へ」)を🖱️。

> **Point** メニューバー[カメラ]の「戻る」(**Mac** は「前へ」)を🖱️すると、1つ前のビューに戻ります。ビューを戻したあと、メニューバー[カメラ]の「進む」(**Mac** は「次へ」)を🖱️すると、戻す前のビューになります。

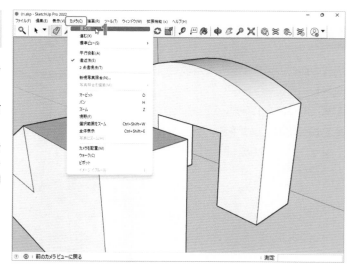

22 自由曲線を作成する

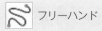 フリーハンド

側面の下側に、自由曲線を作成しましょう。

1 「線」ツール右の ▼ を🖱し、プルダウンメニューの 🖋「フリーハンド」を🖱。

> **Point** 「フリーハンド」ツールは、始点位置でマウスの左ボタンを押したまま終点位置までドラッグすることで、フリーハンドの曲線（ポリライン）を作成します。「フリーハンド」ツール選択時、ポインタは右図のアイコンになります。鉛筆アイコン先端を指示点に合わせ、🖱したまま移動（ドラッグ）してください。

2 始点位置として、右図のエッジにポインタを合わせ、赤の■と エッジ上 が表示されたら、🖱したままドラッグして波線をかく。

> **Point** ポインタの軌跡を示す仮線と、面上を示す青の◆が表示されることを確認しながら、ドラッグしてください。

3 終点位置として、右図のエッジにポインタを合わせ、赤の■と エッジ上 が表示されたらボタンをはなす。

> ➡ ポインタの軌跡が曲線として作成され、その曲線で面が分割される。

4 同様にして、右側の面にも曲線を作成する。

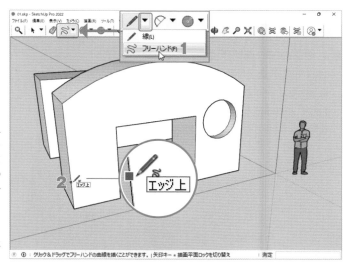

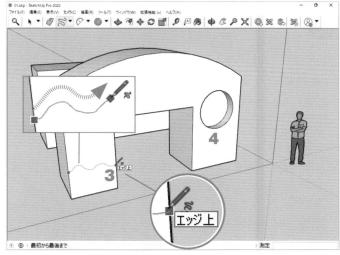

23 分割した下の面を引き出す

 プッシュ/プル

曲線で分割した下の面を「プッシュ/プル」ツールで、適当な位置まで引き出しましょう。

1 🖐「プッシュ/プル」ツールを🖱。

2 下の面にポインタを合わせ、ハイライトされたら🖱。

3 ポインタを手前に移動し、右図の位置で🖱。

> ➡ **2**の面が、**3**で🖱した位置まで引き出される。

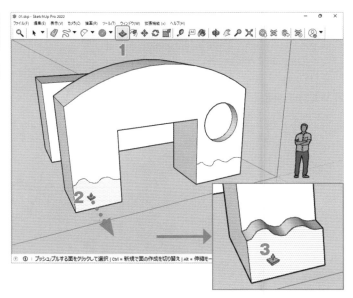

右側面の下の面を、左と同じ距離だけ引き出しましょう。

4 右側面の下の面にポインタを合わせ、ハイライトされたら🖱🖱。

 → **4** の面が、左の面と同じ距離だけ引き出される。

 Point 面を🖱🖱することで、1つ前に引き出した距離と同じ距離で引き出すことができます。

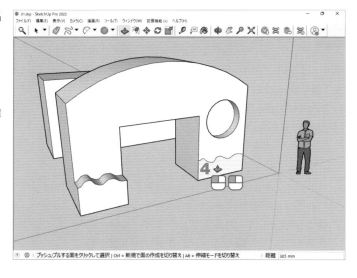

---

24 人物モデルを移動する   ✥ 移動

人物モデルを移動しましょう。

1 ✥「移動」ツールを🖱。

 Point「移動」ツールでは、移動対象・移動の基準点と移動先の点を指示して移動します。「移動」ツール選択時、ポインタは右図のアイコンになります。十字アイコンの中心を対象に合わせ、🖱してください。

2 移動対象の人物モデルの足元にポインタを合わせ、紫の ⊕ と 端点 (Niraj) が表示されたら🖱。

 Point この人物モデルは、複数のエンティティをひとまとまりとしたコンポーネント（→p.123）になっています。そのため、**2** の🖱で、移動対象と移動の基準点の指示が同時に行えます。ひとまとまりでない複数のエンティティをまとめて移動（またはコピー）する手順については、Lesson 3で学習します。

 → **2** の人物モデルがハイライト（青の枠表示）され、**2** の点を移動点として移動対象になり、ポインタに従い移動する。

3 移動先の点として、右図の位置で🖱。

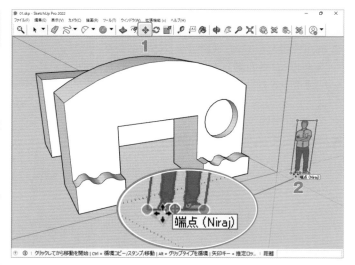

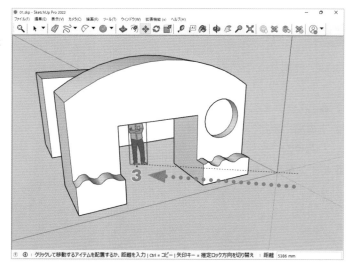

25 端点を移動する

 移動

3Dモデルの端点を移動することでモデル形状がどう変化するか、見てみましょう。

1 右図のようにビューを変更する。

2 「移動」ツールで、右図の角にポインタを合わせ、緑の●と 端点 が表示されたら🖱。

　➡ **2**の点が移動対象とその基準点になる。

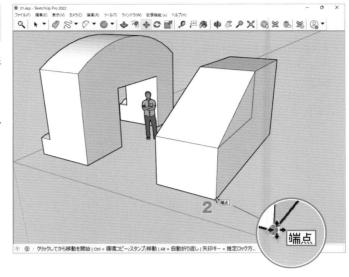

3 ポインタを移動し、形状の変化を見る。

　➡ ポインタに従い、**2**を端点とするエッジとそのエッジを境界エッジとする面が変形する。

　Point 端点を移動対象にした場合、その端点をもつエッジと、そのエッジを境界エッジとする面の形状がともに変化します。

移動操作をキャンセルしましょう。

4 キーボードの Esc キーを押す。

　Point キーボードの Esc キーを押すことで、確定されていない現在の操作をキャンセルします。

　➡ 移動操作がキャンセルされ、**2**の操作前に戻る。

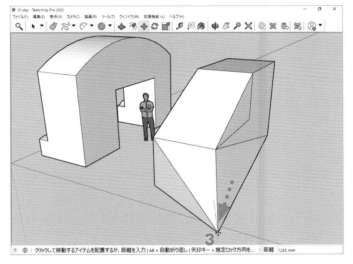

26 エッジを移動する

 移動

3Dモデルのエッジを移動することでモデル形状がどう変化するか、見てみましょう。

1 「移動」ツールで、右図のエッジにポインタを合わせ、エッジがハイライト（青く表示）されて赤の■と エッジ上 （または水色の●と 中点 ）が表示されたら🖱。

　➡ **1**のエッジがハイライトされ、**1**の位置を基準点として移動対象になる。ポインタに従い、**1**のエッジが動き、それに伴い、**1**のエッジを境界エッジとする面とそれに隣接する面の形状が変化する。

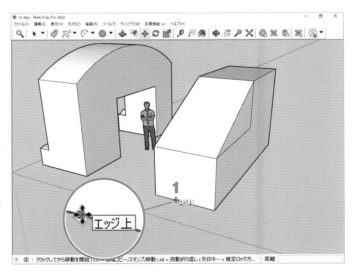

2 緑軸方向にポインタを移動し、緑の軸上が
表示される右図の位置で、移動先を🖱。

➡ **1** のエッジが **2** の位置に移動され、**1** のエッジを境
界エッジとする面とその面に隣接する面が変形する。

Point エッジを移動対象にした場合、そのエッジを境
界エッジとする面と、その面に隣接する面の形状がと
もに変化します。

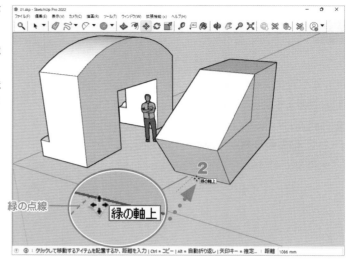

緑の点線

---

27 | **面の表示を半透明な
ガラスにする** 🖌 ペイント

面の表示にマテリアル（素材）や色を指定でき
ます。前項で変形した3Dモデルの面を半透明
なガラスにしましょう。

1 右図のビューにし、🖌「ペイント」ツールを
🖱。

➡「デフォルトのトレイ」の「マテリアル」ダイアログ
が開く。

Point **Mac** は「マテリアル」ダイアログの代わりに「カ
ラーピッカー」が開きます。

2「マテリアル」ダイアログの「選択」タブの、
「種類」ボックスの⏷を🖱し、プルダウンリ
ストから「ガラスと鏡」を🖱。

➡ **2** で選択した種類のマテリアルが一覧表示される。

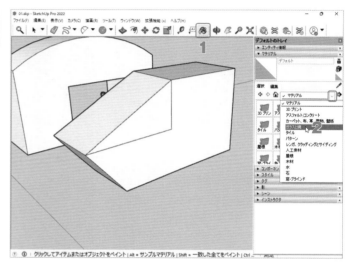

3「半透明_ガラス_空の反射」を🖱。

Point「ペイント」ツールでは、モデル内の面の表示
を、指定したマテリアル（素材）や色に変更できます。
「ペイント」ツール選択時、ポインタは右図のアイコン
になります。アイコン先端の○をペイント対象に合わ
せて🖱してください。

4 ペイント対象として、右図の面を🖱。

➡ 面が2つに分割されているため、🖱した側の面がガ
ラス表示になり透過される。

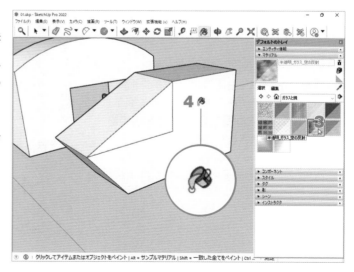

Chapter 1 SketchUp の基本操作に慣れよう

28 境界エッジを消去する

 消しゴム

ペイントした面と同一面上のもう一方の面とを分割する境界エッジを消して、1つの面にしましょう。

1 「消しゴム」ツールを🖱。

2 右図の境界エッジを🖱。

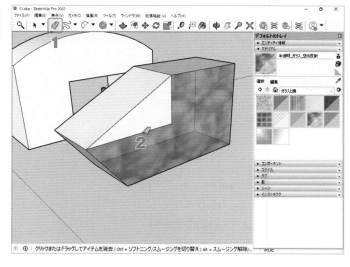

➡ 🖱した境界エッジが消え、2つに分割されていた面が1つになる。モデル内部には、p.33でエッジを作成する以前からあった垂直な面が存在している。

もう一方の境界エッジも消しましょう。

3 もう1方の境界エッジを🖱。

➡ 🖱したエッジが消え、それに伴い内部の面も消去され、水平方向のエッジだけが残る。

内部に残ったエッジも消去しましょう。

4 ガラス面上のエッジの端部を🖱。

➡ 🖱したエッジが消える。

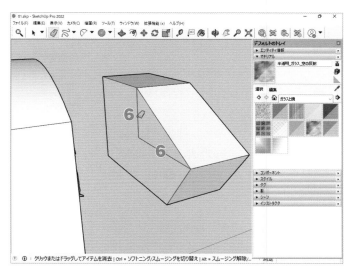

反対側の面の境界エッジも消去しましょう。

5 「オービット」ツールで、ビューを右図のように変更する。

6 消去対象の2本のエッジを🖱し、消去する。

Lesson 2　立体モデルを作ってみよう

29 他の面にもガラスをペイントする
 ペイント

「ペイント」ツールで、残りの面も同じガラスにしましょう。

1 「マテリアル」ダイアログの「半透明_ガラス_空の反射」を🖱。

> **Point** 「ペイント」ツールを🖱する代わりに、「マテリアル」ダイアログに表示されている任意のマテリアルを🖱することで、「ペイント」ツールになります。 **Mac** は「ペイント」ツールを選択したうえで、**1** の操作を行ってください。

2 ペイント対象として、右図の面を🖱。

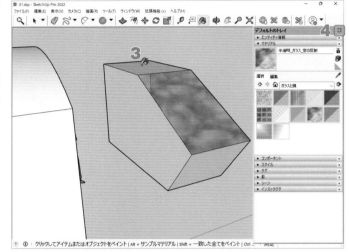

> ➡ 🖱した面がガラスになり、右図のように透過して表示される。

3 カメラツールで適宜ビューを変更し、残りの4面も🖱し、ガラスをペイントする。

4 「デフォルトのトレイ」の ✕ (閉じる)(**Mac** は「カラーピッカー」左上の ✕ (閉じる))を🖱。

> ➡「デフォルトのトレイ」(**Mac** は「カラーピッカー」)が閉じる。

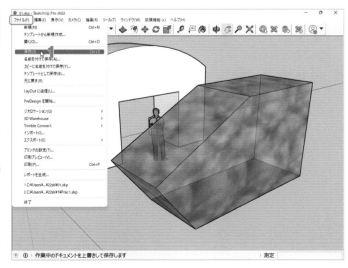

30 上書き保存する [ファイル]−「保存」

ここまでを上書き保存しましょう。

1 メニューバー「ファイル」−「保存」を🖱。

> ➡ 上書き保存される。

2 メニューバー [ファイル] −「終了」(**Mac** は [SketchUp]−「SketchUp を終了」)を🖱。

> **Point** Windowsは、タイトルバーの ✕ (閉じる)を🖱でも終了します。

以上で、Lesson 2のモデル作成は完了です。次ページに進み、「Lesson 2のおさらい」や「自主学習」を行いましょう。

■ エッジと面

閉じた図形を作成すると、その内部に新しく面が自動的に作られます。面の外形線を「境界エッジ」と呼びます。面の境界エッジを消すと、閉じた図形でなくなり、面は自動的に消滅します。

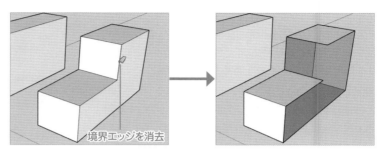

面上に線（エッジ）や円、長方形などの閉じた図形を作成することで、それらのエッジを境に2つの面に分割されます。

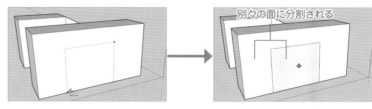

端点・エッジを移動すると、それに伴ってその端点・エッジを含む面や、その面に隣接する面が変形されます。

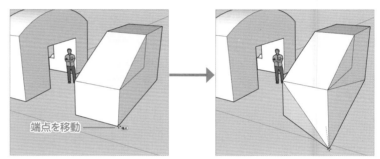

■ 推定機能のヒント表示

SketchUpでは、正確に点位置を指示（スナップ）するための推定機能があります。

モデル上の点やエッジ、面にポインタを合わせた際、ポインタ先に端点を示す緑の●、エッジ上を示す赤の■、中点を示す水色の●、面上を示す青の◆などのマークと、 端点 エッジ上 中点 面上 などのヒントが表示され、🖱することで、線の端点や中点、線上や面上の任意位置をスナップできます。

線・円弧の端点→p.24

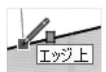

線上→p.34

線の中点→p.27

面→p.31

「線」ツールで、点指示後に軸方向にポインタを移動すると、その軸の色の仮線と 緑の軸上 などのヒントが表示されます。軸の色の仮線が表示された状態で🖱することで、軸方向の線上をスナップできます。

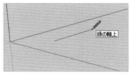

■ 確定前の操作の取り消しと、1つ前の操作の「取り消し（アンドゥ）」と「やり直し（リドゥ）」

確定前の操作の取り消し（→p.43）…… Esc キー
1つ前の操作の取り消し（→p.32）…… ［編集］－「元に戻す」 または Ctrl キー（ Mac は command キー）＋ Z キー
「元に戻す」で戻した操作を復元……… ［編集］－「やり直し」 または Ctrl キー＋ Y キー
（ Mac は command キー＋ shift キー＋ Z キー）

Lesson 2 立体モデルを作ってみよう

● 自主学習

自主学習ファイル「Prac2.skp」を開き、Lesson 2の復習を兼ねてモデルを作成しましょう

● 自主学習ファイルを開く

1 デスクトップの「SketchUp Pro 2022」のショート
カットアイコンを🖱🖱して、「SketchUpへようこそ」
ウィンドウの「ファイルを開く」ボタンを🖱。

2 「開く」ダイアログの「ファイルの場所」を「ドキュメン
ト（ Mac は「書類」）内の「22sk」フォルダー内の「1」
フォルダーにして、教材ファイルの「Prac2.skp」を🖱。

3 「開く」ボタンを🖱。

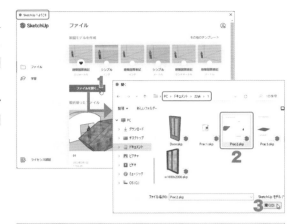

● 作成するモデルをアニメーションで確認

1 メニューバー[表示]－「アニメーション」－「再生」を🖱。

2 アニメーションが再生されるので、左側の見本の変化
を見る。

3 アニメーションは繰り返し流される。最初の画面に
戻ったら、「アニメーション」ダイアログの「■ 停止」ボ
タン（ Mac は「1」シーンタブ）を🖱し、アニメーションを
停止する。

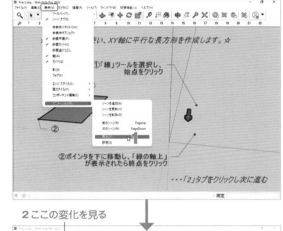

2 ここの変化を見る

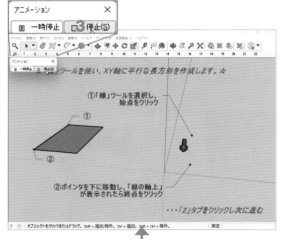

● 教材の指示に従ってモデルを作成

1 「1」シーンタブを🖱。

2 「1」シーンタブに記入されている指示に従い、操作する。

① 「フリーハンド」ツール右の▼を🖱し、「線」ツールを🖱。

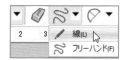

操作指示の引出線先端の●は、点ではないため、ポインタを合わせても 端点 は表示されません。だいたいの位置で🖱してください。

②は引出線先端付近にポインタを合わせ、操作指示どおり、緑の仮線と 緑の軸上 が表示されたら🖱してください。

3 「1」シーンタブで指示されている操作を終えたら、次の「2」シーンタブを🖱。

線を作成している操作の途中のため、「2」シーンタブを🖱する際に、②の終点位置からポインタに仮線がついてきますが、そのまま、「2」シーンタブを🖱してください。

4 指示されている操作を行う。

5 「3」シーンタブを🖱して次へ進む。以下同様に操作を行う。

シーンごとに、操作がしやすいよう自動的にビューが変更されます。パソコン画面の解像度によっては見づらい場合もあります。「オービット」ツールや「パン」ツールなどを使って、適宜、ビューを変更してご利用ください。

完成データを保存する必要はありません。

? 指定のマテリアルの種類がリストに表示されない
→ p.66の **Point**

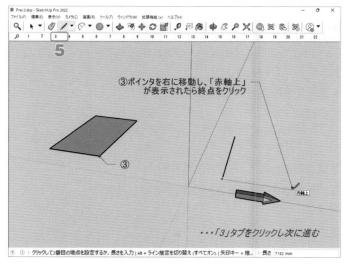

Lesson 3 指定寸法の立体モデルを作成しよう

下図の指定寸法でモデルを作成しましょう。ここでは、寸法・距離を指定してモデルを作成する方法や、操作対象として複数のエンティティを指定する「選択」ツール、文字を記入する「テキスト」ツール、寸法を記入する「寸法」ツールを新しく学びます。

Lesson 3からは、ビュー（ワークスペースの表示）の変更操作指示の記載は省くので、必要に応じて「オービット」「ズーム」「パン」「全体表示」ツールなどを使って、ビューを調整してください。

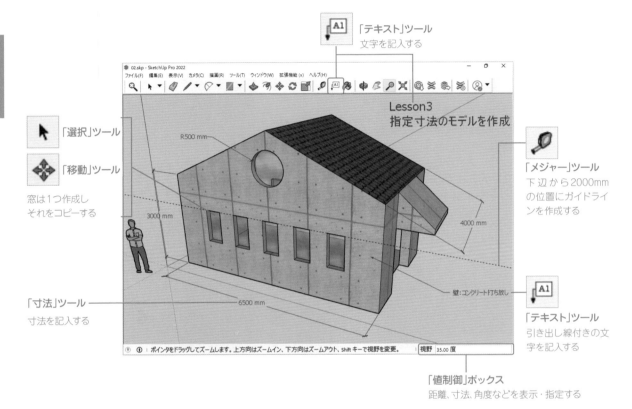

「テキスト」ツール
文字を記入する

「選択」ツール

「移動」ツール

窓は1つ作成し
それをコピーする

「寸法」ツール
寸法を記入する

「メジャー」ツール
下辺から2000mm
の位置にガイドラインを作成する

「テキスト」ツール
引き出し線付きの文字を記入する

「値制御」ボックス
距離、寸法、角度などを表示・指定する

1 6500 × 4000mm の長方形を作成する　長方形

「長方形」ツールで、6500 × 4000mmの長方形を作図しましょう。

1 「長方形」ツールを🖱。

> **Point** 「長方形」ツールが表示されていない場合は、「円」（図形）ツール右の▼を🖱し、プルダウンリストから「長方形」ツールを🖱で選択してください。

2 最初の角として、右図の位置で🖱。

3 ポインタを右上（長方形の作図方向）に移動する。

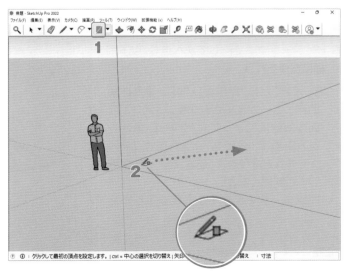

「長方形」ツールで最初の角を🖱後、ポインタを移動すると、仮表示の長方形の寸法が「値制御」ボックスに表示されます。キーボードから「X軸方向の長さ,Y軸方向の長さ」を「,」(カンマ)で区切って入力することで、「値制御」ボックスに数値が入力され、指定寸法の長方形を作成します。数値の入力時、「値制御」ボックスを🖱する必要はありません。直接キーボードから半角英数モードで入力し、Enterキーで確定してください。

4 キーボードから「6500,4000」を入力する。

➡「値制御」ボックスに「6500,4000」が入力され、**2**の点を左下角とした6500×4000mmの長方形が作成される。

? 数値が「値制御」ボックスに入力されない →p.265

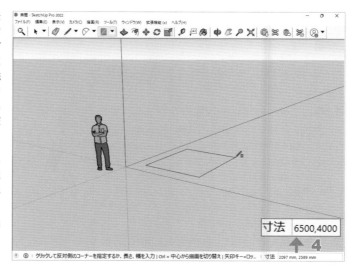

---

2 長方形を**3000mm**引き出す プッシュ/プル

「プッシュ/プル」ツールで、長方形の面を3000mm上へ引き出しましょう。

1 🖱「プッシュ/プル」ツールを🖱。

2 長方形の面にポインタを合わせ、ハイライトされたら🖱し、ポインタを上方向に移動する。

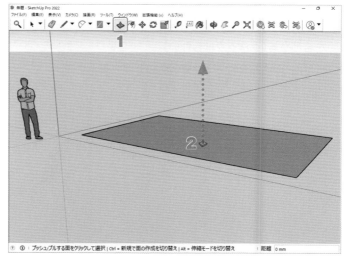

➡ ポインタの位置まで面が引き出され、「値制御」ボックスには、現在のポインタ位置までの距離が表示される。

3 キーボードから「3000」を入力する。

Point 「プッシュ/プル」ツールで面を🖱後、面の引き出し(または押し込み)方向にポインタを移動して数値を入力することで、指定距離の位置に面を引き出す(または押し込む)ことができます。

➡「値制御」ボックスに「3000」が入力され、元の面から3000mm上(ポインタの方向)に引き出され、直方体になる。

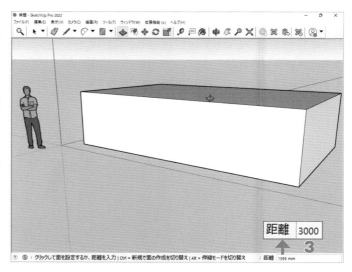

3 長さを計測する　 メジャー

作成した直方体の各辺の長さを計測して確認
しましょう。

1 「メジャー」ツールを🖱。

> **Point** 「メジャー」ツールでは2点間の長さや線と線・
> 点の間隔を計測できます。「メジャー」ツール選択時、
> ポインタは右図のアイコンになります。メジャーアイ
> コンの先端を対象に合わせてください。測定の開始
> 点を🖱後、測定の終了点にポインタを合わせる（🖱は
> しない）ことで、その間の長さがポインタと「値制御」
> ボックスの2カ所に表示されます。

2 計測の開始点として、右図の角にポインタ
を合わせ、緑の●と 端点 が表示されたら🖱。

> **Point** 端点 の下に表示される数値は、上から順に原
> 点から端点までのX,Y,Zの距離です。

3 計測の終了点として、右図の角にポインタ
を合わせる（クリックはしない）。

> ➡ ポインタ先に端点を示す緑の●が表示され、**2**－**3**
> 間の測定値がポインタと「値制御」（長さ）ボックスの
> 2カ所に表示される。

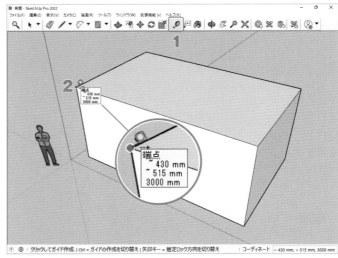

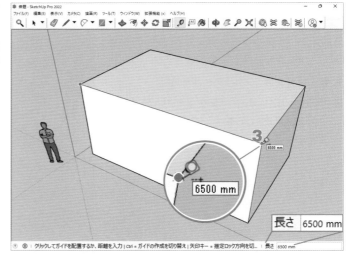

計測の開始点（**2**で指定）は有効です。続けて高
さを計測しましょう。

4 計測の終了点として、右図の角にポインタ
を合わせ（クリックはしない）、測定値が
3000mm と表示されることを確認する。

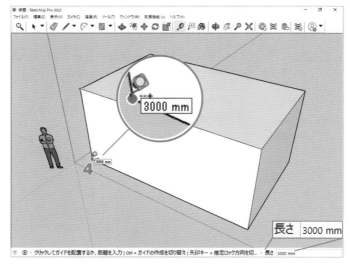

「メジャー」ツールでは線と線・点の間隔を計測することもできます。上面の奥の辺と手前の辺の間隔を計測しましょう。

5 Escキーを押し、計測の開始点を取り消す。

6 計測の開始エッジとして、奥の辺にポインタを合わせ、赤の■と エッジ上 が表示されたら🖱。

> **Point** エッジ上 の下に表示される数値は、エッジの長さです。

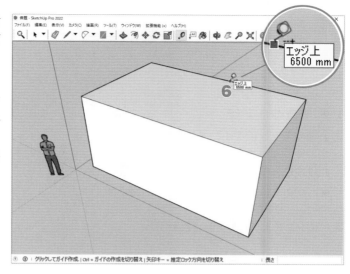

7 計測の終了エッジとして、手前の辺にポインタを合わせ（クリックはしない）、エッジ上を示す赤の■が表示された状態で、計測値が 4000mm と表示されることを確認する。

> **Point** 「メジャー」ツールのポインタに＋マークが付いている場合、**7**の時点で右図のようにポインタの位置を通る点線が仮表示され、🖱することで**7**の位置にガイドライン（構築線）を作図します（→p.57）。ポインタに＋マークが付いていない場合、点線（ガイドライン）は仮表示されません。

8 Escキーを押し、計測の開始点を取り消す。

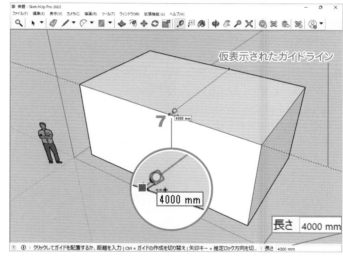

4 上面を分割する　 線

直方体上面の手前の辺の中点と奥の辺の中点を結ぶエッジ（線）を作成し、面を2つに分割しましょう。

1「線」ツールを🖱。

2 始点として、上面手前の辺の中点付近にポインタを合わせ、水色の●と 中点 が表示されたら🖱。

3 終点として、奥の辺の中点付近にポインタを合わせ、水色の●と 中点 が表示されたら🖱。

> ➡ 辺の中点どうしを結ぶ線（エッジ）が作成され、そのエッジにより面が2つに分割される。

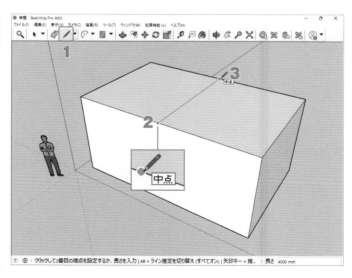

5 エッジを1500mm上に移動する

 移動

上面を分割するエッジを1500mm上に移動して、切妻屋根の形状にしましょう。

1 ◆「移動」ツールを🖰。

2 右図のエッジにポインタを合わせ、エッジがハイライトされて赤の■と[エッジ上](または水色の●と[中点])が表示されたら🖰。

　➡ ハイライトされた**2**のエッジが、**2**の点を移動の基準点として移動対象になる。

3 ポインタを上(青軸)方向に移動する。

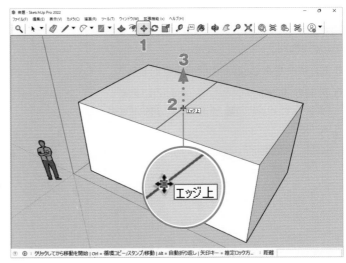

　➡ ポインタに従い**2**のエッジが移動し、そのエッジ両側の面とそれに隣接する手前と奥の面が変形する。「値制御」ボックスには現在のポインタ位置までの距離が表示される。

4 青の点線と[青い軸上]が表示された状態で、キーボードから「1500」を入力する。

　➡ 「値制御」ボックスに「1500」が入力され、エッジがポインタの方向(青軸方向)に1500mm移動する。それに伴い、エッジ両側の面とそれに隣接する手前と奥の面が変形し、切妻屋根の形状になる。

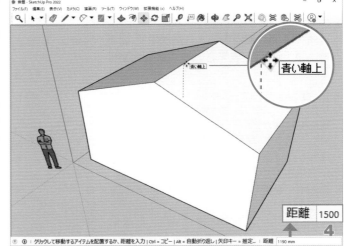

6 側面に900×2000mmの長方形を作成する

右側面の下辺中点から、右上に幅900mm、高さ2000mmの開口となる長方形を作成しましょう。

1 「長方形」ツールを🖰。

2 最初の角として、右側面下辺の中点付近にポインタを合わせ、水色の●と[中点]が表示されたら🖰。

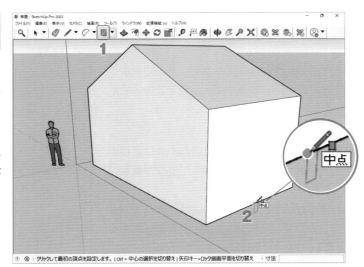

3 ポインタを右上方向へ移動する。

> **Point** 最初の角を 中点 または エッジ上 にした場合、「値制御」ボックスの数値は「エッジ方向の長さ,エッジに鉛直な方向の長さ」の順になります。キーボードから「エッジ方向の長さ,エッジに鉛直な方向の長さ」を「，」(カンマ)で区切って入力することで、長方形の大きさを指定します。

4 キーボードから「900,2000」を入力する。

> ➡「値制御」ボックスに「900,2000」が入力され、**2**の点を左下角とした 900 × 2000mm の長方形が作成される。

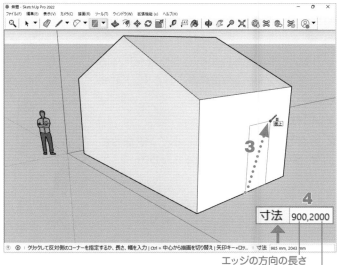

エッジの方向の長さ
エッジに鉛直な方向の長さ

7 長方形を300mm押し込み、面を消去する

作成した長方形を300mm押し込みましょう。

1「プッシュ/プル」ツールを🖱。

2 長方形の面にポインタを合わせ、ハイライトされたら🖱し、ポインタを奥(押し込む方向)へ移動する。

3 キーボードから「300」を入力する。

> ➡「値制御」ボックスに「300」が入力され、🖱した面が300mm奥に押し込まれる。

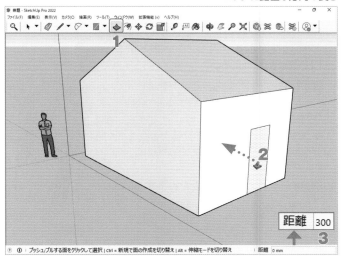

押し込んだ面を消去しましょう。

4 押し込んだ面を🖱。

> ➡🖱した面が操作対象としてハイライトされ、コンテキストメニューが表示される。

5 コンテキストメニューの「消去」を🖱。

> ➡🖱した面が消去される。

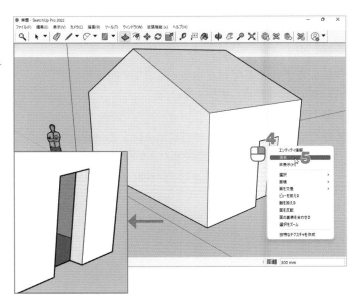

8 指定長さの垂線を作成する 線

このあと、作成する円の中心点位置を決める
ため、手前の面中央の頂点から長さ1000mm
の垂線を作成しましょう。

1 「線」ツールを🖰。

2 始点として、右図の頂点にポインタを合わ
せ、緑の●と端点が表示されたら🖰。

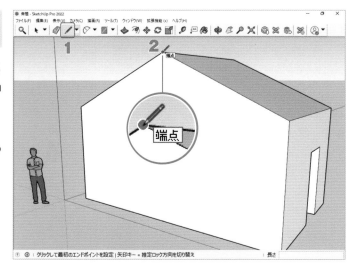

3 ポインタを下（青軸）方向に移動し、2の
点からの青の線およびポインタに青の◆
と面上が表示されたら、キーボード
から「1000」を入力する。

Point「線」ツールで始点指示後に「値制御」ボックス
に数値を入力することで、始点からポインタの方向に
指定長さの線を作成します。

➡「値制御」ボックスに「1000」が入力され、2の点か
ら下方向に長さ1000mmの線が作成される。ポイン
タには、次の連続線が仮表示される。

4 Escキーを押し、線の作成を完了する。

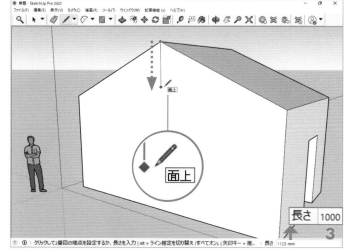

9 指定半径の円を作成する 円

作成した垂線の下端点を中心とした、半径
500mmの円を作成しましょう。

1 「円」ツールを🖰。

2 中心点として、垂線の下端点にポインタを
合わせ、緑の●と端点が表示されたら🖰。

➡円の中心が確定し、ポインタまでの円が仮表示され
る。

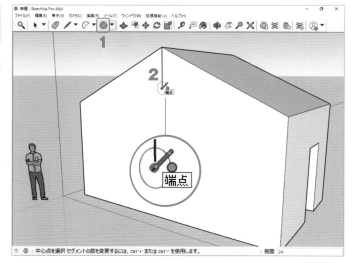

3 ポインタを中心点から移動し、ポインタに
青の◆と`面上`が表示されたら、キーボード
から「500」を入力する。

> **Point** 「円」ツールで、中心点を🖰後にポインタを移動
> し、キーボードから半径を入力することで、指定半径
> の円を作成できます。

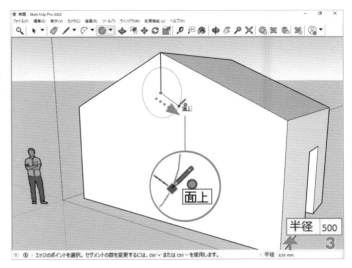

---

10 垂線を消去する

不要になった垂線を消去しましょう。

1 「消しゴム」ツールを🖰。

2 垂線を🖰。

> ➡ 円に対して🖰した側の垂線が消える。

> **Point** 円を作成した時点で、垂線は円との交点で2つ
> に分割されます。

3 残った垂線を🖰し、消去する。

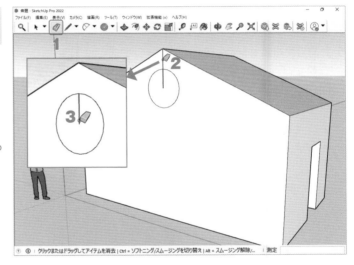

---

11 ガイドライン（構築線）
を作成する　 メジャー

底辺から2000mmの位置に、作図補助のガイド
ライン（構築線）を作成しましょう。

1 🔍「メジャー」ツールを🖰。

2 計測の開始エッジとして、右図底辺にポイ
ンタを合わせ、赤の■と`エッジ上`が表示さ
れたら🖰。

3 ポインタに＋マークが付いていることを確
認し、上（青軸）方向に移動する。

> **Point** ポインタの＋マークの有無は、`Ctrl`キー（**Mac**
> は `option` キー）を押すことで切り替えできます。
> ＋マークがない場合、ガイドライン（構築線）は作成さ
> れません。

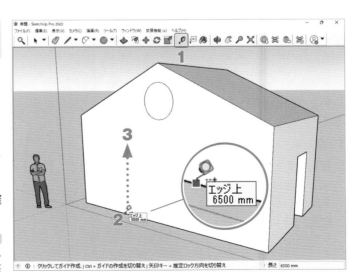

➡ **2**のエッジから青軸上を示す青の線と、ポインタに面上を示す青の◆と現在の位置までの長さが表示され、ポインタ位置に点線（ガイドライン）が仮表示される。

4 キーボードから「2000」を入力する。

➡「値制御」ボックスに「2000」が入力され、**2**のエッジからポインタの方向2000mmの位置にガイドラインが作成される。

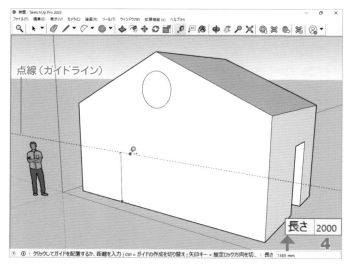

同様に、左辺から右へ1000mmの位置にガイドラインを作成しましょう。

5 計測の開始エッジとして左辺にポインタを合わせ、赤の■と エッジ上 が表示されたら🖰。

6 ポインタを右（赤軸）方向に移動し、キーボードから「1000」を入力する。

➡ **5**のエッジからポインタの方向1000mmの位置にガイドラインが作成される。

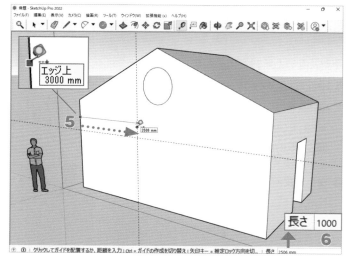

12 壁面に500×1000mmの長方形を作成する

前項で作成したガイドラインの交点を左上角とする、幅500mm、高さ1000mmの窓となる長方形を作成しましょう。

1「長方形」ツールを🖰。

2 最初の角として、ガイドラインの交点にポインタを合わせ、赤の×と 交差 が表示されたら🖰。

> **Point** ガイドラインどうしやガイドラインと線・円の交点にポインタを合わせると、交点を示す赤の×とヒント 交差 が表示されます。ヒントは数秒で消えますが、赤の×が表示された状態で🖰することで、交点をスナップできます。

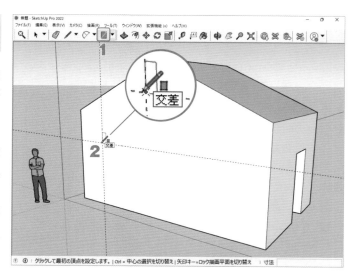

3 ポインタを右下方向に移動し、右図のように縦長の長方形を面上に仮表示した状態で、「値制御」ボックスの現在の数値を確認する。

> **Point** 「長方形」ツールで、最初の角として点や面上を🖱してポインタを移動した場合、「値制御」ボックスの数値は現在仮表示されている長方形の「長い辺,短い辺」の順序になります。数値を入力する際、現在表示されている順序（右図の場合は「縦,横」）で入力します。

4 キーボードから「1000,500」を入力する。

> ➡ **2**の点からポインタの方向に縦1000mm、横500mmの長方形が作成される。

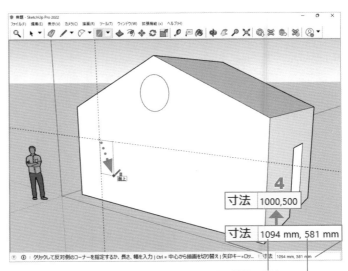

現在の長い辺（縦）の長さ

短い辺（横）の長さ

---

13 ガイドラインを消去する

不要になったガイドラインを、「消しゴム」ツールのドラッグ操作で消去しましょう。

1 「消しゴム」ツールを🖱。

2 2本のガイドライン上をドラッグし、ガイドライン2本がハイライトされたことを確認して、マウスのボタンをはなす。

> **Point** 「消しゴム」ツールで消去対象上をドラッグすることで、消去対象が選択されてハイライトになり、マウスのボタンをはなすと、ハイライトされたエンティティすべてが消去されます。

> ➡ ハイライトされたガイドライン2本が消去される。

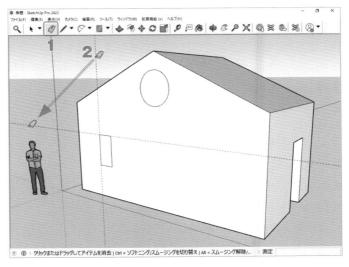

---

14 長方形を150mm押し込む

長方形の面を150mm押し込みましょう。

1 「プッシュ/プル」ツールを🖱。

2 長方形の面を🖱し、ポインタを奥（押し込む方向）に移動する。

3 キーボードから「150」を入力する。

> ➡ 長方形の面が150mm押し込まれる。

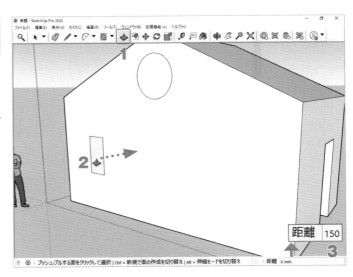

Lesson 3　指定寸法の立体モデルを作成しよう

円形の面も、同じく150mm押し込みましょう。

4 円形の面を。

> **Point** 面をすることで、1つ前に押し込んだ距離と同じ距離で押し込むことができます。
>
> ➡ 1つ前の操作と同じ距離で押し込まれる。

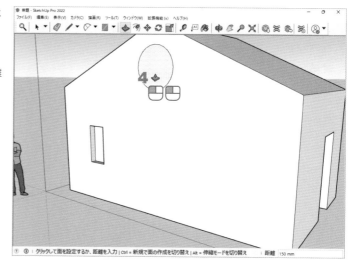

<table>
<tr><td>15</td><td>窓の面にガラスを
ペイントする</td><td>ペイント</td></tr>
</table>

押し込んだ面を半透明なガラスに変更しましょう。

1 「ペイント」ツールを。

2 「マテリアル」（ **Mac** は「カラーピッカー」）ダイアログの「種類」ボックスを「ガラスと鏡」にし、「半透明_ガラス_空の反射」を。

3 ペイント対象として、円形の面を。

4 ペイント対象として、長方形の面を。

5 「デフォルトのトレイ」右上の⊠（ **Mac** は「カラーピッカー」左上の⊗）をして閉じる。

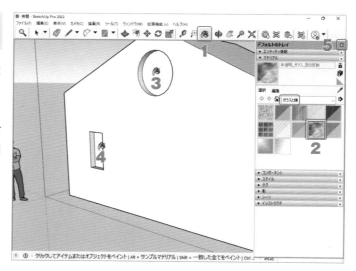

<table>
<tr><td>16</td><td>長方形の窓を
コピーする</td><td>選択／移動</td></tr>
</table>

長方形の窓を1000mm右へコピーします。はじめに、コピー対象として、窓全体を「選択」ツールで囲んで選択します。

1 「選択」ツールを。

> **Point** 複数のエンティティを移動／コピーするには、はじめに「選択」ツールで対象を選択します。

2 右図のように、窓の左上からドラッグし、表示される選択ボックスに窓全体が入るように囲み、ボタンをはなす。

> **?** 選択ボックスが表示されない→p.265

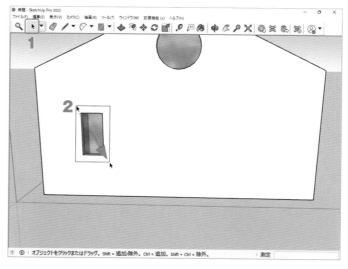

➡ 選択ボックスに全体が入るエンティティが操作対象として選択され、ハイライトされる。

コピーの指示をしましょう。

3 ❖「移動」ツールを🖱。

4 Ctrlキー（**Mac** は option キー）を押し、ポインタに＋マークが付いた状態にする。

> **Point** 「移動」ツールでは、Ctrlキー（**Mac** は option キー）を押すことで移動⇔コピー（＋マークが付いた状態）を切り替えます。

5 コピーの基準点として窓の右下角にポインタを合わせ、緑の●と 端点 が表示されたら🖱。

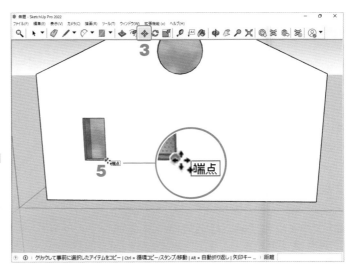

6 ポインタを右（赤軸）方向に移動する。

7 赤軸上を示す赤の点線が表示されることを確認し、キーボードから「1000」を入力する。

> ➡「値制御」ボックスに「1000」が入力され、窓が1000mm右にコピーされる。コピーされた窓が選択対象としてハイライトになり、コピー元の窓は選択解除され元の色に戻る。

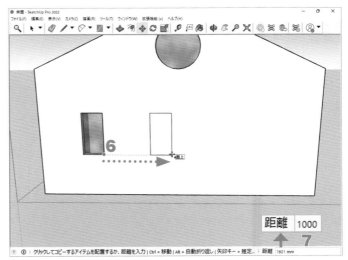

同じ方向に同じ距離で、あと3つコピーしましょう。

8 キーボードから「x4」を入力する。

> **Point** 1つ目をコピー後、「値制御」ボックスに、「x」（半角小文字のエックス）に続けてコピー数（コピーを完了した1つ目も数に含める）を入力することで、同方向・同距離に指定数をコピーします。

> ➡ **7**でコピーした窓も含め4つの窓が、**6**と**7**で指定の方向・距離にコピーされる。

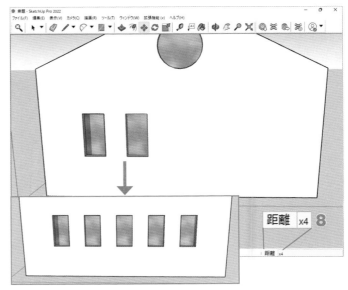

17 名前を付けて保存する

ここまで作成したモデルをファイル名「02」として、「ドキュメント」（**Mac**は「書類」）内の「22sk」フォルダーに保存しましょう。

1 メニューバー［ファイル］－「名前を付けて保存」を🖰。

➡「名前を付けて保存」ダイアログが開く。

2 保存先を「ドキュメント」（**Mac**は「書類」）内の「22sk」フォルダーにする。

3 「ファイル名」（**Mac**は「名前」）ボックスに「02」を入力する。

4 「保存」ボタンを🖰。

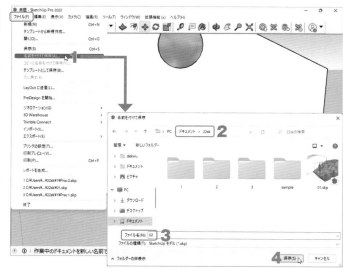

18 反対側の面に同じ大きさの窓を作成する

反対側の面に窓を作成するためのガイドラインを作成しましょう。

1 右図のビューにし、「メジャー」ツールを🖰して右図の3本のガイドラインを作成する。

ガイドラインの作成→p.57

左上のガイドライン交点を左上角とする、幅500mm、高さ1000mmの窓となる長方形を作成しましょう。

2 「長方形」ツールを🖰。

3 最初の角として、左上のガイドラインの交点にポインタを合わせ、赤の×と 交差 が表示されたら🖰。

4 ポインタを右下に移動し、縦長の長方形を仮表示した状態で、キーボードから長方形の辺の長さ「1000,500」を入力する。

Point 「値制御」ボックスに指定する数値の順序は、必ずしも「横,縦」とは限りません。現在表示されている数値の順序に従い、入力します（→p.75）。

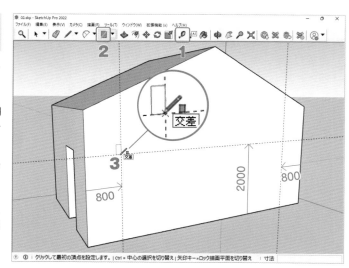

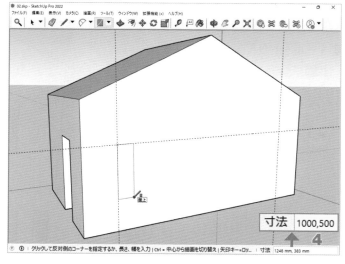

62　やさしく学ぶ SketchUp

作成した長方形の面を150mm押し込み、
押し込んだ面を半透明なガラスに変更しま
しょう。

5 「プッシュ/プル」ツールを🖱し、長方形の面
を150mm押し込む。

6 「ペイント」ツールを🖱し、押し込んだ長方
形の面に「半透明_ガラス_空の反射」をペ
イントする。

7 「デフォルトのトレイ」(Mac は「カラーピッ
カー」)を閉じる。

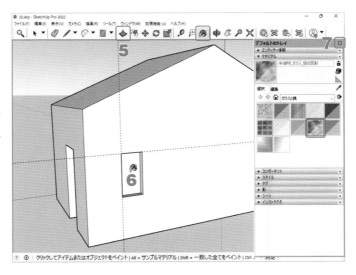

19 窓をコピーする

コピー対象の窓を正確に「選択」ツールで指定
するため、面の表示を一時的に透過表示にし
ましょう。

1 メニューバー [表示] −「面スタイル」−「X
線」を🖱。

➡ 次図のように面が透過表示される。

Point コピー対象の窓の後ろに対面の窓が重なって
いると、コピー対象の窓を囲んだ際、選択ボックスに
入る対面の窓の一部も選択されます。面を透過表示し
て、対面の窓など他のエンティティが選択されないよ
うにビューを変更します。

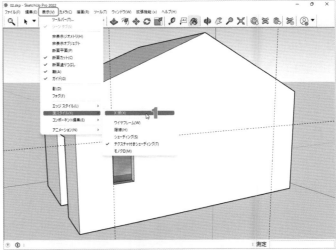

2 コピー対象の窓に他の面のエンティティが
重ならないよう、「オービット」ツールで、右
図のようにビューを変更する。

3 「選択」ツールを🖱。

4 窓の左上からドラッグし、表示される選択
ボックスで窓全体を囲み、ボタンをはなす。

Point 選択ボックスに、対面の窓など他のエンティ
ティが入らないように注意してください。

➡ 選択ボックスに全体が入るエンティティが、操作対
象としてハイライトされる。

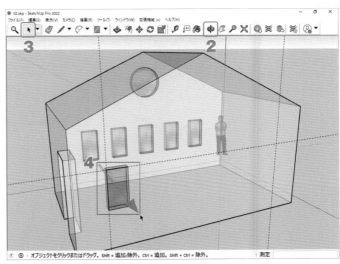

5 「移動」ツールを🖰し、Ctrlキー（ Mac は option キー）を押してポインタに＋マークが付いたコピーモードにする。

6 コピーの基準点として、窓の右上角にポインタを合わせ、緑の●と端点が表示されたら🖰。

7 コピー先の点として、右上のガイドラインの交点にポインタを合わせ、赤の×と交差が表示されたら🖰。

➡ 窓がコピーされハイライトされる。コピー元の窓は選択解除されて元の色に戻る。

🔲? 窓の外形枠しかコピーされない→p.265

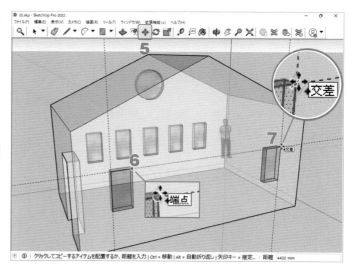

コピー元とコピー先の窓の間を、均等に4分割する位置に、3つの窓をコピーしましょう。

8 キーボードから「/4」を入力する。

Point 1つ目をコピー後、「値制御」ボックスに、「/」（半角のスラッシュ）に続けて分割数を入力することで、コピー元とコピー先の間を指定数で等分割する位置にコピーします。

➡ コピー元の窓と**6**でコピーした窓間を4等分割する3つの窓がコピーされる。

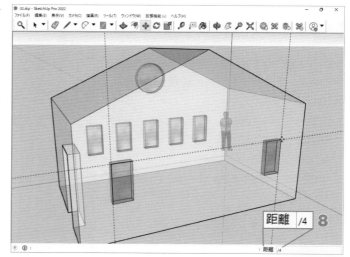

面の透過表示を元に戻しましょう。

9 メニューバー[表示]－「面スタイル」のチェックの付いた「X線」を🖰。

➡ チェックが外れ、面が元の表示になる。

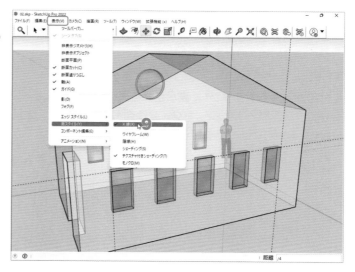

20 ガイドライン をすべて消す

[編集]―「ガイドを削除」

不要になったガイドラインを、すべて一括して削除しましょう。

1 メニューバー［編集］―「ガイドを削除」を🖱。

> **Point** メニューバー［編集］―「ガイドを削除」では、すべてのガイドライン（構築線）を一括して削除します。

➡ すべてのガイドラインが削除される。

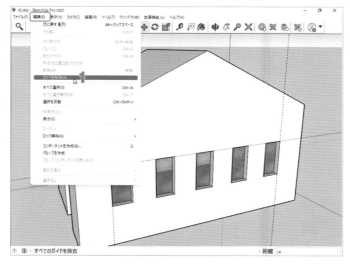

21 屋根・壁面に指定マテリアルを ペイントする

2面ある屋根を一括してペイントしましょう。「選択」ツールで2つの面を選択したあと、「ペイント」ツールでペイントします。

1 「選択」ツールを🖱。

2 右図のエッジ（屋根の尾根）を🖱🖱。

> **Point** 「選択」ツールでエッジを🖱🖱することで、エッジとそのエッジを境界エッジとしているすべての面を選択できます。

➡ エッジとその両側の屋根の面が選択され、ハイライトされる。

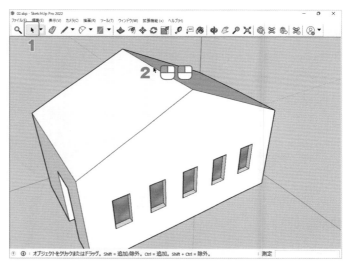

3 「ペイント」ツールを🖱。

4 「マテリアル」ダイアログの「種類」ボックスを「屋根」にし、「屋根_GAF_Estate」を🖱。

5 ペイント対象として、ハイライトされた面を🖱。

➡ ハイライトされた屋根2面が、**4**で選択したマテリアルでペイントされる。ペイント後も、屋根2面とその境界エッジはハイライトされたままである。

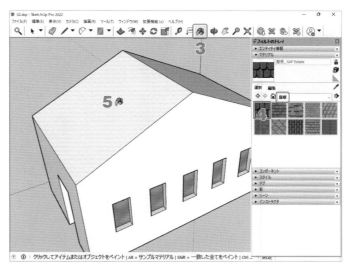

ハイライトされたエンティティを選択解除しましょう。

6 メニューバー [編集] －「すべて選択解除」を🖱。

➡ 選択が解除される。

残りのすべての壁面を、一括してコンクリートにペイントしましょう。

7「マテリアル」ダイアログの「種類」ボックスの▽を🖱し、プルダウンリストの「アスファルト／コンクリート」を🖱。

> **Point** 右図では、プルダウンリスト右のスクロールバーが画面の外に位置するため表示されていません。このような場合はプルダウンリストにポインタを合わせ、ホイールボタンを回して、リストをスクロールし、「アスファルト／コンクリート」を探してください。

8「コンクリートフォーム４×８」を🖱。

9 Ctrl キー（ **Mac** は option キー）を押す。

➡ ポインタに ⚙ マークが付く。

> **Point**「ペイント」ツールで、Ctrl キー（ **Mac** は option キー）を押すと、ポインタに ⚙ マークが付き、面を🖱することで、その面と連結しているすべての面を、一括してペイントします。このとき、連結していても、🖱した面と違う色やマテリアルがペイントされている面（このモデルでは屋根と窓ガラスの面）は対象になりません。この機能は、再度 Ctrl キー（ **Mac** は option キー）を押すことで、解除されます。

10 壁面を🖱。

➡ 屋根と窓ガラス以外のすべての面がコンクリートでペイントされる。

11「デフォルトのトレイ」（ **Mac** は「カラーピッカー」）を閉じる。

ここまでを上書き保存しましょう。

12 メニューバー「ファイル」－「保存」を🖱。

➡ 上書き保存される。

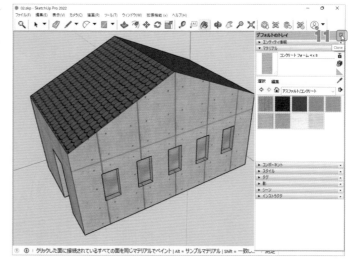

22 入り口の幅を広げる

入り口の幅を、900mm左に広げましょう。

1 「プッシュ/プル」ツールを🖱。

2 右図の面にポインタを合わせ、ハイライトされたら🖱してポインタを左（広げる側）に移動する。

3 キーボードから「900」を入力する。

> ➡ 2の面が900mm左に押し込まれ、入り口の幅が900mm左に広がる。

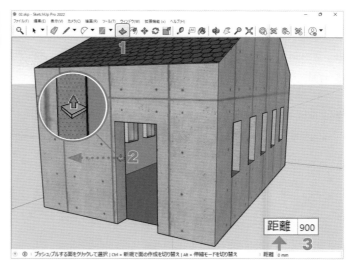

23 入り口の庇を作成する

入り口上に、入り口と同じ幅で高さ150mmの長方形を作成し、それを引き出して庇にしましょう。

1 「長方形」ツールを🖱。

2 最初の角として、入り口左上角にポインタを合わせ、緑の●と 端点 が表示されたら🖱。

3 入り口の幅に合わせて庇を作成するため、入り口右上角にポインタを合わせ、緑の●と 端点 が表示されたら、（クリックはせずに）そのまま上（青軸）方向にポインタを移動する。

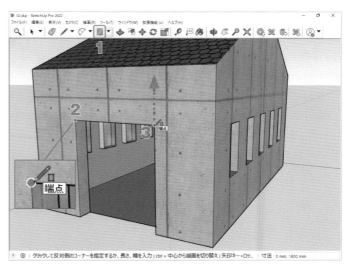

> ➡ ポインタを上方向に移動すると、3の角に黒の●とヒント 点から軸方向 が表示され、「値制御」ボックスには「1800mm、〜○○mm」と、「2-3間の長さ, 縦方向の確定していない長さ」が表示される。

> **Point** 「値制御」ボックスの表示から入り口の幅が1800mmとわかります。この状態で、「,」（カンマ）に続けて「150」を入力することで、「1800,150」（現在の入り口の幅,新しく入力した数値）を入力したことになります。

4 キーボードから「,150」を入力する。

> ➡ 幅1800mm、高さ150mmの長方形が作成される。

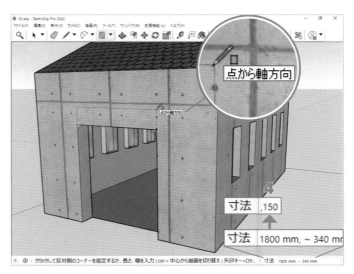

作成した長方形を、1000mm手前に引き出しましょう。

5 「プッシュ/プル」ツールを🖰。

6 作成した長方形の面を🖰し、ポインタを手前に移動する。

7 キーボードから「1000」を入力する。

　➡ 長方形が1000mm手前に引き出される。

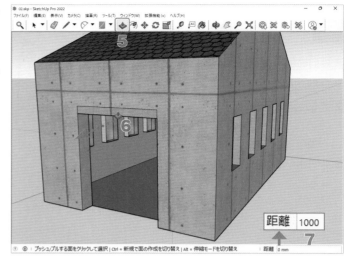

エッジを移動することで、庇の形状を変更しましょう。

8 「移動」ツールを🖰。

9 右図のエッジにポインタを合わせ、エッジがハイライトされて赤の■と エッジ上 （または水色の●と 中点 ）が表示されたら🖰。

　➡ 🖰したエッジがハイライトされ移動対象になる。

10 ポインタを上（青軸）方向に移動する。

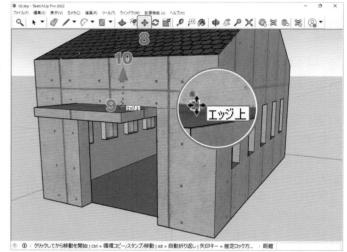

　➡ ポインタに従いエッジが移動し、そのエッジを境界エッジとする面とその面に隣接する面が変形する。

11 右図の屋根のエッジにポインタを合わせ、赤の■と エッジ上 （または水色の●と 中点 ）が表示されたら🖰。

　➡ **9**のエッジが**11**の位置に移動し、それに伴い、**9**のエッジを境界エッジとする面と、その面に隣接する両側の面が変形される。

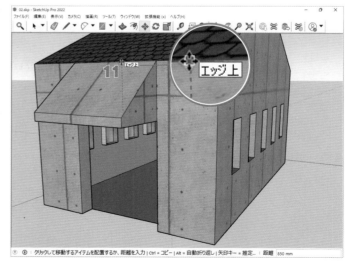

<table>
<tr><td>**24**</td><td>**エッジの寸法を
記入する**</td><td>［ツール］－「寸法」</td></tr>
</table>

横幅（手前の面底辺の寸法）を記入しましょう。

1 メニューバー［ツール］－「寸法」を🖱。

> **Point** 「寸法」ツールでは、指定したエッジや2点間、円弧の直径などの寸法を、寸法エンティティとして指定位置に作成します。「寸法」ツール選択時、ポインタは右図の矢印アイコンになります。

2 寸法を記入するエッジとして、右図のエッジにポインタを合わせ、ハイライトされたら🖱。

> **Point** **2**でヒント[中点]が表示された状態で🖱すると、2点間寸法の始めの点を指示したことになります。エッジがハイライトされ、ヒントが表示されていない状態で🖱してください。

> ➡ ハイライトされたエッジの寸法がポインタに従い仮表示される。

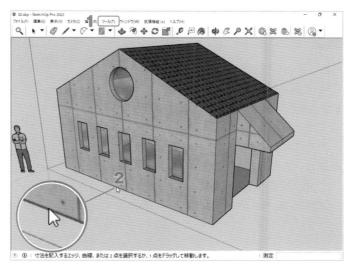

3 手前にポインタを移動し、寸法記入位置として右図の位置で🖱。

> ➡ **3**の🖱位置に、**2**のエッジの寸法エンティティが作成される。

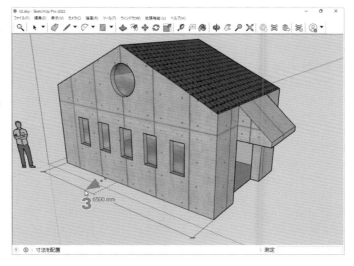

高さ（左辺の寸法）を記入しましょう。

4 寸法を記入するエッジとして、右図のエッジにポインタを合わせ、ハイライトされたら🖱。

5 左方向にポインタを移動し、寸法が赤軸方向に仮表示されることを確認して、寸法記入位置を🖱。

> ➡ **5**の🖱位置に、**4**のエッジの寸法エンティティが作成される。

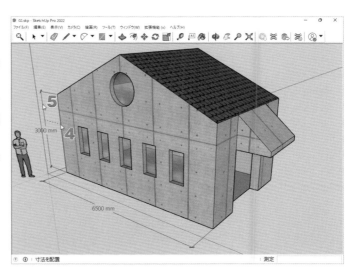

25 2点間の寸法を記入する

屋根の両端を指示することで、奥行き（右側面の幅）を記入しましょう。

1 2点間の寸法の1点目として、屋根手前の角にポインタを合わせ、緑の●と[端点]が表示されたら🖱。

2 もう一方の角にポインタを合わせ、緑の●と[端点]が表示されたら🖱。

> **Point** 点指示を誤った場合は、[Esc]キーを押して**1**、**2**の操作を取り消し、1点目の指示からやり直してください。

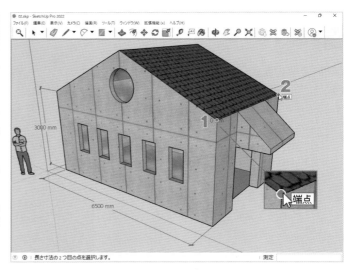

3 ポインタを上（青軸）方向に移動する。

→ **1**－**2**間の寸法線がポインタに従い、右図のように上に仮表示される。

> **Point** 寸法は、描画軸（青軸／赤軸／緑軸）、または測定するエッジ方向の、いずれかに作成できます。

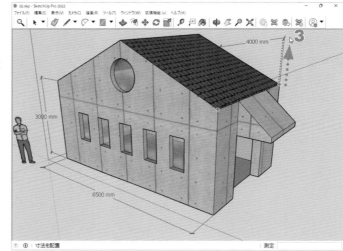

4 ポインタを屋根の面に平行に移動し、寸法記入位置を🖱。

→ 屋根面の延長上に、**1**－**2**間の寸法エンティティが作成される。

> **Point** 寸法エンティティは、モデルに変更（移動・大きさ変更など）を加えると、自動的に移動・更新されます。

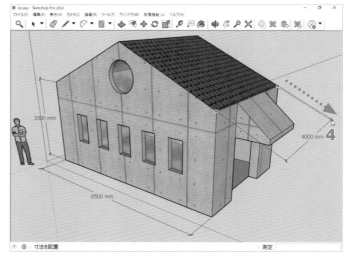

26 円の直径・半径寸法を記入する

円形の窓の直径寸法を記入しましょう。

1 寸法記入の対象として、右図の円にポインタを合わせ、ハイライトされたら🖱。

2 円の外にポインタを移動する。

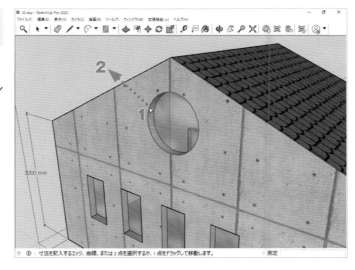

➡ 右図のように、ポインタに従い、直径寸法が引き出される。

3 寸法記入位置を🖱。

➡ 直径寸法エンティティが記入される。

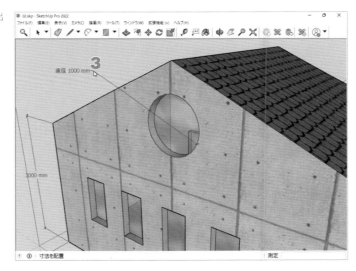

直径寸法の表記を、半径寸法に変更しましょう。

4 記入された直径寸法「直径1000mm」を🖱。

➡ **4**の直径寸法エンティティがハイライトされ、コンテキストメニューが表示される。

5 コンテキストメニューの「種類」-「半径」を🖱。

➡ 直径寸法が、半径寸法「R500mm」に変更される。

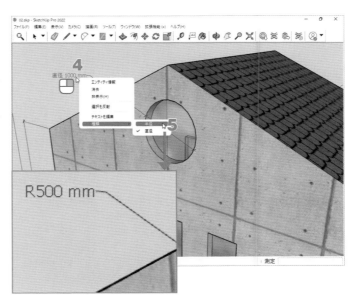

27 文字を記入する テキスト

画面右上に2行の文字「Lesson3」「指定寸法のモデルを作成」を記入しましょう。

1 「テキスト」ツールを🖱。

> **Point** 「テキスト」ツール選択時、ポインタは右図のアイコンになります。アイコンの矢印先端に文字の記入（または引き出し）位置を合わせ、🖱してください。

2 文字の記入位置として、ワークスペース右上の何もない位置を🖱。

> ➡ 🖱位置に、「テキストを入力」が色反転したテキストボックスが表示される。

3 「Lesson3」を入力し、Enterキーを押して改行する。

4 2行目の「指定寸法のモデルを作成」を入力し、Enterキーを2回押す。

> **Point** キーボードの半角／全角キー（**Mac** はかなキー）を押すことで、日本語入力が有効になります。Enterキーを1回押すと改行、もう1回押すと文字入力が完了します。

> ➡ 🖱位置に、入力した2行の文字が記入される。

壁面から線を引き出して文字を記入しましょう。

5 壁面にポインタを合わせ、青の◆と[面上]が表示されたら🖱。

> ➡ **5**からポインタまで、引き出し線と文字（ここでは🖱した面の面積）が表示される。

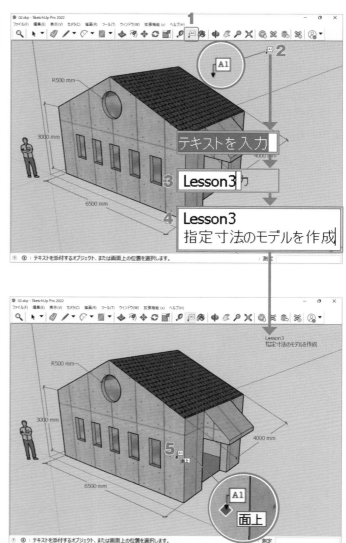

6 文字の記入位置を🖱。

> ➡ 引き出し線先の文字が、色反転したテキストボックスになる。

7 テキストボックスに「壁：コンクリート打ち放し」を入力し、Enterキーを2回押す。

> ➡ 文字入力が完了し、壁からの引き出し線と入力した文字が記入される。

> **Point** 文字入力が完了したら、Windowsは半角／全角キーを押して、日本語入力を無効にしてください。

> **Point** 「テキスト」ツールでエンティティが何もない位置を🖱した場合、文字だけを記入します（**2～4**）。エッジや面を🖱した場合、そこからの引き出し線付きの文字を記入します（**5～7**）。

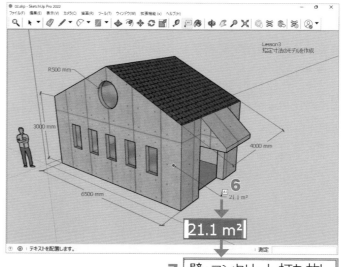

Chapter 1 SketchUp の基本操作に慣れよう

ビューを変更して、記入した文字を確認しましょう。

8 「オービット」ツールで、右図のように
ビューを変更する。

> **Point** 引き出し線の付いた文字（「引き出し線テキスト」と呼ぶ）は、ビューやモデルの変化に追従して位置が変化します。それに対して、**2**で何もない位置を🖰して記入した文字は、ワークスペースの右上から動きません。このように、ビューが変化してもワークスペースの同じ場所に固定されている文字を、「画面テキスト」と呼びます。

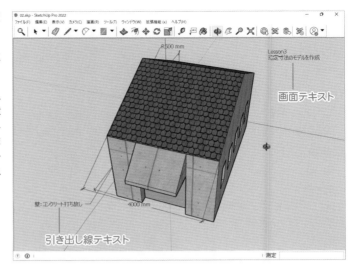

---

28 文字の大きさを変更する

画面右上に記入した画面テキストを、目立つように大きくしましょう。

1 「選択」ツールを🖰。

2 大きさ変更の対象として、画面右上の画面
テキストを🖰。

> ➡ **2**のテキストがハイライトされる。

3 メニューバー［ウィンドウ］－「モデル情報」
を🖰。

> ➡「モデル情報」（ **Mac** は「02.skp情報」）ダイアログ
> が開く。

4 ダイアログの「テキスト」を🖰。

5 「画面テキスト」欄の「フォント」ボタンを
🖰。

> ➡「フォント」ダイアログが開く。

> **Point** 「フォント」ダイアログでは、テキストのフォント、フォントスタイル、サイズを指定します。

6 「フォント」ダイアログの「サイズ」ボックス
の「24」を🖰。

7 「OK」ボタン（ **Mac** は⊗）を🖰し、「フォント」
ダイアログを閉じる。

8 「モデル情報」（ **Mac** は「02.skp情報」）ダイ
アログの「選択したテキストを更新」ボタン
を🖰。

> ➡ **2**で選択したテキストのサイズが**6**で指定の大き
> さに変更される。

9 ダイアログの✕（ **Mac** は⊗）を🖰し、閉じる。

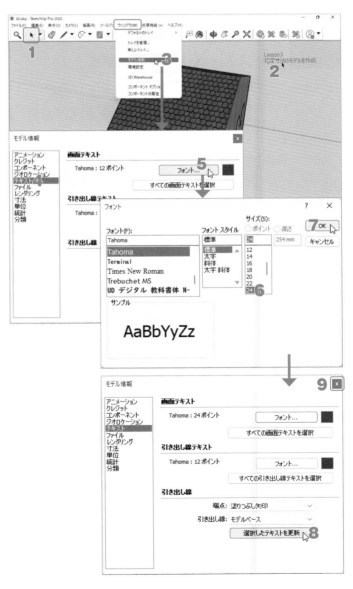

大きさが変更されたため、位置がずれた画面テキストを、ワークスペースの左上に移動しましょう。

10「テキスト」ツールを🖱。

11 移動する画面テキストを🖱。

　➡ **11** のテキストがハイライトされ、**11** での🖱位置を移動の基準点としてポインタに従い移動する。

12 移動先を🖱。

　➡ **12** の位置に移動される。

　Point ここでは「テキスト」ツールを使って移動しましたが、「移動」ツールでも画面テキスト、引き出し線テキストともに移動できます。

以上で完了です。上書き保存しましょう。

13 メニューバー［ファイル］－「保存」を🖱。

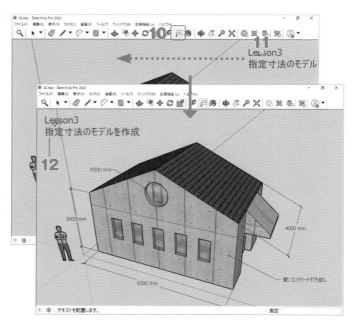

Hint テキスト・寸法の設定と編集

「テキスト」ツール、「寸法」ツールで記入される文字のフォント、大きさや引き出し線の端部（矢印など）の形状は、メニューバー［ウィンドウ］－「モデル情報」を🖱して開く「モデル情報」ダイアログで設定・変更できます。

「テキスト」を🖱するとテキストの設定（→p.73）

「寸法」を🖱すると寸法の設定

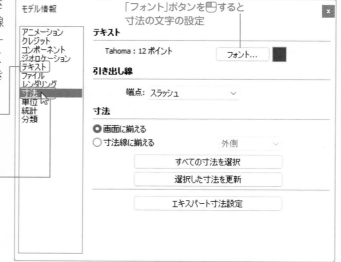

記入済みのテキスト・寸法の書き換えは、書き換え対象のテキスト（または寸法）を🖱し、コンテキストメニューの「テキストを編集」を🖱して行います。

テキスト・寸法を移動する場合は、他のエンティティと同様に、「移動」ツールで移動対象のテキスト・寸法を🖱し、移動先を指定します。

Lesson 3のおさらい

■ 長方形の数値の入力

「，」(カンマ)区切りで2数を入力しますが、その順序は下記のように異なります。

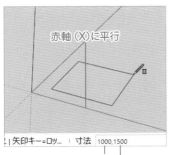

赤軸 (X)に平行

矢印キー=ロッ... | 寸法 | 1000,1500

赤軸 (X)方向の長さ
もう一方の軸方向の長さ

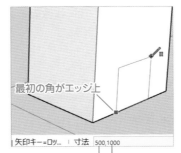

最初の角がエッジ上

矢印キー=ロッ... | 寸法 | 500,1000

エッジ方向の長さ
エッジに鉛直な方向の長さ

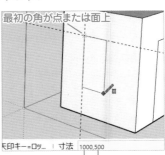

最初の角が点または面上

矢印キー=ロッ... | 寸法 | 1000,500

仮表示の長方形の長辺の長さ
短辺の長さ

■ 「選択」ツールでの選択方法のバリエーション

複数のエンティティを移動/コピーやペイントする場合、はじめに、「選択」ツールで操作対象を選択(青くハイライトされる)します。「選択」ツールでの選択方法には、以下のようなバリエーションがあります。

🖱(クリック)操作による選択

エンティティを🖱(クリック) ……………… 🖱したエンティティを選択

エッジを🖱🖱(ダブルクリック) ……………… 🖱🖱したエッジとそのエッジを境界エッジとする面を選択(→p.65)

面を🖱🖱(ダブルクリック) ……………… 🖱🖱した面とその境界エッジすべてを選択(→p.165)

面・エッジを🖱🖱🖱(トリプルクリック) ……… 🖱🖱🖱した面またはエッジとそれに連結しているすべてのエンティティを選択(→p.85)

ドラッグで表示される選択ボックスで囲んで選択

ウィンドウ選択

左から右方向へポインタをドラッグすることで表示される選択ボックスに全体が入るエンティティのみを選択

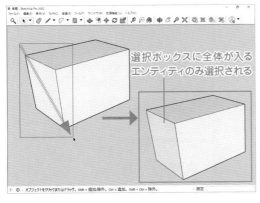

選択ボックスに全体が入る
エンティティのみ選択される

交差線選択

右から左方向へポインタをドラッグすることで表示される点線の選択ボックスに全体が入るエンティティと、選択ボックスに交差するエンティティを選択

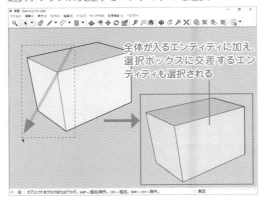

全体が入るエンティティに加え、
選択ボックスに交差するエンティティも選択される

● 自主学習

「22sk」フォルダー内の「1」フォルダーに収録した教材ファイル「Prac3.skp」を開き、Lesson 3の復習を兼ねた自主学習を行いましょう。

コーヒーテーブルを作成しよう

これまでに学習した「長方形」「プッシュ/プル」「ペイント」ツールと、新しく学習する「オフセット」ツールを利用して、下図のコーヒーテーブルを作成しましょう。ここでは、複数のエンティティをまとめて1エンティティとして扱うための、グループの作成方法についても学習します。

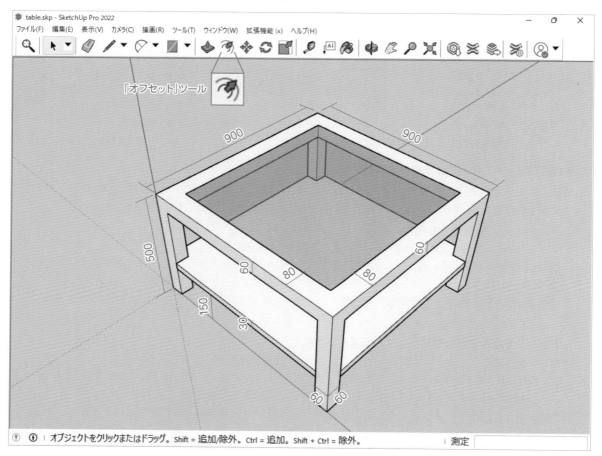

1　人物モデルを消去する

SketchUpを起動したときに、はじめから配置されている人物モデルを消去しましょう。

1 人物モデルを🖱。

➡ 人物モデルが操作対象としてハイライトされ、コンテキストメニューが表示される。

Point この人物モデルは、複数のエンティティをひとまとまりとしたコンポーネント（→p.123）になっています。そのため、**1**の🖱で人物モデル全体が選択されます。

2 コンテキストメニューの「消去」を🖱。

➡ 人物モデルが消去される。

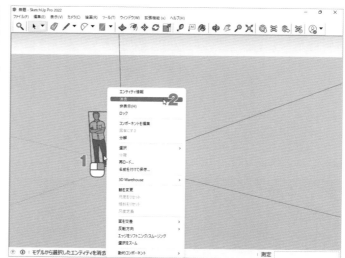

2 W900×D900×H500mmの直方体を作成する

「長方形」ツールで900×900mmの正方形を
作成しましょう。

1 「長方形」ツールを🖰。

2 最初の角として、原点にポインタを合わせ、
⊕と[原点]が表示されたら🖰。

3 ポインタを右上（正方形の作図方向）に移動
する。

4 キーボードから「900,900」を入力する。

➡ 900×900mmの正方形が作成される。

? 数値が入力されない→p.265

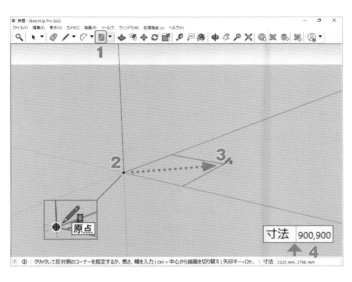

作成した面を500mm上へ引き出しましょう。

5 「プッシュ/プル」ツールを🖰。

6 正方形の面にポインタを合わせ、ハイライ
トされたら🖰し、ポインタを上方向に移動
する。

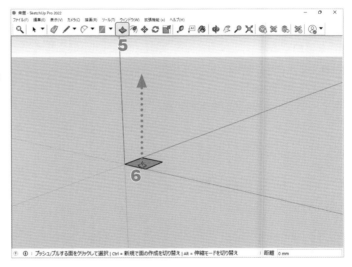

7 キーボードから「500」を入力する。

➡ 「値制御」ボックスに「500」が入力され、元の面から
500mm上（ポインタの方向）に引き出され、直方体に
なる。

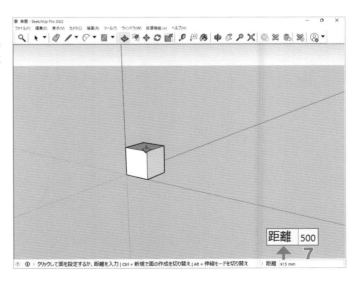

Lesson 4　コーヒーテーブルを作成しよう

3　上面4辺を80mm内側に平行コピーする　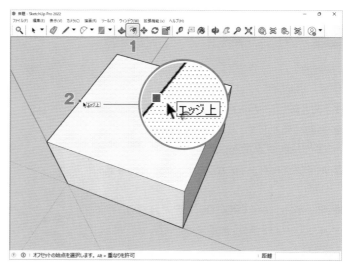　オフセット

「オフセット」ツールを使って、上面の4辺を80mm内側に平行コピーしましょう。

1 🖐「オフセット」ツールを🖱。

2 オフセットの対象として、上面にポインタを合わせ、面がハイライトされてポインタ近くのエッジ上に赤の■と エッジ上 が表示されたら🖱。

> **Point** 「オフセット」ツールは、面または同一面上の2本以上の連続したエッジを一定の距離に平行コピーします。「オフセット」ツール選択時、ポインタは右図のアイコンになります。ポインタ右上に ⊘ マークが表示された状態では、オフセット対象を指示できません。オフセット対象が面の場合、ポインタの先を境界エッジではなく面に合わせます。

3 面の内側（オフセットの方向）に、ポインタを移動する。

> ➡ 右図のように、境界エッジの4辺のコピーがポインタに従い、仮表示される。

4 キーボードから「80」を入力する。

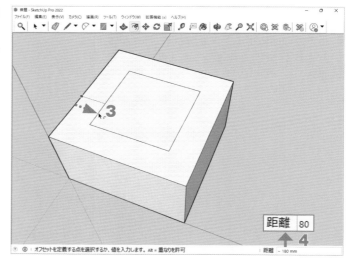

> ➡ 対象とした面の境界エッジから80mm内側に、4本のエッジがオフセット（平行コピー）される。これにより、上面は内側の面（ガラス面）と外側の面（フレーム）に分割される。

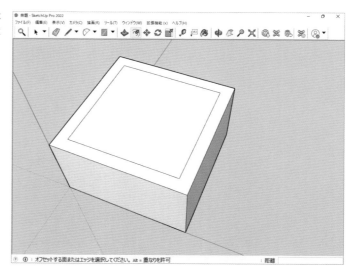

4　正面3辺を60mm内側に平行コピーする　オフセット

正面の左、上、右の辺から60mm内側にエッジを平行コピーしましょう。連続したエッジを対象にする場合、はじめに、「選択」ツールで対象エッジを選択します。

1「選択」ツールを🖱。

2 正面の左辺を🖱。

　➡ 操作対象として選択され、ハイライトされる。

3 Shift キーを押したまま（ポインタに±マークが表示された状態で）上辺を🖱。

　Point Shift キーを押すと、ポインタに±マークが表示され、そのまま別のエンティティを🖱することで追加選択できます。また、ハイライトされているエンティティを🖱すると、選択を解除します。面がハイライトされた場合は、Shift キーを押したまま（ポインタに±マークが表示された状態で）ハイライトされた面を🖱して、選択を解除してください。

　➡ 上辺が追加選択され、ハイライトされる。

4 Shift キーを押したまま（ポインタに±マークが表示された状態で）、右辺を🖱。

　➡ 右辺も追加選択され、左辺、上辺、右辺の3つのエッジがハイライトされる。

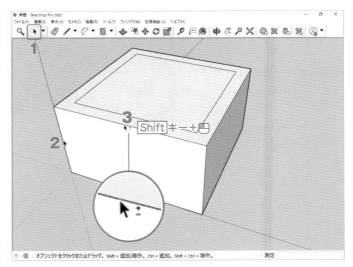

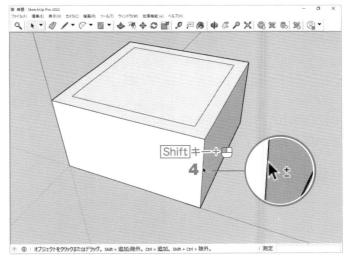

オフセット指示をしましょう。

5「オフセット」ツールを🖱。

6 オフセットの始点として、ハイライトされたエッジにポインタを合わせ、赤の■と エッジ上 が表示されたら🖱。

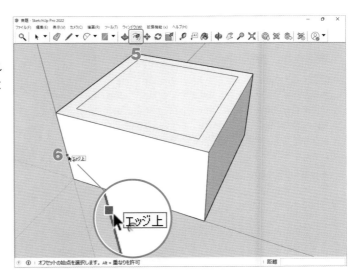

7 内側にポインタを移動する。

→ ハイライトされた3本のエッジのコピーが、ポインタに従い、仮表示される。

8 キーボードから「60」を入力する。

→ 内側（ポインタの移動方向）に間隔60mmで3本のエッジがオフセット（平行コピー）される。このエッジを境界エッジとして、正面は2つの面に分割される。

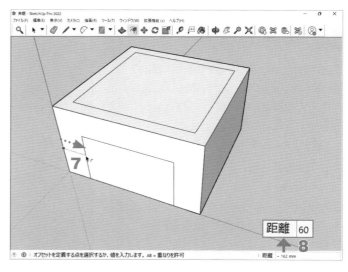

5 内側の面を押し込む

前項で作成した内側の長方形の面を、「プッシュ/プル」ツールで奥に押し込んで、抜きましょう。

1 「プッシュ/プル」ツールを🖰。

2 内側の長方形の面にポインタを合わせてハイライトされたら🖰し、ポインタを奥に移動する。

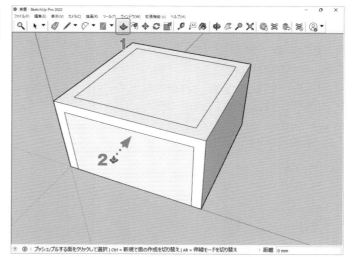

3 押し込む位置として、面の反対側のエッジにポインタを合わせ、赤の■と エッジ上 が表示されたら🖰。

Point 反対側の面のエッジ上を指示することで、直方体の奥行き900mmを押し込むことになります。直方体の奥行900mmを超えて押し込むことはできないため、反対側の面上、エッジ上や、エッジより奥にポインタを移動すると オフセットの限度 –900mm が表示されます。

→ 反対の面の位置まで押し込まれ、長方形の面が消える。

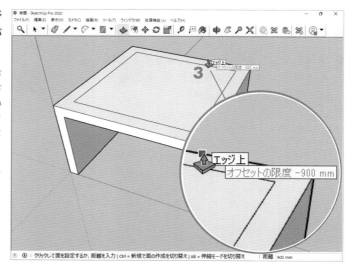

6 側面も同様に処理して テーブルの脚を作成する

側面の左、上、右の辺（エッジ）を60mm内側に平行コピーしましょう。はじめに、オフセット対象の3辺を選択しましょう。

1 「選択」ツールを🖱。

2 側面の左辺を🖱。

3 Shiftキーを押したまま（ポインタに±マークが表示された状態で）、上辺を🖱。

4 Shiftキーを押したまま（ポインタに±マークが表示された状態で）、右辺を🖱。

➡ 左辺、上辺、右辺の3本のエッジが選択され、ハイライトされる。

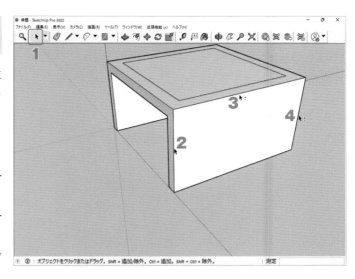

オフセット指示をしましょう。

5 「オフセット」ツールを🖱。

6 オフセットの始点としてハイライトされたエッジにポインタを合わせ、赤の■と エッジ上 が表示されたら🖱。

7 内側にポインタを移動し、キーボードから「60」を入力する。

➡ 内側（ポインタの移動方向）に間隔60mmで、3本のエッジがオフセットされる。

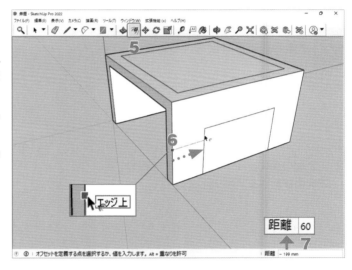

作成した内側の長方形の面を「プッシュ/プル」ツールで奥に押し込みましょう。

8 「プッシュ/プル」ツールを🖱。

9 内側の長方形の面にポインタを合わせて🖱し、ポインタを奥に移動する。

10 押し込む位置として青の◆と 面上 （または オフセットの限度 −60mm ）が表示されたら🖱。

Point 面の厚み60mmを超えて押し込むことはできないため、オフセットの限度 −60mm が表示されます。

➡ 次図のように押し込まれる。

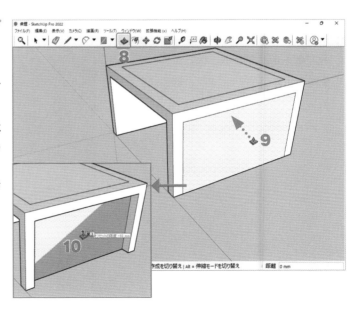

面の下の境界エッジを消すことで、押し込んだ面を消去しましょう。

11「消しゴム」ツールを🖱。

12 右図のエッジを🖱。

　➡ エッジが消え、**12** のエッジを境界エッジとしている面も消去される。

13 もう一方の側面も、p.81 **1**〜**12** と同様にして、テーブルの脚を成型する。

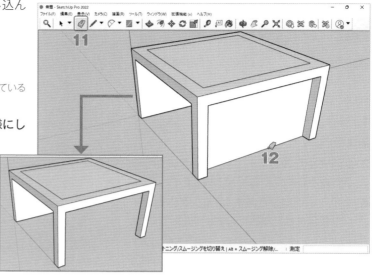

7　上面の正方形の面を押し込む

上面のガラスが入る部分の正方形を、「プッシュ/プル」ツールで押し込んで抜きましょう。

1「プッシュ/プル」ツールを🖱。

2 正方形の面にポインタを合わせて🖱し、下方向に移動する。

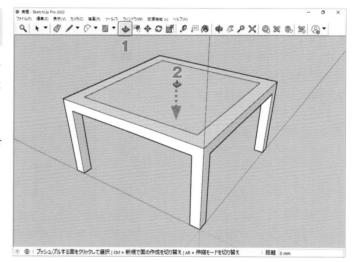

3 ポインタをフレームの厚み分下に移動し、青の◆と 面上 が表示されたら🖱。

　➡ 面がフレームの厚み分下に押し込まれ、正方形の面が消える。

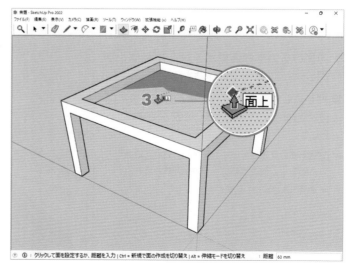

8 フレームをグループにする

モデルに1本のエッジを加え、閉じた図形ができると自動的に面が作成されます（→p.33）。新しく作成するエッジや面が、これまでに作成したモデルの形状に影響しないよう、ここまで作成したモデル（テーブルフレーム）をグループにしましょう。

1 「選択」ツールを🖰。

2 グループにするテーブルフレームの左上からドラッグし、表示される選択ボックスでテーブルフレーム全体を囲み、ボタンをはなす。

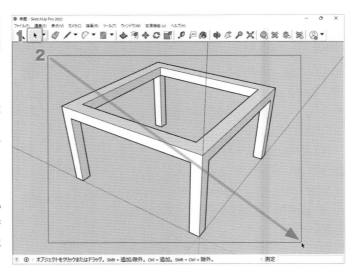

➡ 選択ボックスに全体が入るエンティティが選択され、ハイライトされる。

3 メニューバー［編集］－「グループを作成」を🖰。

> **Point** グループは、複数のエンティティをまとめて1つのエンティティとして扱うものです。グループ内のエンティティは、グループに隣接する面やエッジの影響を受けません。

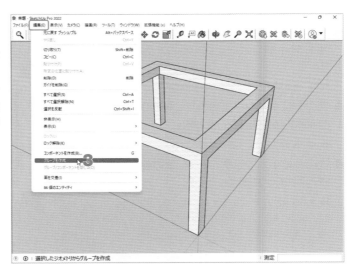

➡ 選択したエンティティがグループになり、選択されたまま、右図のようにハイライトされる。

選択を解除しましょう。

4 メニューバー［編集］－「すべて選択解除」を🖰。

➡ 選択が解除される。

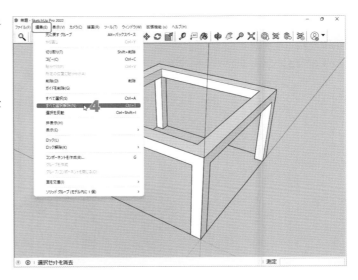

9 棚板を作成する

脚の角を結ぶ外形線を作成し、棚板の面を作成しましょう。

1 メニューバー［カメラ］−「標準ビュー」−「底面」を🖱。

➡ 右図のように底面からのビューになる。

2 「線」ツールを🖱。

3 始点として右図の脚の角にポインタを合わせ、紫の●と 端点 グループ内 が表示されたら🖱。

> **Point** 前項でグループを作成したため、テーブルフレームの端点にポインタを合わせると、グループ内の端点を示す紫の●とヒント 端点 グループ内 が表示されます。

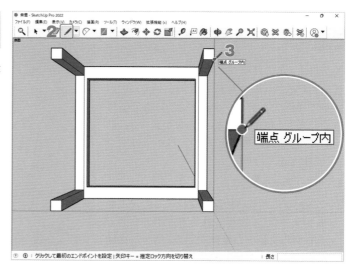

4 終点として次の角にポインタを合わせ、紫の●と 端点 グループ内 が表示されたら🖱。

➡ **3**〜**4**を結んだエッジが作成される。

5 次の角にポインタを合わせ、紫の●と 端点 グループ内 が表示されたら🖱。

➡ **4**〜**5**を結んだエッジが作成される。

6 次の角にポインタを合わせ、紫の●と 端点 グループ内 が表示されたら🖱。

➡ **5**〜**6**を結んだエッジが作成される。テーブルフレームはグループになっているため、このエッジによって面が自動作成されることはない。

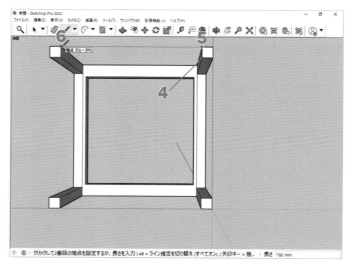

7〜**14** 順次、角 端点 グループ内 を🖱。

15 始点とした角 端点 グループ内 を🖱。

➡ **3**〜**15**を結んだエッジの内部に面が作成される。

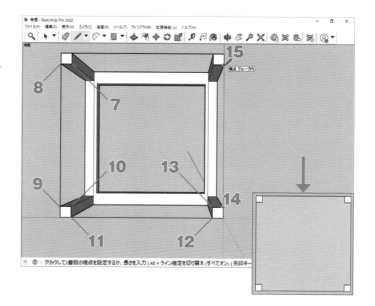

Chapter 1 SketchUp の基本操作に慣れよう

作成した面を30mm引き出しましょう。

16「プッシュ/プル」ツールを🖱。

17 作成した面にポインタを合わせて🖱し、ポインタを上方向へ移動する。

18 キーボードから「30」を入力する。

➡「値制御」ボックスに「30」が入力され、**17** の面が30mm上に引き出される。

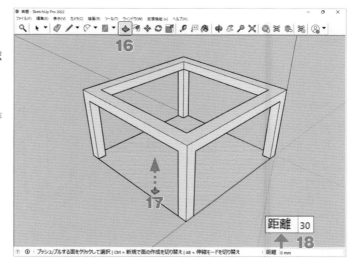

10 棚板をグループにする

厚みを付けた棚板を、1つのエンティティとして扱えるグループにしましょう。

1「選択」ツールを🖱。

2 棚板の面にポインタを合わせ、🖱🖱🖱（トリプルクリック）。

> **Point**「選択」ツールでエッジや面を🖱🖱🖱（トリプルクリック）することで、そのエッジや面に連結しているすべてのエンティティを選択します。

➡ 🖱🖱🖱（トリプルクリック）した面に連結しているすべてのエンティティ（棚板全体）が選択され、ハイライトされる。グループになっているテーブルフレームは選択されない。

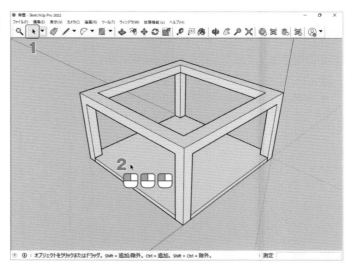

3 メニューバー［編集］－「グループを作成」を🖱。

➡ 選択したエンティティがグループになり、グループエンティティとしてハイライトされる。

ハイライトされた棚板の選択を解除しましょう。

4 メニューバー［編集］－「すべて選択解除」を🖱。

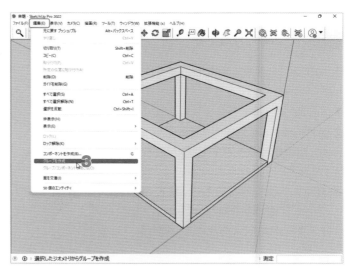

11 棚板を150mm上に移動する

グループにした棚板を150mm上に移動しましょう。

1 「移動」ツールを🖱。

2 棚板の右図の角にポインタを合わせ、棚板がハイライトされて紫の●と 端点 グループ内 が表示されたら🖱。

> **Point** 棚板はグループになっているため、「移動」ツールで🖱することで、棚板全体を移動の対象として確定すると同時に、移動の基準点も確定します。

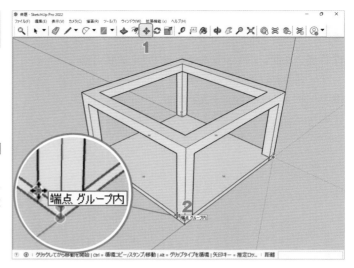

➡ **2**の点を基準点として、棚板が移動対象になる。

3 上（青軸）方向にポインタを移動する。

4 紫の■と エッジ上 グループ内 が表示されたら、キーボードから「150」を入力する。

> ➡「値制御」ボックスに「150」が入力され、棚板が150mm上に移動する。

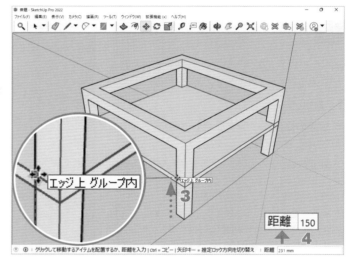

12 上面のフレーム内にガラス面を作成する

上面のフレーム内に正方形の面を作成しましょう。

1 「長方形」ツールを🖱。

2 最初の角として右図の角にポインタを合わせ、紫の●と 端点 グループ内 が表示されたら🖱。

3 対角にポインタを合わせ、紫の●と 端点 グループ内 が表示されたら🖱。

> ➡ **2**、**3**を対角とする正方形の面が作成される。

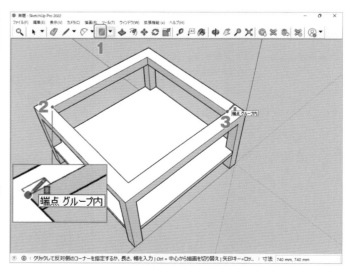

作成した面にガラスのマテリアルをペイント
しましょう。

4 「ペイント」ツールを🖯。

5 「マテリアル」ダイアログの「種類」ボックス
を「ガラスと鏡」にし、「半透明_ガラス_青」
を🖯。

6 ペイントする面を🖯。

7 「デフォルトのトレイ」（ Mac は「カラーピッ
カー」）を閉じる。

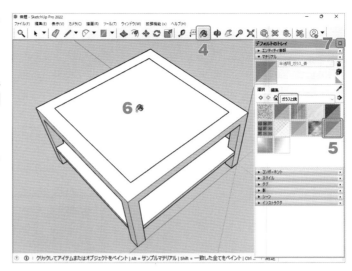

13 名前を付けて保存する

作成したモデルをファイル名「table」として、
「22sk」フォルダーに保存しましょう。

1 メニューバー［ファイル］－「名前を付けて
保存」を🖯。

　➡「名前を付けて保存」ダイアログが開く。

2 保存する場所を「ドキュメント」（ Mac は
「書類」）内の「22sk」フォルダーにする。

3 「ファイル名」（ Mac は「名前」）ボックスに
「table」を入力し、「保存」ボタンを🖯。

以上でLesson 4は完了です。

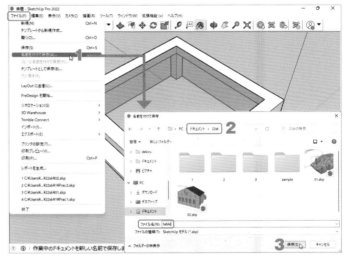

1

Lesson 4　コーヒーテーブルを作成しよう

Lesson 4のおさらい　グループについて

グループは、複数のエンティティをまとめて1エンティティとして扱うもので、以下の特性があります。

● グループに隣接する面やエッジの影響を受けない　　　　● 1クリックでグループ全体が操作対象になる

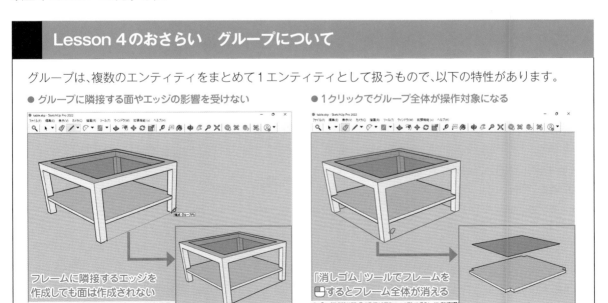

フレームに隣接するエッジを
作成しても面は作成されない

「消しゴム」ツールでフレームを
🖯するとフレーム全体が消える

室内モデルを作成しよう

下図の室内モデルを作成します。ここでは、コンポーネントの配置、タグ、室内の任意位置から指定方向にカメラを向けて室内を見渡す「カメラを配置」ツールを新しく学習します。
また、現在のビュー、タグ状態などを「シーン」として登録して利用する方法も学習します。

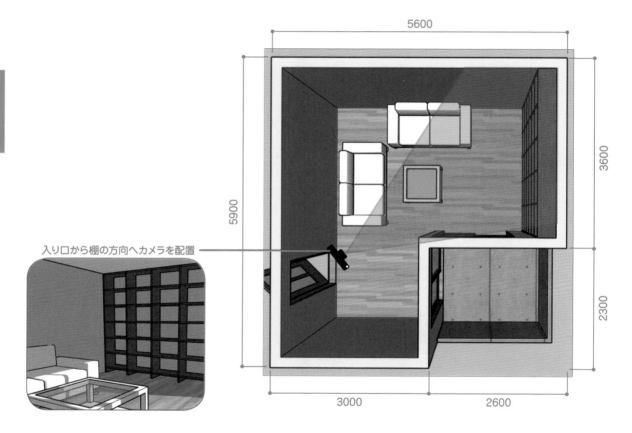

入り口から棚の方向へカメラを配置

1　モデルを消去してビューを平面(2D)にする

はじめから配置されている人物モデルを消去しましょう。

1 人物モデルを🖱️し、コンテキストメニューの「消去」を🖱️。

➡ 人物モデルが消去される。

ビューを平面(2D)にしましょう。

2 メニューバー[カメラ]－「標準ビュー」－「平面」を🖱️。

➡ 真上から見た状態の平面(2D)になる。

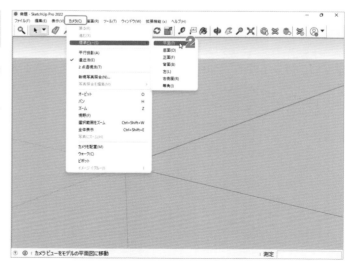

2 部屋の外形線を作成する

「線」ツールで各辺の長さを指定して、部屋の
外形線を作成しましょう。

1 「線」ツールを🖱。

2 始点として、右図の位置を🖱。

3 ポインタを右（赤軸）方向に移動し、**2**から
の赤の線と赤軸上が表示されたら、キー
ボードから「3000」を入力する。

  ➡「値制御」ボックスに「3000」が入力され、**2**の点
から赤軸方向に長さ3000mmの線が作成される。
その終点からポインタまで次の線が仮表示される。

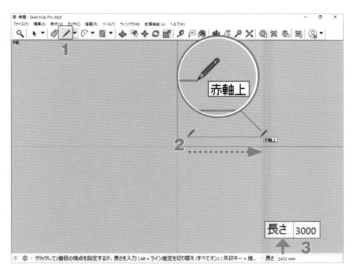

4 ポインタを上（緑軸）方向に移動し、**3**から
の緑の線と緑の軸上が表示されたら、キー
ボードから「2300」を入力する。

  ➡ 1つ前に作成した線の終点から緑軸方向に長さ
2300mmの線が作成され、その終点からポインタまで
次の線が仮表示される。

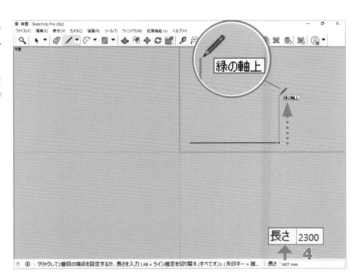

5 ポインタを右（赤軸）方向に移動し、**4**から
の赤の線と赤軸上が表示されたら、キー
ボードから「2600」を入力する。

  ➡ 赤軸方向に、長さ2600mmの線が作成される。

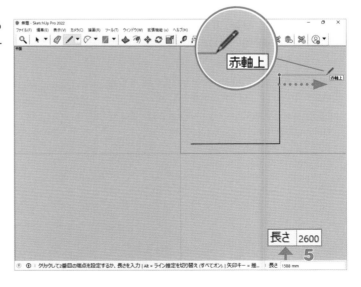

外形線の作成途中ですが、この後に線を作成するスペースがワークスペースに表示されるよう、ビューを変更しましょう。

6 「パン」ツールを🖱。

7 ポインタを左下方向にドラッグし、原点がワークスペースの左下付近になるようにビューを変更する。

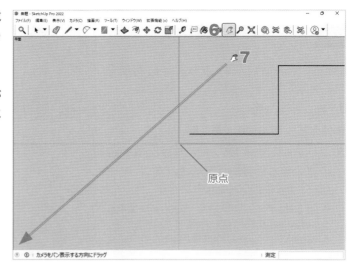

外形線の続きを作成しましょう。

8 ワークスペースの何もない位置で🖱し、コンテキストメニューの「終了」を🖱。

➡ 「パン」ツールを選択する前の「線」ツールに戻り、**5** で作成した線の終点からポインタまで線が仮表示される。

Point 「パン」「ズーム」「全体表示」などのカメラツールは、他のツールの操作時に割り込んで使用できます。必要に応じて、これらのカメラツールを使用して、ビューを変更してください。

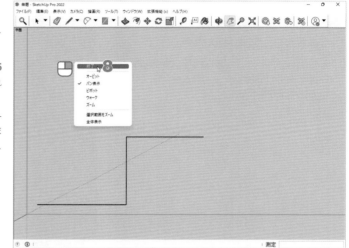

9 ポインタを上（緑軸）方向に移動し、緑の線と 緑の軸上 が表示されたら、キーボードから「3600」を入力する。

➡ 緑軸方向に長さ3600mmの線が作成され、その終点からポインタまで次の線が仮表示される。

Point 作成した線がワークスペースからはみ出す場合は、全体表示（→p.21）にしてください。

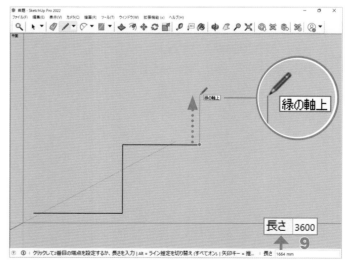

次の赤軸方向の線は、最初に作成した線の左
端点位置まで作成しましょう。

10 はじめの線端点にポインタを合わせ、緑の
●と|端点|が表示されたら、クリックせずに
ポインタを上（緑軸）方向へ移動する。

> **Point** **10**の端点にポインタを合わせ、ヒント|端点|
> を表示した後、クリックせずに緑軸方向にポインタ
> を移動することで、ヒント|点から軸方向|が表示され、
> **10**の点を通る緑軸方向上の点をスナップできます。
> ここでは、「**10**の点を通る緑軸方向の線」と「1つ前の終
> 点からの赤軸方向の線」の仮想交点をスナップするた
> め、ポインタをこの2本の線の仮想交点付近に移動し
> ます。

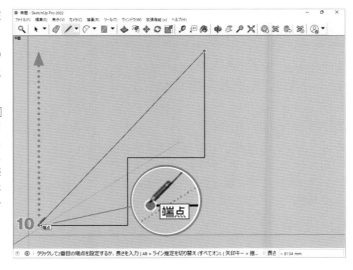

→ **10**の点からポインタまで緑の点線とヒント
|点から軸方向|が表示される。

11 ポインタを仮想交点付近に移動し、1つ前
の終点からの赤の線と**10**の点からの緑の
点線および黒の●と|点から軸方向|が表示さ
れたことを確認し、終点を🖱。

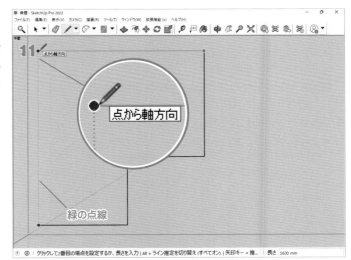

→ 1つ前の終点から赤軸方向の線が、**10**の点を通る緑
軸方向の線との仮想交点まで作成され、その終点から
ポインタまで次の線が仮表示される。

12 次の終点として、**3**で最初に作成した線の
左端点（連続線の始点）にポインタを合わ
せ、緑の●と|端点|が表示されたら🖱。

→ 連続線が閉じ、面が作成される。

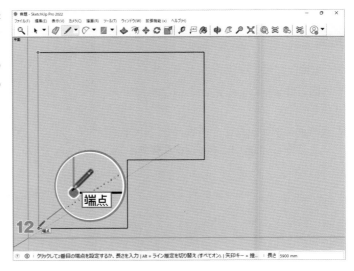

3 厚さ200mmの壁底面を作成する

「オフセット」ツールで、床面の境界エッジを、200mm内側にオフセット（平行コピー）しましょう。

1 「オフセット」ツールを🖱。

2 オフセットの対象として、面にポインタを合わせ、面がハイライトされ、ポインタに近いエッジ上に赤の■と エッジ上 が表示されたら🖱。

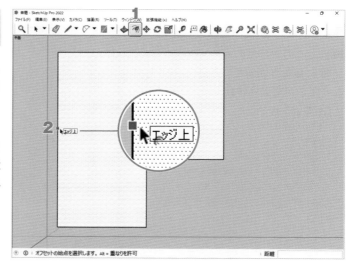

3 面の内側（オフセットの方向）にポインタを移動する。

➡ 右図のように、**2**の面の境界エッジ（6辺）のコピーがポインタに従い、仮表示される。

Point 境界エッジのコピーが仮表示されない場合は、ビューを変更すると、仮表示されます。

4 キーボードから「200」を入力する。

➡ **2**の面のエッジが200mm内側にオフセット（平行コピー）される。このエッジにより、床面は内側の面（床面）と外側の面（壁底面）に分割される。

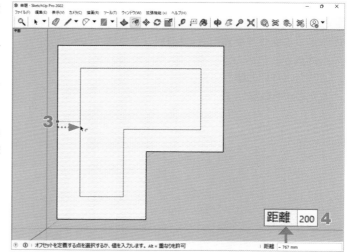

4 壁を2300mm引き出す

壁の底面を2300mm上に引き出しましょう。

1 右図のビューにし、「プッシュ/プル」ツールを🖱。

2 壁底面にポインタを合わせ、ハイライトされたら🖱し、上方向にポインタを移動する。

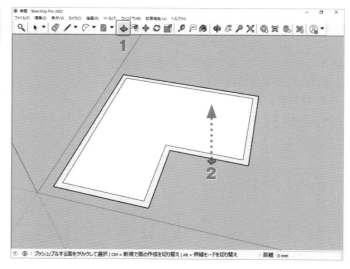

3 キーボードから「2300」を入力する。

➡ **2**の面が2300mm引き出される。

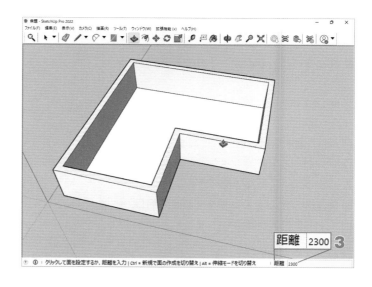

| **5** | **開口を開ける** |

入り口の開口を開けるためのガイドライン
を、「メジャー」ツールで作成しましょう。

1 右図のビューにし、「メジャー」ツールを🖱。

2 右図の寸法で、各エッジからガイドライン
を作成する。

ガイドラインの作成→p.57

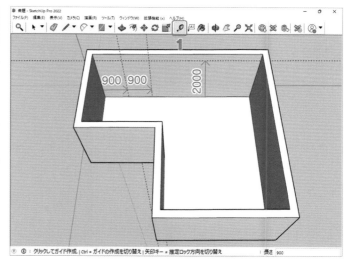

ガイドラインの交点を対角とする長方形を作
成しましょう。

3 「長方形」ツールを🖱。

4 最初の角として、ガイドライン左上の交点
にポインタを合わせ、赤の×と 交差 が表示
されたら🖱。

5 対角として、ガイドラインと床のエッジの
交点にポインタを合わせ、赤の×と 交差 が
表示されたら🖱。

➡ **4**、**5**の点を対角とする長方形が作成される。作成さ
れた長方形の境界エッジにより、壁面と作成した長方
形の面が分割される。

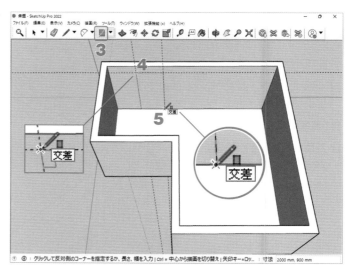

不要になったガイドラインを削除しましょう。

6 メニューバー［編集］－「ガイドを削除」を🖱。

  ➡ すべてのガイドラインが削除される。

長方形の面を反対側の面の位置まで押し込むことで、開口を開けましょう。

7 「プッシュ／プル」ツールを🖱。

8 長方形の面にポインタを合わせて🖱し、ポインタを奥に移動する。

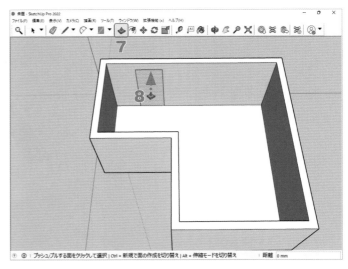

9 反対側の面のエッジにポインタを合わせ、赤の■と エッジ上 が表示されたら🖱。

  Point 反対側の面のエッジ上を指示することで、壁厚200mmを押し込むことになります。壁厚の200mmを超えて押し込むことはできないため、反対側の面上やエッジ上、エッジよりも奥にポインタを移動すると、 オフセットの限度 –200mm とヒントが表示されます。

  ➡ 200mm押し込まれ、長方形の面が消える。

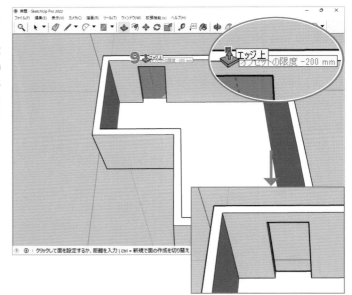

バルコニーに向いた2カ所の開口も、同様の手順で開けましょう。

10 「メジャー」ツールを🖱し、右図の寸法で、各エッジからガイドラインを作成する。

11 「長方形」ツールを🖱。

12 対角として、ガイドラインの交点を🖱して、開口となる長方形（2カ所）を作成する。

  Point 確実に交点をスナップできるよう、適宜、ズームしたうえで交点にポインタを合わせ、交点を示す赤の×とヒント 交差 が表示されることを確認して🖱してください。

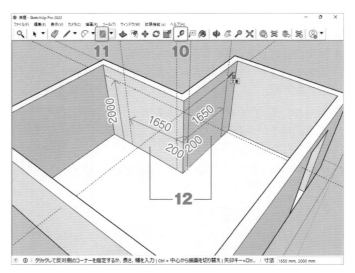

13 メニューバー［編集］−「ガイドを削除」を🖱
し、すべてのガイドラインを削除する。

14 「プッシュ/プル」ツールを🖱し、作成した
2カ所の長方形の面を反対側の面のエッジ
まで押し込み、開口を開ける。

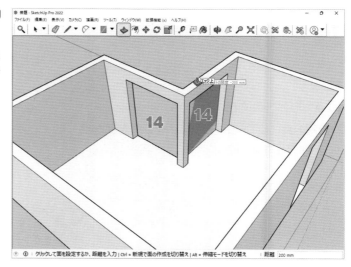

6 壁・床をグループにする

ここまで作成したモデル全体を選択し、
グループにしましょう。

1 「選択」ツールを🖱。

2 床面にポインタを合わせ、🖱🖱🖱（トリプル
クリック）。

> ➡ **2**の面に連結しているすべてのエンティティ（ここ
> ではモデル全体）が選択され、ハイライトされる。

3 ハイライトされたエンティティを🖱し、
コンテキストメニューの「グループを作成」
を🖱。

> ➡ ハイライトされたエンティティがグループになり、
> グループエンティティとしてハイライトされる。

> **Point** 壁・床をグループにすることで、この後に隣接
> して作成する線・面の影響を受けません。**3**の操作の
> 代わりに、メニューバー［編集］−「グループを作成」を
> 🖱しても同じです。

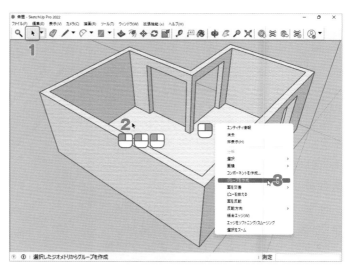

ハイライトされたグループエンティティの選
択を解除しましょう。

4 メニューバー［編集］−「すべて選択解除」を
🖱。

> ➡ 選択（ハイライト）が解除される。

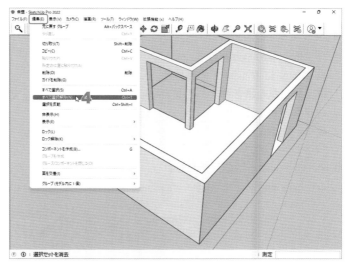

7 バルコニーの床面を作成する

「長方形」ツールでバルコニーの床面を作成し
ましょう。

1 「長方形」ツールを🖰。

2 最初の角として、右図の角にポインタを合
わせ、紫の●と 端点　グループ内 が表示され
たら🖰。

3 対角として、右図の角 端点　グループ内 を🖰。

➡ **2**、**3**を対角とする長方形が作成される。

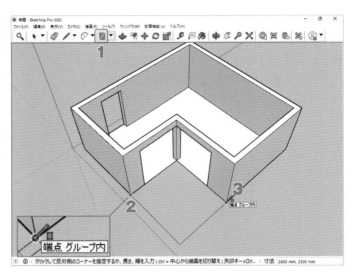

8 バルコニーの手摺壁を作成する

「オフセット」ツールで、長方形の2辺を100
mm内側にオフセットすることで、バルコニー
の手摺壁の底面を作成しましょう。連続した
エッジをオフセットするには、はじめに、「選
択」ツールで対象エッジを選択します。

1 「選択」ツールを🖰。

2 左側のエッジを🖰。

➡ 🖰したエッジが選択され、ハイライトされる。

3 Shift キーを押したまま（ポインタに±マー
クが表示された状態）、右側のエッジを
🖰。

➡ 🖰したエッジが追加選択され、ハイライトされる。

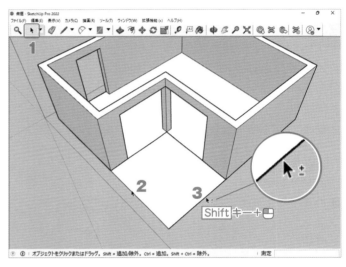

オフセット指示をしましょう。

4 「オフセット」ツールを🖰。

5 オフセットの始点として、ハイライトされ
たエッジにポインタを合わせ、赤の■と
エッジ上 が表示されたら🖰し、内側にポイ
ンタを移動する。

➡ ハイライトされた2本のエッジのコピーがポイン
タに従い仮表示される。

6 キーボードから「100」を入力する。

➡ 100mm内側（ポインタの移動方向）に2本のエッジ
がオフセットされる。このエッジを境界エッジとして、
バルコニーの床面は2つの面に分割される。

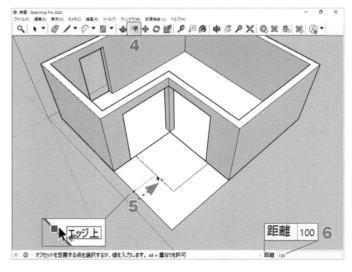

外側の幅100mmの面（手摺壁底面）を、1100mm上方向に引き出しましょう。

7 「プッシュ/プル」ツールを🖰。

8 手摺壁の底面にポインタを合わせて🖰し、ポインタを上方向に移動する。

9 キーボードから「1100」を入力する。

➡ 1100mm上に引き出される。

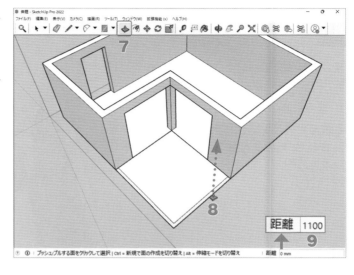

9　バルコニーをグループにする

バルコニーをグループにしましょう。

1 「選択」ツールを🖰。

2 バルコニーの壁（または床）面にポインタを合わせて🖰🖰🖰。

➡ **2**の面に連結しているすべてのエンティティが選択され、ハイライトされる。部屋の床・壁はグループになっているため、隣接していても選択されない。

3 ハイライトされたエンティティを🖰し、コンテキストメニューの「グループを作成」を🖰。

➡ ハイライトされたエンティティがグループになり、グループエンティティとしてハイライトされる。

4 メニューバー［編集］－「すべて選択解除」を🖰し、選択を解除する。

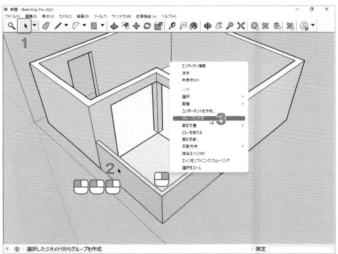

ここまでをファイル名「room」として保存しましょう。

5 メニューバー［ファイル］－「名前を付けて保存」を🖰。

6 「ドキュメント」（ **Mac** は「書類」）内の「22sk」フォルダーにファイル名「room」として保存する。

名前を付けて保存→p.37

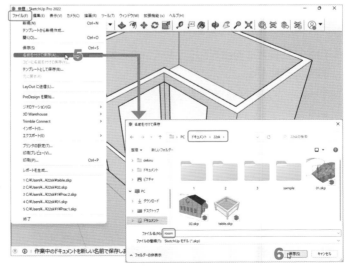

10 棚の側板を作成する

棚の側板（厚30mm）を、奥行き350mmとし
壁と同じ高さで作成しましょう。

1 「長方形」ツールを🖱。

2 最初の角として右図の壁の角にポインタを
合わせ、紫の●と 端点 グループ内 が表示さ
れたら🖱。

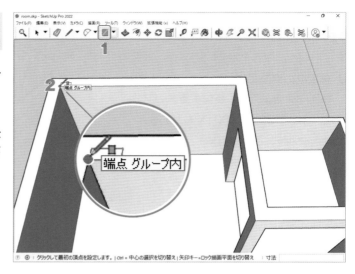

3 ポインタを右図の床とのエッジに合わせ、
紫の■と エッジ上 グループ内 が表示された
ら、「値制御」ボックスの数値を確認する。

Point 「 値 制 御 」ボックスの表示「〜○○mm ,
2300mm」の「 , 」（カンマ）後ろの「2300mm」は、壁の
高さ2300mmを示します。この状態で、「350」に続け
て「 , 」（カンマ）を入力することで、「350,2300」（新し
く入力した数値 , 現在の数値2300mm）を入力したこ
とになります（関連→p.67）。

4 キーボードから「350,」を入力する。

➡ 350×2300mmの長方形が壁面上に作成される。
グループになっている壁面は、作成された長方形に
よって分割されることはない。

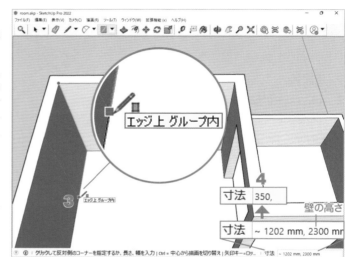

作成した長方形を30mm引き出しましょう。

5 「プッシュ/プル」ツールを🖱。

6 作成した長方形の面を🖱し、ポインタを右
方向に移動する。

7 キーボードから「30」を入力する。

➡ 30mm右に引き出され、厚さ30mmの側板になる。

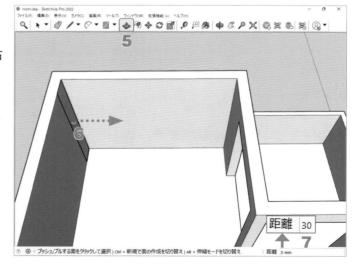

11 側板をグループにしてコピーする

作成した側板をグループにしましょう。

1「選択」ツールを🖱。

2 側板の引き出した面にポインタを合わせ🖱🖱🖱。

➡ **2**の面に連結しているすべてのエンティティが選択され、ハイライトされる。壁はグループになっているため、隣接していても選択されない。

3 ハイライトされたエンティティを🖱し、コンテキストメニューの「グループを作成」を🖱。

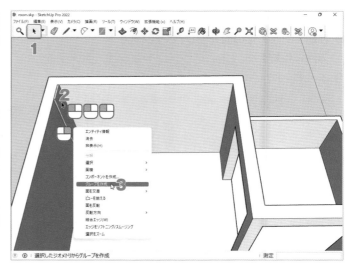

グループエンティティとしてハイライトされた側板を右の壁面にコピーし、その間を5等分割する位置に4枚の板をコピーしましょう。

4「移動」ツールを🖱し、Ctrl キー（ Mac は option キー）を押してコピーモードにする。

5 コピーの基準点として、側板の右図の角 グループのコーナー を🖱。

6 コピー先として、壁の右角 端点 グループ内 を🖱。

➡ 右に側板がコピーされ、ハイライトされる。

7 キーボードから「/5」を入力する。

➡ 両側の側板間を均等に5分割する4枚の板がコピーされる。

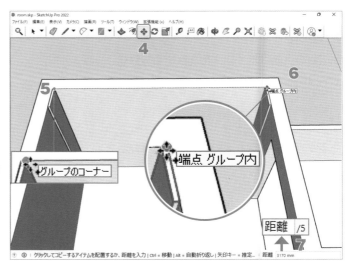

12 天板と棚板を作成してグループにする

天板（厚30mm）を作成しましょう。

1「長方形」ツールを🖱。

2 最初の角として、左側板の角 端点 グループ内 を🖱。

3 対角として、右側板の角 端点 グループ内 を🖱。

➡ **2**と**3**を対角とする長方形が作成される。

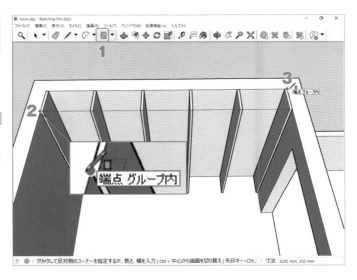

4 「プッシュ/プル」ツールを🖱。

5 作成した長方形の面を🖱し、ポインタを下方向に移動する。

6 キーボードから「30」を入力する。

➡ 30mm下に引き出され、厚さ30mmの板になる。

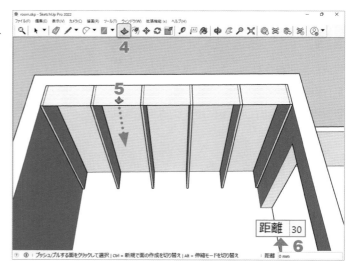

作成した板をグループにしましょう。

7 「選択」ツールを🖱。

8 天板の上面にポインタを合わせて🖱🖱🖱。

➡ **8**の面に連結しているすべてのエンティティが選択され、ハイライトされる。壁や縦方向の板はグループになっているため、隣接していても選択されない。

9 ハイライトされたエンティティを🖱し、コンテキストメニューの「グループを作成」を🖱。

➡ ハイライトされたエンティティがグループになり、グループエンティティとしてハイライトされる。

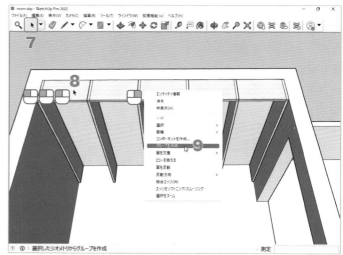

13 グループにした天板をコピーする

グループとしてハイライトされた天板を、下方向に360mmの位置にコピーしましょう。

1 「移動」ツールを🖱し、Ctrl キー（ **Mac** は option キー）を押してコピーモードにする。

2 コピーの基準点として、右図の側板と天板の交点にポインタを合わせ、紫の●と 端点　グループ内 が表示されたら🖱。

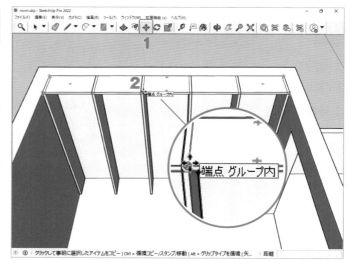

3 コピー先の天板の位置が左右にずれないよう、エッジに沿ってポインタを下に移動し、紫の■と エッジ上 グループ内 が表示されたら、キーボードから「360」を入力する。

➔ 360mm下にコピーされる。

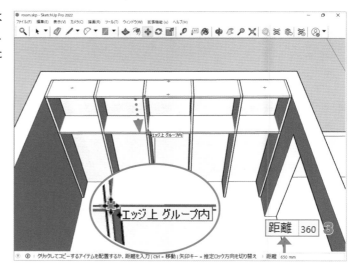

同方向に同間隔（360mm）で、さらに5枚の棚板をコピーしましょう。

4 キーボードから「x6」を入力する。

➔ 3でコピーした板を含め、6枚の棚板が360mm間隔でコピーされる。

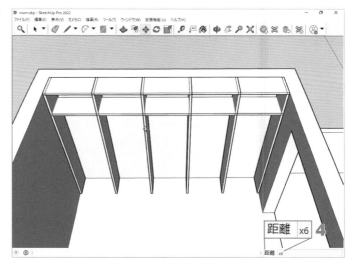

14 棚全体をグループにする

作成した棚全体をグループにしましょう。それぞれグループになっている複数の棚板を、さらにまとめてグループにできます。「選択」ツールのドラッグ操作で棚全体を囲んで選択しましょう。

1「選択」ツールを👐。

2 棚の左上から右下方向にドラッグし、表示される選択ボックスで棚全体を囲み、ボタンをはなす。

➔ 選択ボックスに全体が入るエンティティが選択され、ハイライトされる。

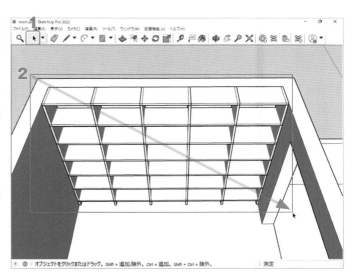

3 ハイライトされたエンティティを🖱し、コンテキストメニューの「グループを作成」を🖱。

➡棚全体がグループになり、グループエンティティとしてハイライトされる。

4 メニューバー［編集］－「すべて選択解除」を🖱し、選択を解除する。

ここまでを上書き保存しましょう。

5 メニューバー［ファイル］－「保存」を🖱。

以降、上書き保存の指示は記載しませんが、適宜、上書き保存をしてください。

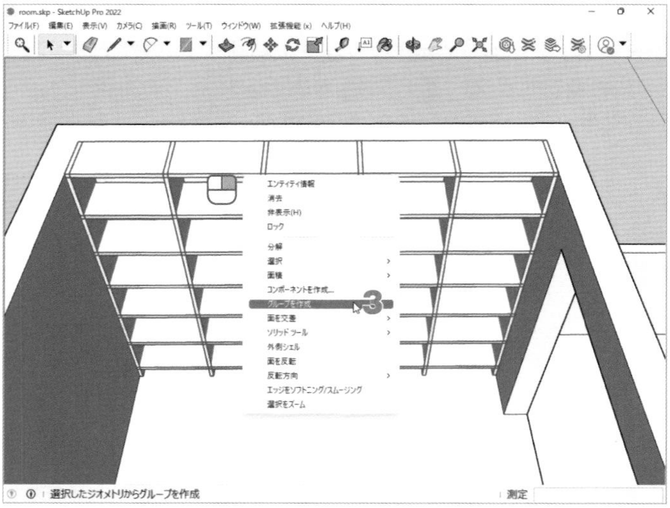
room.skp - SketchUp Pro 2022
エンティティ情報
消去
非表示(H)
ロック
分解
選択
面積
コンポーネントを作成...
グループを作成
面を交差
ソリッドツール
外側シェル
面を反転
反転方向
エッジをソフトニング/スムージング
選択をズーム
3
選択したジオメトリからグループを作成
測定

15 入り口から棚を見たビューに変更する（カメラの配置）

カメラの配置位置と向ける方向を指定することで、モデル内の指定位置から指定方向を見たビューにすることができます。入り口付近から棚を見たビューにしましょう。

1 メニューバー［カメラ］－「標準ビュー」－「平面」を🖱。

2 「全体表示」ツールを🖱し、モデル全体を表示する。

3 メニューバー［カメラ］－「カメラを配置」を🖱。

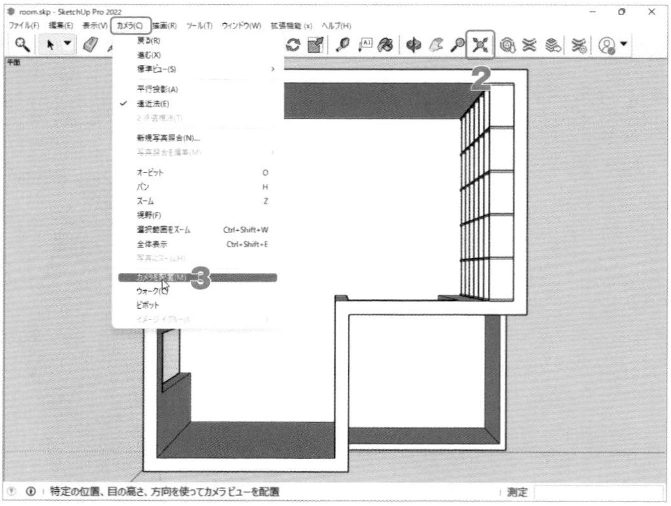
room.skp - SketchUp Pro 2022
平面
戻る(R)
進む(X)
標準ビュー(S)
平行投影(A)
遠近法(E)
新規写真照合(N)...
オービット
パン
ズーム
視野(F)
選択範囲をズーム
全体表示
カメラを配置(M)
ウォーク(W)
ピボット
2
3
特定の位置、目の高さ、方向を使ってカメラビューを配置
測定

Point 「カメラを配置」ツールを選択すると、ポインタが右図のアイコンになります。カメラを配置する位置から見る方向に、ポインタをドラッグして指示します。

4 カメラの配置位置として、右図の入り口付近の床面にポインタを合わせ、紫の◆と 面上 グループ内 が表示されたらカメラを向ける方向（右上）にドラッグし、棚の前あたりでボタンをはなす。

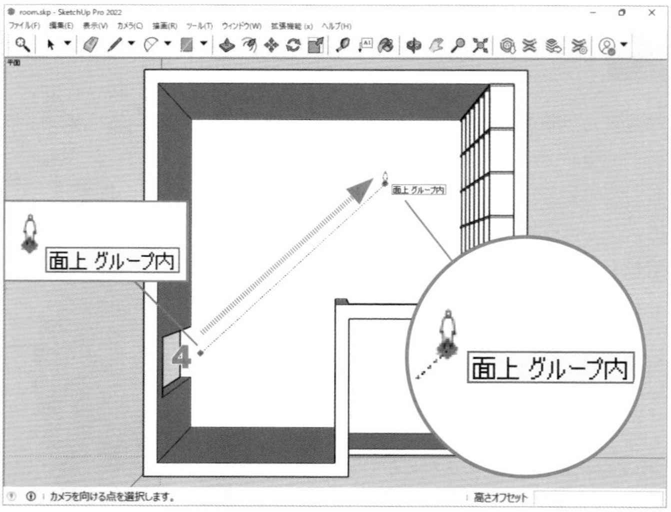
room.skp - SketchUp Pro 2022
平面
面上 グループ内
面上 グループ内
4
面上 グループ内
カメラを向ける点を選択します。
高さオフセット

➡ カメラは**4**の指定点の高さ（床面0mm）に配置され、右図のビューになり、「ピボット」ツールに切り替わる。

Point 「ピボット」ツール選択時、ポインタは右図のアイコンになります。

カメラの高さ（「値制御」ボックスの「眼高」）を1500mmに変更しましょう。

5 キーボードから「1500」を入力する。

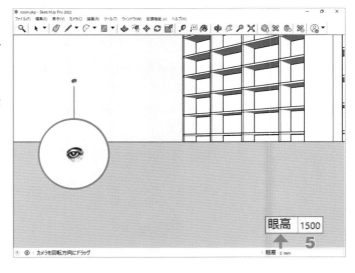

➡ 「値制御」ボックスに「1500」が入力され、カメラの配置高さが1500mmになる。

6 ポインタを上下左右にドラッグし、ビューの変化を確認する。

Point 「ピボット」ツールでは、ポインタを上下左右にドラッグすることで、現在の目の高さを変更せずに、見上げる、見下ろす、左右に振って見ることができます。

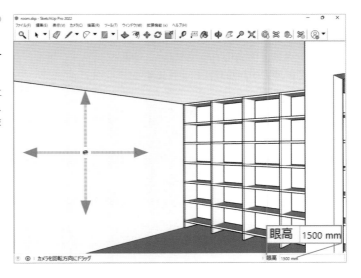

16 カメラを後退して調整する

カメラを少し後退させましょう。

1 「ズーム」ツールを🔍。

2 ポインタを下方向にドラッグする。

Point 「ズーム」ツールの拡大・縮小操作で、カメラを前に出すことや（ズームアップ）、後に引くこと（ズームアウト）ができます。

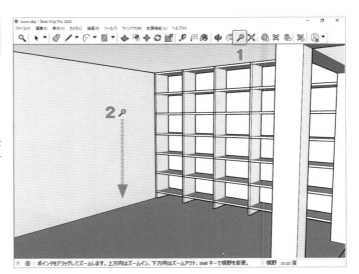

➡ ズーム操作のドラッグ距離によっては、右図のように、部屋の外まで後退する。

部屋から出ずに、もう少し広い範囲が視野に入るよう、「値制御」ボックス「視野」の角度を広角に変更しましょう。

3 キーボードから「55」を入力する。

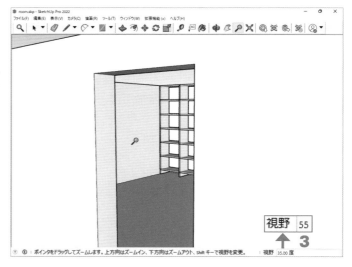

➡「値制御」ボックスの「視野」が「55.00度」になり、視野が広がる。

4 ポインタを上方向にドラッグし、ズームインして部屋の中から見たビューにする。

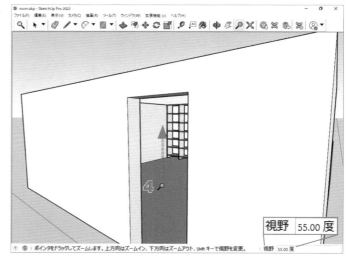

ズーム操作により視点の高さがずれた可能性があるため、再度「ピボット」ツールにし、視点の高さを1500mmにしましょう。

5 ワークスペースで🖱し、コンテキストメニューの「ピボット」を🖱。

➡「ピボット」ツールが選択される。

Point カメラツール使用時、ワークスペースで🖱して、コンテキストメニューから他のカメラツールを選択できます。

6「値制御」ボックスの「眼高」を確認し、「1500mm」以外の数値になっていた場合は、キーボードから「1500」を入力する。

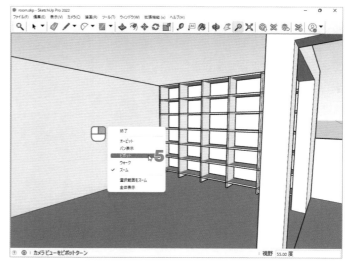

17 「デフォルトのトレイ」を設定する〈Windows版〉

※「デフォルトのトレイ」がない Mac では以下の操作は不要なため、p.106「**18** 現在のビューをシーンに追加する」へ進む。

Windows では、このあとの操作をスムーズに行えるよう、「デフォルトのトレイ」の収録ツールの設定を行いましょう。

1 メニューバー［ウィンドウ］－「デフォルトのトレイ」－「トレイを表示」を🖱。

➡ 画面右に「デフォルトのトレイ」が開く。

Point トレイ上に、「マテリアル」や、このあとの操作で利用する「シーン」「タグ」「コンポーネント」などのダイアログをまとめて置けます。

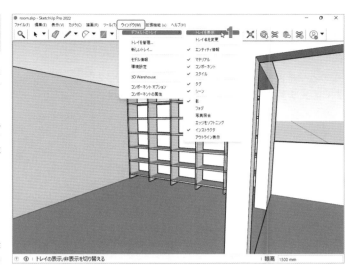

2 メニューバー［ウィンドウ］－「トレイを管理」を🖱。

➡「トレイを管理」ダイアログが開く。

3「トレイを管理」ダイアログの「トレイ」欄のデフォルトのトレイを🖱。

右側「ダイアログ」欄で、チェックが付いているダイアログが、現在「デフォルトのトレイ」に表示されています。本書で主に利用するダイアログにチェックを付けましょう。

4「エンティティ情報」のチェックボックスを🖱し、チェックを外す。

デフォルトのトレイ

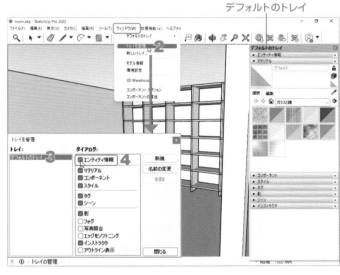

5 各ダイアログのチェックボックスを適宜🖱し、「マテリアル」「コンポーネント」「タグ」「シーン」「影」の5つにチェックが付いた状態にする。

➡ **5** でチェックを付けたダイアログが「デフォルトのトレイ」に表示される。

6「閉じる」ボタンを🖱。

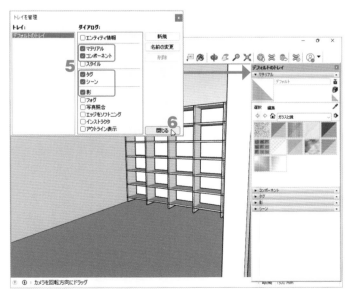

Lesson 5　室内モデルを作成しよう

「デフォルトのトレイ」上の各ダイアログを折り畳み、タイトルバーだけの表示にすることができます。「マテリアル」ダイアログを折り畳みましょう。

7 「マテリアル」ダイアログのタイトルバーを🖱。

➡「マテリアル」ダイアログが折り畳まれ、タイトルバーだけの表示になる。

Point 「デフォルトのトレイ」上の各ダイアログのタイトルバーを🖱で、折り畳む（タイトルバーのみの表示）⇔展開表示（ダイアログ全体を表示）を切り替えます。「デフォルトのトレイ」上の使用していないダイアログを折り畳んでおくと、目的のダイアログが探しやすくなります。使い終わったダイアログは、折り畳むように習慣づけましょう。

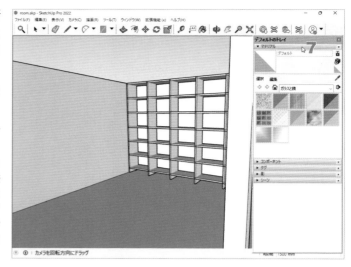

18 現在のビューを シーンに追加する

SketchUpでは、現在のビューとその表示などに関する設定を、「シーン」として登録しておけます。現在のビューをシーンに追加しましょう。

1 「デフォルトのトレイ」上の「シーン」ダイアログのタイトルバーを🖱し、展開表示する（ **Mac** はメニューバー［ウィンドウ］－「シーン」を🖱）。

? 「シーン」ダイアログがない→p.265

2 「シーン」ダイアログの⊕（シーンを追加）を🖱。

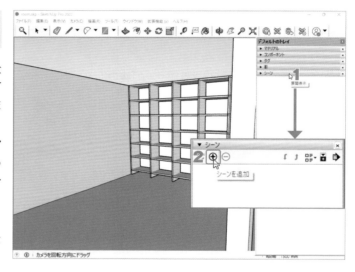

➡ 現在のビューが「シーン1」として「シーン」ダイアログに追加され、ワークスペース左上（ **Mac** は中央上）に「シーン1」シーンタブが表示される。

※ 以降、「シーン1」シーンタブを省略して「シーン1」タブと表記します。

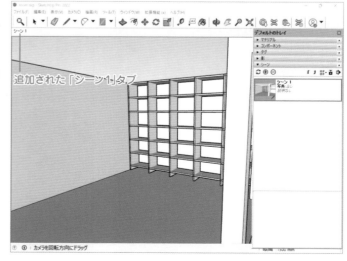

19 平面ビューをシーンに追加する

部屋を真上から見た平面ビューにし、シーンに追加しましょう。

1 メニューバー[カメラ]-「標準ビュー」-「平面」を🖱。

2 「全体表示」ツールを🖱し、モデル全体を表示し、必要に応じて「パン」ツールでビューを調整する。

3 「シーン」ダイアログの⊕（シーンを追加）を🖱。

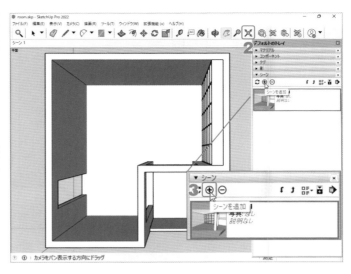

➡ 現在のビューが「シーン2」として追加され、ワークスペース左上（**Mac** は中央上）に「シーン2」タブが表示される。

4 「シーン」ダイアログのタイトルバーを🖱して折り畳む。

「シーン2」タブが追加される

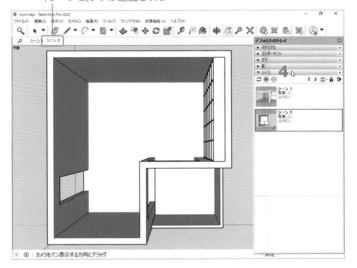

Hint 「デフォルトのトレイ」の表示について

「デフォルトのトレイ」は、使用していないときもワークスペースの右側に表示したままで利用できます。本書では説明対象を、よりわかりやすく見せるため、使用しないときは「デフォルトのトレイ」を閉じた状態の画面を掲載しています。以降、"「デフォルトのトレイ」を閉じる・表示する" などの操作指示の記載は省くので、「表示したままにする」「適宜閉じる」など、各自の判断でご利用ください。

Mac でも、ダイアログを折り畳んだ状態で表示したまま利用できます。また、各ダイアログをスタック（一体化）することで、「デフォルトのトレイ」のようにまとめた状態にできます（→p.126）。

「デフォルトのトレイ」は表示したままでもよい

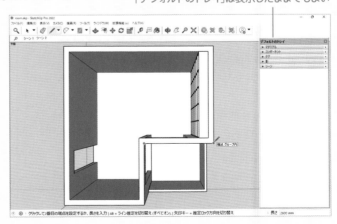

Lesson 5 室内モデルを作成しよう

20 天井を作成する

天井を作成しましょう。

1 「線」ツールを🖱。

2 始点として、外壁左下角にポインタを合わせ、紫の●と 端点 グループ内 が表示されたら🖱。

3 終点として外壁右下角にポインタを合わせ、紫の●と 端点 グループ内 が表示されたら🖱。

4 連続線の終点として、次の外壁角 端点 グループ内 を🖱。

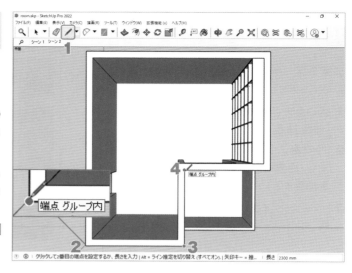

5 次の外壁角 端点 グループ内 を🖱。

6〜7 順次、次の外壁角 端点 グループ内 を🖱。

8 連続線の終点として、はじめの線の 端点 を🖱。

➡ 次図のように天井が作成される。

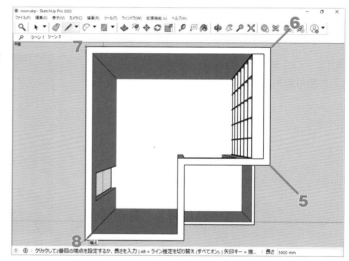

> **Point** 面は外側を表として作成されます。そのため、天井面は上を表（白）として作成され、部屋の中から見た面が裏になります。ここでは、面の裏表の影響はありませんが、他のソフトウェアに渡してレンダリングを行う場合など、部屋の中から見た天井が裏面だと不都合が生じることがあります。

作成された天井を部屋の中から確認するため、「シーン1」に変更しましょう。

9 「シーン1」タブを🖱。

➡ アニメーションの動きで、「シーン1」のビューに変更される。シーン1には、**8**で作成した天井面が、裏面を示すブルーグレーで表示される。

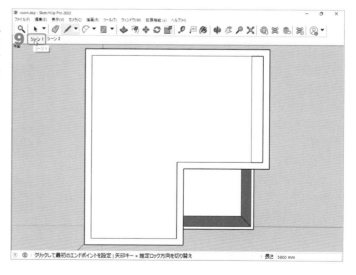

部屋の中から見た天井面が表になるよう、
面を反転しましょう。

10 天井面を🖱。

　➡ 天井面がハイライトされ、コンテキストメニューが
　表示される。

11 コンテキストメニューの「面を反転」を🖱。

　➡ 天井面の裏表が反転され、面の表を示す白（影の影
　響でここではグレーに見える）になる。

12 メニューバー［編集］－「すべて選択解除」を
　🖱し、天井面の選択を解除する。

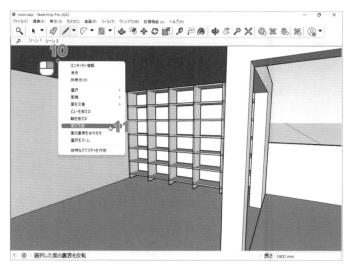

---

21 「シーン2」で天井を
「非表示」に設定する

作成した天井を、「シーン2」の平面ビューで
は、表示しないように設定します。

1 「シーン2」タブを🖱。

　➡ 「シーン2」のビューになる。前項で天井面を反転し
　たため、天井面が、裏面を示すブルーグレーで表示され
　る。

2 天井面を🖱し、コンテキストメニューの「非
表示」を🖱。

　➡ 天井面が非表示になる。

　Point エンティティを選択後、コンテキストメニュー
　（またはメニューバー［編集］）の「非表示」を🖱するこ
　とで、そのエンティティを非表示にできます（非表示
　にしたエンティティの表示→p.163）。

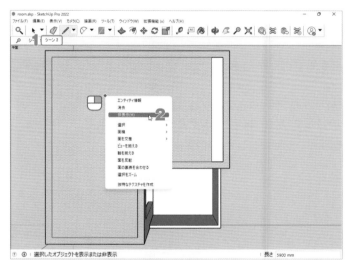

天井を非表示にした現在の状態で、「シーン2」
を更新しましょう。

3 「シーン2」タブを🖱し、コンテキストメ
　ニューの「更新」を🖱。

　➡ 「シーン2」が、現在の状態（天井が非表示）に更新さ
　れる。

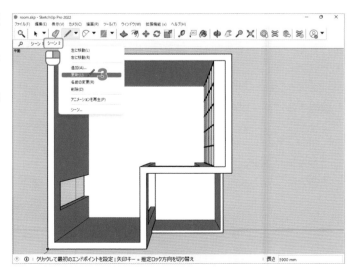

Lesson 5　室内モデルを作成しよう

22 バルコニーと棚をペイントする

バルコニーをコンクリートのマテリアルでペイントしましょう。

1 「ペイント」ツールを🖱。

➡ 「デフォルトのトレイ」の「マテリアル」ダイアログ（**Mac**は「カラーピッカー」）が展開表示される。

2 「マテリアル」ダイアログの「種類」を「アスファルト / コンクリート」にする。

3 「コンクリートフォーム 4x8」を🖱。

4 ペイント対象として、バルコニーの面を🖱。

➡ バルコニー全体が指定マテリアルでペイントされる。

Point バルコニー全体が1つのグループのため、その一部を🖱することで、グループ全体が同じマテリアルでペイントされます。

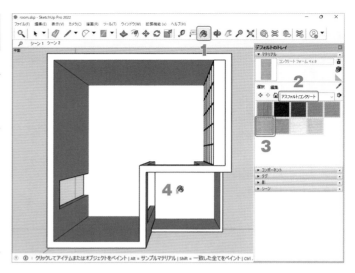

棚を木材のマテリアルでペイントしましょう。

5 「マテリアル」ダイアログの「種類」を「木材」にして「木材_桜_オリジナル」を🖱。

6 ペイント対象として、棚の天板を🖱。

➡ 棚全体が指定マテリアルでペイントされる。

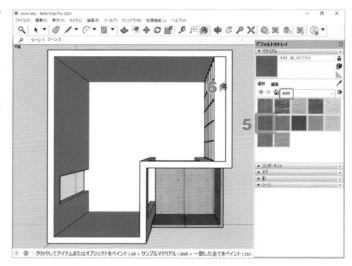

23 グループ内の壁と床をペイントする（グループ編集）

同じグループ内にある床面と壁面は、異なるマテリアルをペイントするため、グループ編集セッションにしたうえで、ペイントします。

1 編集するグループの床また壁を🖱。

➡ 1のエンティティを含むグループが対象としてハイライトされ、コンテキストメニューが表示される。

2 コンテキストメニューの「グループを編集」を🖱。

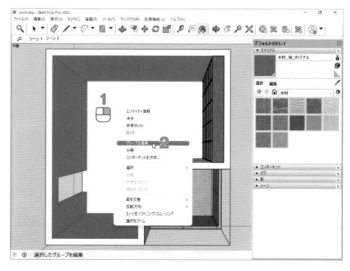

➡ 🖱したグループ内のエンティティを編集するための
グループ編集セッションに切り替わる。編集対象の
グループ内のエンティティが境界ボックスに囲まれ、
グループ外のエンティティは淡色で表示される。

床を木材でペイントしましょう。

3 「マテリアル」ダイアログの「フローリング_
ライト」を🖱。

4 ペイント対象として、床面を🖱。

➡ 床面が指定マテリアルでペイントされる。

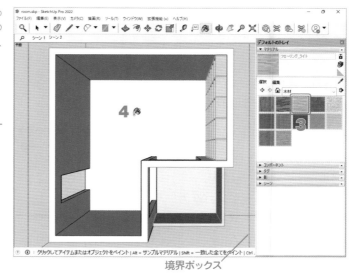

境界ボックス

すべての壁面を同じ色でペイントしましょ
う。

5 「マテリアル」ダイアログの「種類」を「色・
名前付き」にし、「0047_カーキ」を🖱。

6 Ctrl キー（ Mac は option キー）を押す。

➡ ポインタに ▦▦▦ マークが付き、連結した面を一括で
ペイントするモードになる。

7 壁面を🖱。

➡ 🖱した壁面に連結されているすべての面（他のマテ
リアルでペイントされている床面は除く）が、指定色で
ペイントされる。

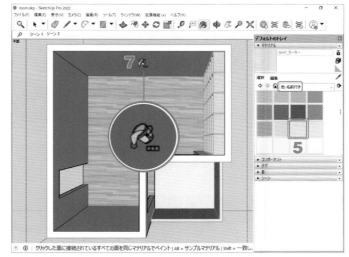

グループの編集を終了しましょう。

8 メニューバー[編集]−「グループ/コンポー
ネントを閉じる」を🖱。

Point 8の操作の代わりに、編集グループの境界ボッ
クスの外やグループ内のエンティティがないところ
で🖱し、コンテキストメニューの「グループを閉じる」
を🖱することでもグループの編集が終了します。

9 「マテリアル」ダイアログのタイトルバーを
🖱し、折り畳む。

Point Mac の「カラーピッカー」は折り畳めません。
⊗を🖱して閉じてください。

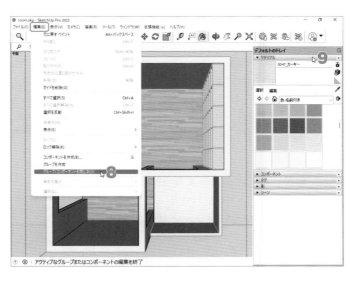

24 ドアをインポートする（ファイルのインポート）

SketchUpのデータファイル（*.skp）のモデルを、編集中のモデルにインポート（取り込み）できます。ドアが保存されているファイル「Door.skp」をインポートし、入り口に配置しましょう。

1 右図のビューにし、メニューバー［ファイル］－「インポート」を🖱。

2 「インポート」ダイアログの「ファイルの種類」（ Mac は「形式」）ボックスが「サポートされているすべてのタイプ」または「SketchUp ファイル（*.skp）」であることを確認する。

3 「ファイルの場所」を「22sk」フォルダー内の「1」フォルダーにする。

4 「Door.skp」を🖱。

5 「インポート」ボタンを🖱。

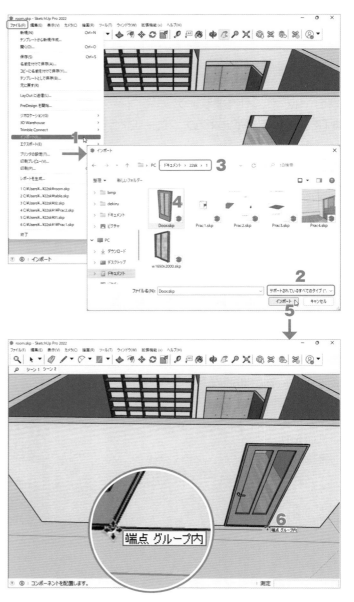

➡ **4**のSKPファイルのモデルが、ポインタに表示され、ステータスバーには、「コンポーネントを配置します」とメッセージーが表示される。

Point インポートしたファイルの原点（0,0,0）位置が、インポート時のポインタの位置（基準点）になります。選択したファイルのモデルは、コンポーネント（→p.123）としてインポートされます。

6 配置位置として、右図の開口角にポインタを合わせ、紫の●と┃端点 グループ内┃が表示されたら🖱。

➡ 🖱位置に配置されたドアがハイライトされ、「移動」ツールが選択された状態になる。

Point インポートしたモデルは、複数のエンティティをひとまとめで扱うコンポーネントになります。配置後、続けてコンポーネントの移動を行えるようにハイライトされ、「移動」ツールが選択された状態になります。

誤って移動することのないよう、選択を解除しましょう。

7 メニューバー［編集］－「すべて選択解除」を🖱。

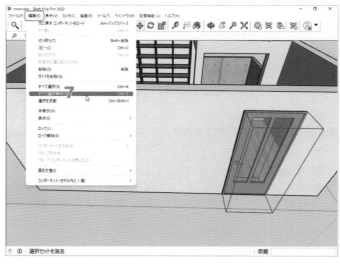

25 掃き出し窓をインポートする

バルコニーの開口に掃き出し窓「w1650×2000.skp」をインポートしましょう。

1 バルコニー部分のビューにし、メニューバー[ファイル]-「インポート」を🖱。

2 「インポート」ダイアログで「w1650x2000.skp」を🖱。

3 「インポート」ボタンを🖱。

➡ 選択したファイルのモデルが、ポインタに表示される。

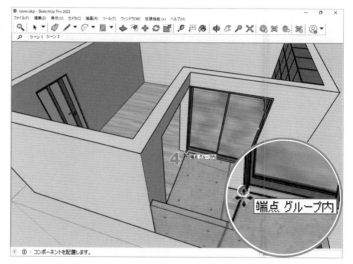

4 配置位置として、右図の開口角にポインタを合わせ、紫の●と 端点 グループ内 が表示されたら🖱。

➡ 🖱位置に配置された窓がハイライトされ、「移動」ツールが選択された状態になる。

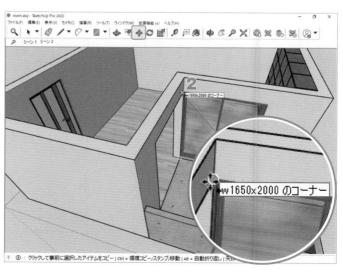

26 インポートした窓をコピーする

「移動」ツールが選択され、インポートした窓（コンポーネント）がハイライトされた状態で、もう一方の開口にコピーしましょう。

1 Ctrl キー（ Mac は option キー）を押し、コピーモード（ポインタに＋マークが付いた状態）に切り替える。

2 コピーの基準点として、ハイライトされた窓の左上角にポインタを合わせ、水色の●と W1650×2000のコーナー が表示されたら🖱。

➡ ポインタにコピー対象の窓が表示される。

3 コピー先の点として、右図の開口角にポインタを合わせ、紫の●と 端点 グループ内 が表示されたら🖰。

➡ 🖰位置にコピーされた窓がハイライトされ、コピー元の窓は選択解除される。

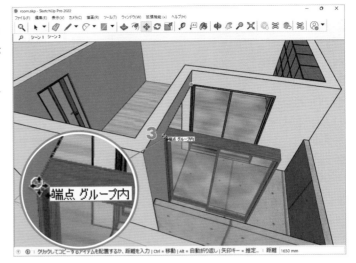

27 コピーした窓を回転する 🔄 回転

コピー後、ハイライトされた窓を回転して、開口に収めましょう。

1 🔄 「回転」ツールを🖰。

2 回転面と回転の原点を指示するため、ポインタを右図の窓枠角に合わせ、ポインタの分度器が水平に青で表示され、水色の●と W1650x2000のコーナー が表示されたら🖰。

Point 「回転」ツールは、選択対象をモデルの面に対して鉛直に回転します。「回転」ツール選択時、ポインタは右図のアイコンになり、分度器が表示されます。分度器はポインタを合わせる面の角度により、赤（X軸に鉛直な面）・緑（Y軸に鉛直な面）・青（Z軸に鉛直な面）・黒（それ以外の面）のいずれかの色で表示されます。分度器の表示を回転面にしたうえで、回転の原点を🖰します。**2**で分度器が青にならない場合は、⬆キーを押してください。青の分度器に切り替わり、固定されます。⬅キーでは緑の分度器に切り替わり、➡キーでは赤の分度器に切り替わり、固定されます。

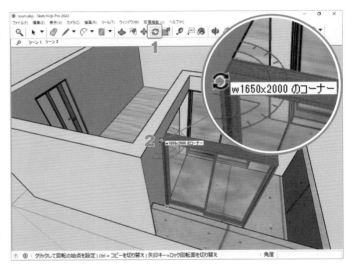

3 分度器の底辺（0°の線）を指示するため、右図の窓枠角にポインタを合わせ、水色の●と W1650x2000のコーナー が表示されたら🖰。

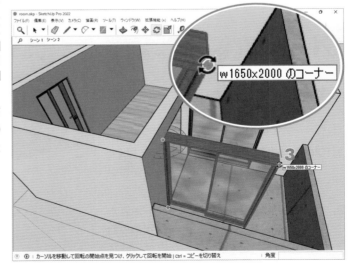

→ 2の点を原点として、ポインタに従い窓が回転する。

4 回転角として、ポインタを右図の開口角に
合わせ、紫の●と 端点 グループ内 が表示され
たら🖱。

→ 窓が回転し、ハイライトされたまま開口に収まる。

ハイライトされた窓の選択を解除しましょ
う。

5 メニューバー[編集]－「すべて選択解除」を
🖱。

> **?** 窓が開口にびったり収まらない→p.265

> **Point** 分度器のポインタ形状がわずらわしく感じら
> れる場合は、「選択」ツールを🖱して、「回転」ツールを
> 終了してください。

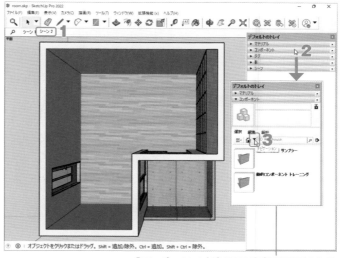

28 ソファを配置する（コンポーネント）

平面ビューにして、SketchUp にあらかじめ
用意されているコンポーネントのソファを配
置しましょう。

1 「シーン2」タブを🖱。

2 「デフォルトのトレイ」の「コンポーネン
ト」ダイアログのタイトルバー（ **Mac** はメ
ニューバー[ウィンドウ]－「コンポーネン
ト」）を🖱。

→ 「コンポーネント」ダイアログが展開表示される。

3 「コンポーネント」ダイアログの▼（ナビ
ゲーション）を🖱。

「コンポーネント」ダイアログが展開表示される

4 プルダウンリストの「コンポーネントサン
プラー」を🖱。

→ 「コンポーネントサンプラー」内のコンポーネント
が一覧表示される。

> **Point** スクロールバーを🖱またはドラッグすること
> で、一覧表示画面をスクロールできます。

5 スクロールバーを下方向へドラッグし、
一覧表示をスクロールする。

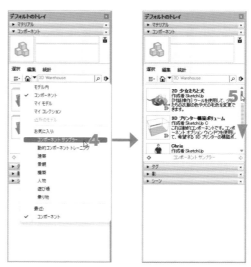

6 「ソファ」を🖱。

➡ コンポーネント「ソファ」が、ポインタに表示される。

7 配置位置として右図の位置で床面にポインタを合わせ、紫の◆と 面上 グループ内 が表示されたら🖱。

➡ ソファが配置され、ハイライトされて、「移動」ツールが選択された状態になる。

Point 配置後、続けてコンポーネントの移動が行えるようにハイライトされ、「移動」ツールが選択された状態になります。

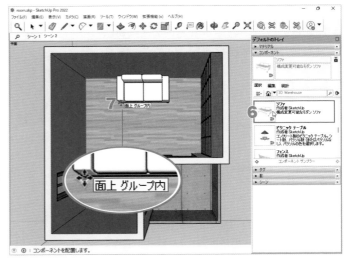

29 ソファを回転コピーする 🔄 回転

ハイライトされたソファを回転コピーして、もう1つのソファを配置しましょう。

1 「回転」ツールを🖱し、Ctrl キー（ Mac は option キー）を押す。

➡ ポインタに＋マークが付いたコピーモードになる。

Point 「移動」ツールと同様、Ctrl キー（ Mac は option キー）を押すことで、回転移動⇔回転コピー（ポインタに＋マークが付く）を切り替えます。

2 回転面と回転の原点を指示するため、ポインタを右図のソファ角に合わせ、水平な青の分度器と水色の●、Couchのコーナー が表示されたら🖱。

Point 分度器が青にならない場合は、↑ キーを押して、青の分度器に固定したうえで **2** を行ってください。

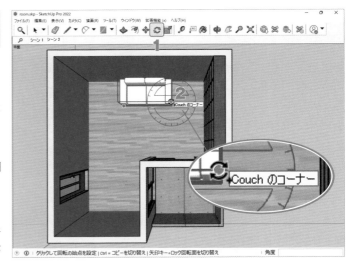

3 分度器の底辺（0°の線）を指示するため、ポインタを左（赤軸）方向に移動し、赤軸上を示す赤の点線と 赤軸上 が表示されたら🖱。

Point 分度器の底辺として、回転するソファ上のもう1点を指示せずに、**3** のように描画軸上を指示できます。

➡ **2** の点を原点として、ポインタに従い、ソファが回転する。

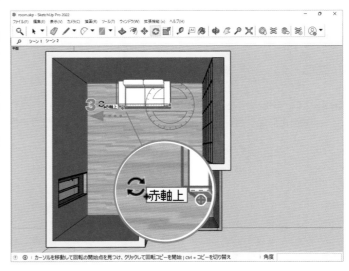

4 ポインタを下（緑軸）方向に移動し、緑軸上
を示す緑の点線と　緑の軸上　が表示されたら
🖱。

→ **2** の点を原点として、ソファが90°回転してコピー
される。

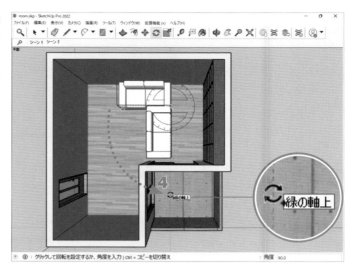

30　ソファを移動する

回転コピー後ハイライトされたソファを移動
しましょう。

1　「移動」ツールを🖱。

2　移動の基準点として、回転したソファの
エッジを🖱し、左（赤軸）方向にポインタを
移動する。

Point **2** でポインタを合わせる位置により、表示され
るヒントの内容は右図と異なる場合がありますが、操
作結果に支障はありません。

→ **2** の位置を移動の基準点として、ポインタに従い、
ソファが表示される。

3　赤の点線と　赤軸上　が表示されたら移動先を
🖱。

→ **3** の位置に平行移動される。

ハイライトされたソファを解除しましょう。

4　メニューバー［編集］－「すべて選択解除」を
🖱。

Point **4** の操作の代わりに、Ctrl キーを押したまま
T キー（ **Mac** は shift キーと command（ ⌘ ）キーを
押したまま A キー）を押すことでも、すべて選択解除
できます。

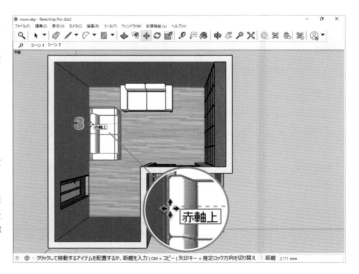

31 コーヒーテーブルを インポートする

Lesson 4で作成・保存したSKPファイル「table.skp」のコーヒーテーブルをインポートしましょう。

1 メニューバー[ファイル]－「インポート」を🖰。

2 「インポート」ダイアログの「ファイルの場所」を「ドキュメント」（ **Mac** は「書類」）内の「22sk」フォルダーにする。

3 「table.skp」を🖰。

4 「インポート」ボタンを🖰。

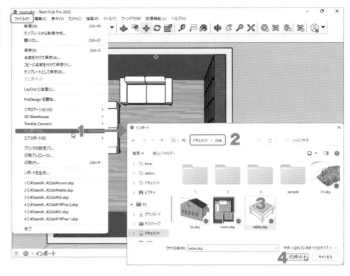

➡ 選択したファイルのモデル（コーヒーテーブル）が、作成時の原点位置を基準点として、ポインタに表示される。

5 配置位置として、床の右図の位置にポインタを合わせ、面上 グループ内 が表示されたら🖰。

➡ 🖰位置にコーヒーテーブルが配置され、ハイライトされて、「移動」ツールが選択された状態になる。

6 メニューバー[編集]－「すべて選択解除」を🖰するか、キーボードからの指示（→p.117）で、選択を解除する。

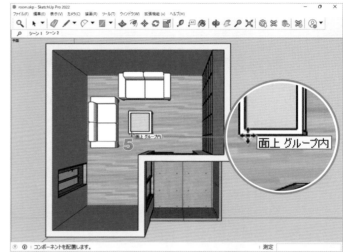

32 タグを追加する

寸法記入用のタグを追加しましょう。

1 「デフォルトのトレイ」の「タグ」ダイアログのタイトルバーを🖰して、展開表示する（ **Mac** はメニューバー[ウィンドウ]－「タグ」を🖰）。

Point タグは、CADにおけるレイヤ（セル画のように重ねて利用できる透明シート）に相当する機能です。タグごとに表示（可視）⇔非表示（不可視）を切り替えられます。

2 「タグ」ダイアログの⊕（タグを追加）を🖰。

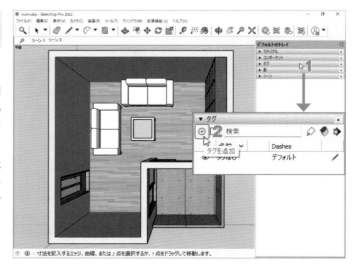

➡ タグが追加され、タグ名の入力状態になる。

3 タグ名として「寸法」を入力する。

> **Point** キーボードの半角/全角キー（ Mac は かな キー）を押すことで、日本語入力が有効になります。入力完了後は、必ず半角/全角キー（ Mac は英数キー）を押し、日本語入力を無効にしてください。

➡ 「寸法」タグが追加される。

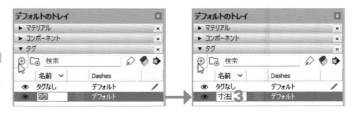

「寸法」タグに寸法エンティティを作成するため、「寸法」タグを現在のタグに変更しましょう。

4 「寸法」タグ右端の列を🖱。

➡ ✏鉛筆マークが付き、現在のタグになる。

> **Point** これから作成するエンティティはすべて、現在のタグである「寸法」タグに作成されます。

現在のタグを示す鉛筆マークが付く

33 寸法を記入してシーンに追加する

「寸法」タグに、棚の寸法を記入しましょう。

1 右図のビューにし、メニューバー［ツール］－「寸法」を🖱して、右図のように棚の寸法を記入する。

> 2点間の寸法→p.70

この状態をシーンに追加しましょう。

2 「デフォルトのトレイ」の「シーン」ダイアログのタイトルバーを🖱して、展開表示する（ Mac はメニューバー［ウィンドウ］－「シーン」を🖱）。

3 「シーン」ダイアログで、⊕（シーンを追加）を🖱。

➡ 現在のビューが「シーン3」として追加され「シーン2」タブの右隣に「シーン3」タブができる。

4 「シーン」ダイアログのタイトルバーを🖱し、折り畳む。

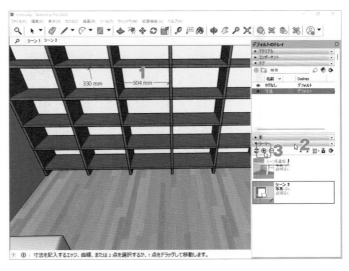

「シーン3」タブが追加される

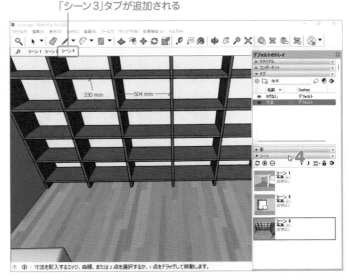

34 ソファ・テーブルのタグを 変更する（エンティティ情報）

「家具」タグを追加し、配置されているソファ・テーブルを「家具」タグに変更しましょう。

1 「シーン2」タブを🖱。

➡「シーン2」になる。

2 「タグ」ダイアログで⊕（タグを追加）を🖱し、「家具」タグを追加する。

タグを追加→p.118

3 「選択」ツールを🖱。

4 タグを変更する対象として、テーブルを🖱。

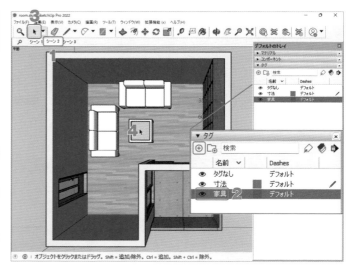

➡選択され、ハイライトされる。

5 Shiftキーを押したまま（ポインタに±マークが表示された状態で）、ソファを🖱。

➡追加選択され、ハイライトされる。

6 Shiftキーを押したまま（ポインタに±マークが表示された状態で）、もう1つのソファを🖱。

➡追加選択され、ハイライトされる。

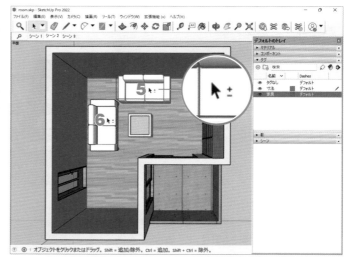

7 ハイライトされたエンティティを🖱し、コンテキストメニューの「エンティティ情報」を🖱。

➡選択した3つのコンポーネントの「エンティティ情報」ダイアログが開く。

8 現在「タグなし」になっている「タグ」ボックスの⌄を🖱し、プルダウンリストの「家具」を🖱。

➡3つのコンポーネントのタグが、「家具」に変更される。

9 「エンティティ情報」ダイアログのタイトルバーの⊠（Macは⊗）を🖱して、閉じる。

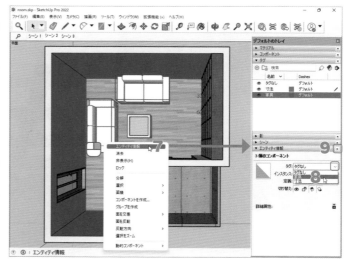

Chapter 1 SketchUp の基本操作に慣れよう

「家具」タグを不可視にし、「家具」タグに変更したソファ・テーブルが非表示になることを確認しましょう。

10 「タグ」ダイアログの「家具」タグの左端の ◉（可視）マークを🖱。

➡ ◯（不可視）マークになり、「家具」タグに変更されたソファ、テーブルが非表示になる。

Point タグごとに ◉（可視）⇔ ◯（不可視）を切り替えできます。ただし、✏マークの付いた現在のタグを ◯（不可視）にすることはできません。

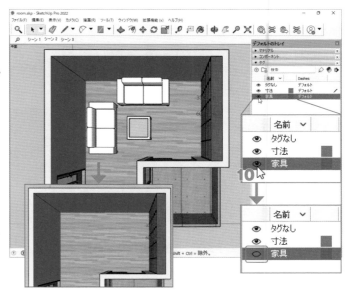

35 「シーン1」で影を表示して更新する（影の設定）

「シーン1」のビューにし、影を表示・設定しましょう。

1 「シーン1」タブを🖱。

➡ 「シーン1」になり、前項で不可視にした「家具」タグのエンティティも表示される。

Point 前項で不可視にした「家具」タグは、「シーン1」追加時には存在しませんでした。「家具」タグを不可視にするという情報は「シーン1」に登録されていないため、ここで表示されます。

? 室内がくもって見える→p.265

2 メニューバー[表示]ー「影」を🖱。

➡ 影が表示される。

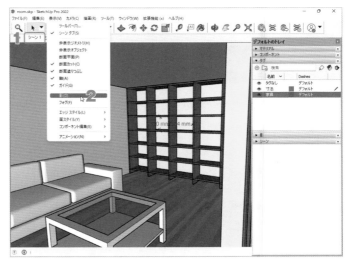

影の日時設定を変更しましょう。

3 「デフォルトのトレイ」の「影」ダイアログのタイトルバー（**Mac** はメニューバー[ウィンドウ]ー「影」）を🖱し、展開表示する。

4 「影」（**Mac** は「影設定」）ダイアログで日付や時刻を変更し、影の変化を見る。

Point 影はY軸正方向を真北として表示されます。モデルの場所（緯度・経度）を設定することで、指定場所での影を表示できます（→p.207）。

5 「影」（**Mac** は「影設定」）ダイアログを折り畳む。

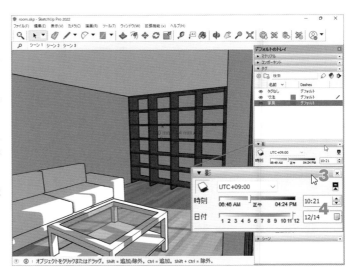

寸法を非表示にし、影を表示するよう、「シーン1」を更新しましょう。

6 「タグ」ダイアログで「タグなし」の右端の列を🖱し、現在のタグにする。

> **Point** 現在のタグを不可視にはできないため、「寸法」以外のタグを現在のタグにします。

7 「寸法」タグの👁（可視）マークを🖱し、◯（不可視）にする。

> ➡ 寸法エンティティが非表示になる。

8 「シーン1」タブを🖱し、コンテキストメニューの「更新」を🖱。

Lesson 5は以上で完了です。上書き保存しましょう。

9 メニューバー［ファイル］－「保存」を🖱し、上書き保存する。

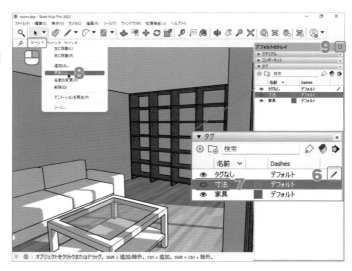

Lesson 5のおさらい　「タグ」ダイアログでの基本操作

下図は、p.124「自主学習」の教材「Prac4.skp」の「タグ」ダイアログです。

⊕ タグを追加

タグを追加する（→p.118）。

タグ名を日本語で入力するには、全角/半角キー（Macはかなキー）を押して、日本語入力を有効にする。

タグ名の入力が完了したら、必ず再度全角/半角キー（Macは英数キー）を押して英数入力（日本語入力無効）にすること。日本語入力が有効のままでは、数値を指定するツール使用時に数値入力ができないので注意。

タグの項目「名前」の「∧」昇順は、名前の順（数字0→アルファベットA→日本語）に表示していることを示す。項目「名前∧」を🖱すると、「名前∨」降順になり、逆の順序に並び変わる。

指定するタグの右端列を🖱して、✏現在のタグにする。
現在のタグには、線、面などのエンティティおよびグループ、コンポーネント情報が作成される。

🖱で、可視と不可視を切り替える（→p.121）。

👁 可視
ワークスペースで表示

◯ 不可視
ワークスペースで非表示

コンポーネントとグループは、いずれも複数のエンティティをひとまとめにし、1エンティティとして扱うものです。コンポーネント（またはグループ）内のエンティティは、その外に隣接する面やエッジの影響を受けません。コンポーネント（またはグループ）内の各エンティティの編集は、「コンポーネント（またはグループ）を編集」で行います。

■ コンポーネント

コンポーネントは複数のエンティティをひとまとめにし、原点と名前を指定したものです。説明などの情報を付加できます。

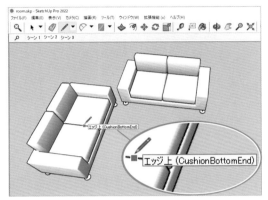

コンポーネント内のエンティティの端点やエッジにポインタを合わせると、推定機能のヒントが 端点（コンポーネント名） 中点（コンポーネント名） エッジ上（コンポーネント名） のように表示される

同一ファイル内に同じ名前のコンポーネントが複数ある場合、1つのコンポーネントを編集すると、同じ名前のコンポーネントにも、その編集結果が反映されます。

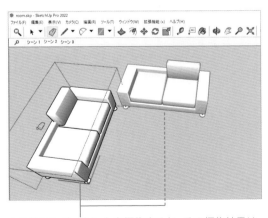

1つのコンポーネントを編集すると、その編集結果は、同じ名前のコンポーネントすべてに反映される

■ グループ

グループは複数のエンティティをひとまとめにする点ではコンポーネントと同じです。ただし、名前や説明などの情報は付加できません。

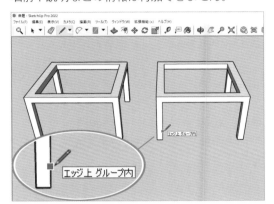

グループ内のエンティティの端点やエッジにポインタを合わせると、推定機能のヒントが 端点　グループ内 中点　グループ内 エッジ上　グループ内 と表示される

同一ファイル内に同じ形状のグループが複数ある場合、そのうち1つのグループを編集しても、その編集結果は、他の同じ形状のグループには反映されません。

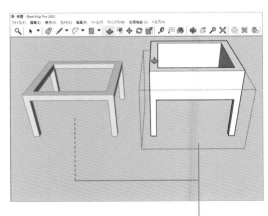

1つのグループを編集しても、その編集結果は、他の同じ形状のグループには反映されない

● 自主学習

視点の変更に利用する 👁 「ピボット」ツール、👣 「ウォーク」ツールを練習しましょう

「22sk」フォルダー内の「1」フォルダーに収録されている自主学習ファイル「Prac4.skp」を開き、住宅モデル室内を「ピボット」「ウォーク」ツールを使って、歩き回ったり、見回したりしましょう。
はじめに、アニメーションの再生（→p.17）で、これから練習するビュー変更のイメージをつかんでください。

● 室内を見渡す

シーン「2-1」に替え、アニメーションのように、ビューを変更する練習をしましょう。

1 「2-1」タブを🖱。

➡ シーン「2-1」：キッチンの前に立ち、デッキテラスを見たビューになる。

2 メニューバー[カメラ]－「ピボット」を🖱。

ここでは、主に「ピボット」ツールを使って、リビングに立った目線（目の高さ＝GLから2050mm）で、デッキテラス～入り口～キッチンを見渡し、さらに視線を上げ、吹抜～2階窓を見てみましょう。

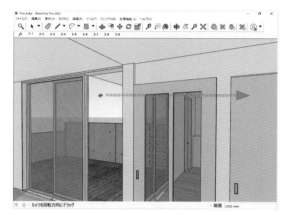

② さらに右方向にドラッグし、キッチンのほうを見る

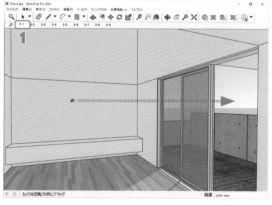

① 「ピボット」ツールで右方向にドラッグ。デッキテラス～リビングの入り口を見渡してみる

> 👁 「ピボット」ツール
>
> 「ピボット」ツールは、上下左右にポインタをドラッグすることで、立ち位置と目の高さを変更せずに、周りを見回します。

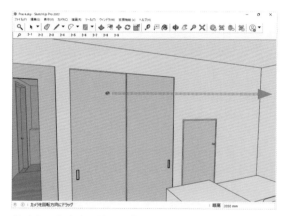

③ さらに右方向にドラッグ

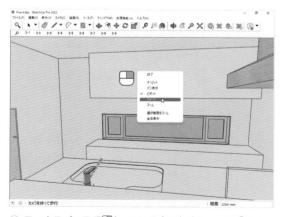

④ ワークスペースで🖱し、コンテキストメニューの「ウォーク」を🖱して「ウォーク」ツールに切り替える

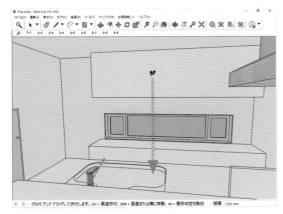

⑤ 「ウォーク」ツールで下方向へドラッグして後退する

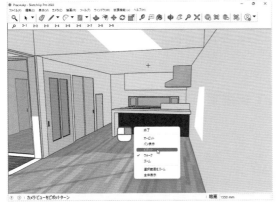

⑥ ワークスペースで🖱し、コンテキストメニューの「ピボット」を🖱して「ピボット」ツールに切り替える

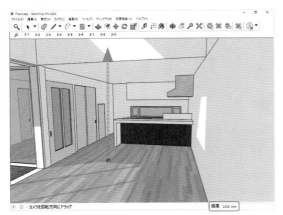

⑦ 眼高2050mmを確認し、上方向にドラッグして吹抜を見上げる

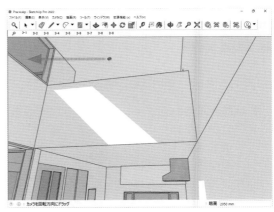

⑧ 「ピボット」ツールで左方向にドラッグし、2階の窓を見上げる

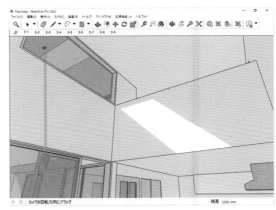

⑨ 「ピボット」ツールで下方向にドラッグし、視線を下に移す

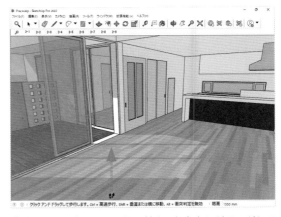

⑩ 「ウォーク」ツールに切り替え、上方向にドラッグして窓の近くまで前進する

「デフォルトのトレイ」上では、以下の操作が行えます。必要に応じて操作を行ってください。

1 展開表示されたダイアログの下端にポインタを合わせ、ポインタが右図の形状になったら下（または上）へドラッグすることで、ダイアログの表示範囲を変更できる。

2 「コンポーネント」ダイアログの ⊡（第2選択ペインを表示）を 🖱 すると、「デフォルトのトレイ」のスクロールバーが表示され、「デフォルトのトレイ」内の表示をスクロールできる。

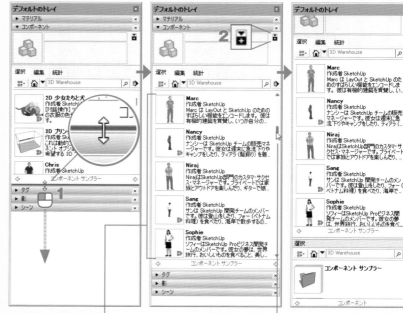

ダイアログの表示範囲が長くなる　　「コンポーネント」ダイアログ内の　　「デフォルトのトレイ」内の
　　　　　　　　　　　　　　　　　　　　表示をスクロール　　　　　　　表示をスクロール

Hint **Mac** ダイアログをスタック（一体化）して利用する方法

Mac には「デフォルトのトレイ」はありませんが、以下の手順で、各ダイアログをスタック（一体化）して利用できます。「タグ」ダイアログの下に「シーン」ダイアログをスタックする例で説明します。

1 ダイアログが折り畳まれている場合は、そのタイトルバーを 🖱 して展開表示する。

2 「シーン」ダイアログのタイトルバーをドラッグし、「タグ」ダイアログの下端に合わせ、ボタンをはなす。

➡ 「タグ」ダイアログ下端にスナップし、スタック（一体化）される。

Point 各ダイアログのタイトルバーを 🖱 すると、スタックされたまま、折り畳む⇔展開表示の切り替えができます。「マテリアル」ダイアログに相当する「カラーピッカー」はスタックできません。

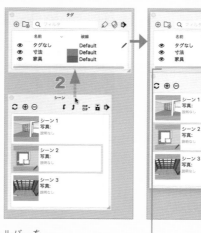

2つのダイアログがスタック（一体化）される

この隅部分をドラッグすることで、ダイアログの表示サイズを変更できる

ダイアログのタイトルバーを 🖱 すると、スタック（一体化）されたまま折り畳まれる

Chapter 2

住宅のモデルを
作成しよう

●Chapter 2 で作成する住宅モデル

1階平面図・配置図

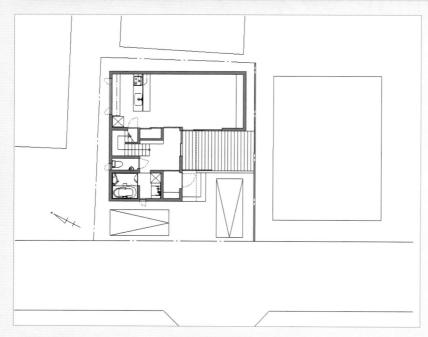

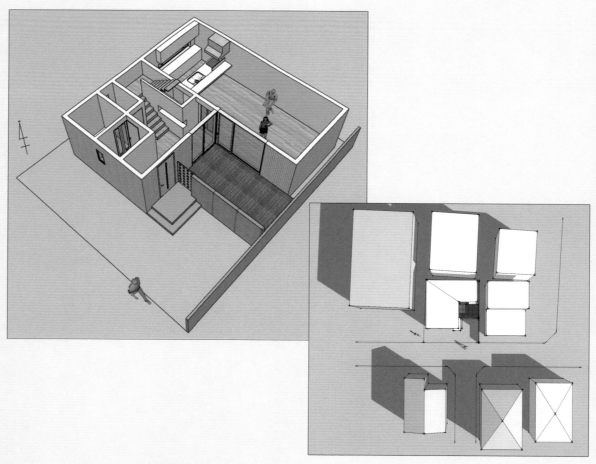

Chapter 2

2

住宅のモデルを作成しよう

2階平面図

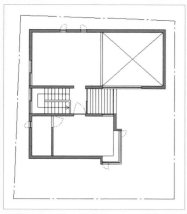

断面図

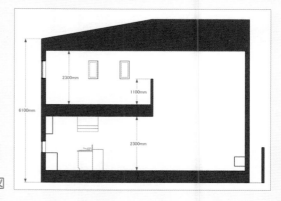

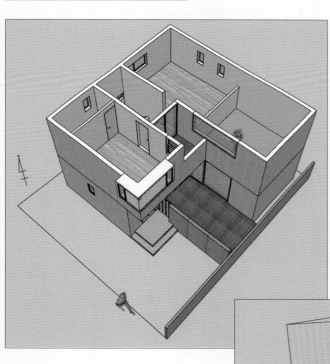

Chapter 2ではCADで作図した敷地図、平面プランを
取り込み、住宅モデルを作成します。

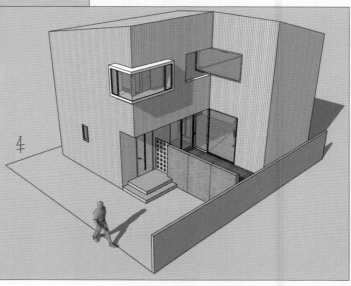

● Chapter 2 での住宅モデル作成の流れ

Step 1　1階モデルの作成 (→ p.132)

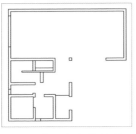

CADで作図した敷地図・
1階平面プランをインポート
し、それをベースに1階のモ
デルを作成しましょう。

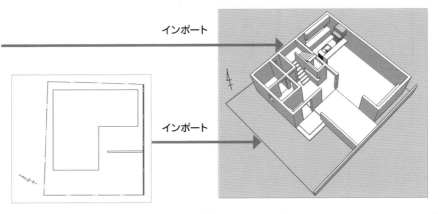

インポート

インポート

完成モデル（内観）

完成モデル（外観）

Step 2　2階モデルと屋根の作成 (→ p.178)

インポート

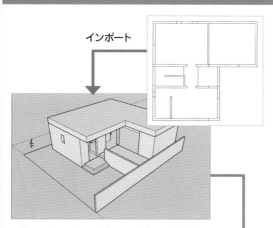

1階モデルの上に天井面・2階床面を作成し、そこにCADで作図した2階平面プランをインポートして2階と屋根を作成しましょう。

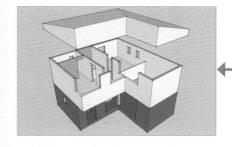

Step 4　建具のインポートとペイント (→ p.212)

建具をインポートし、内装・外壁の色・マテリアルをペイントしましょう。

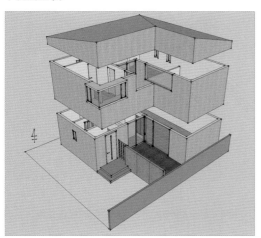

Step 3　リビング⇔道路の眺めの検討と 近隣建物による影の確認 (→ p.196)

人物モデルを配置して、リビングから道路を見たビュー、道路からリビングを見たビューの、両者からお互いの顔が見えないようにコンクリート壁の高さを検討しましょう。

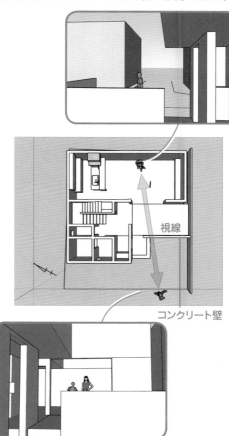

視線

コンクリート壁

建物を建てる場所の緯度・経度と真北の設定を行い、近隣建物の影の影響を確認しましょう。

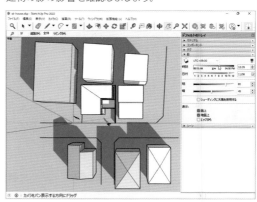

1階モデルの作成

CADで作図した図面をDXFファイルとして保存し、SketchUpにインポート（取り込み）して利用できます。ここでは、Jw_cad※で作図し、DXFファイルとして保存した配置図と1階平面プランをSketchUpにインポートして、それをベースに1階および外構のモデルを作成します。

※Jw_cadは、Windows上で動作する無償（フリーソフト）の2次元汎用CADです。

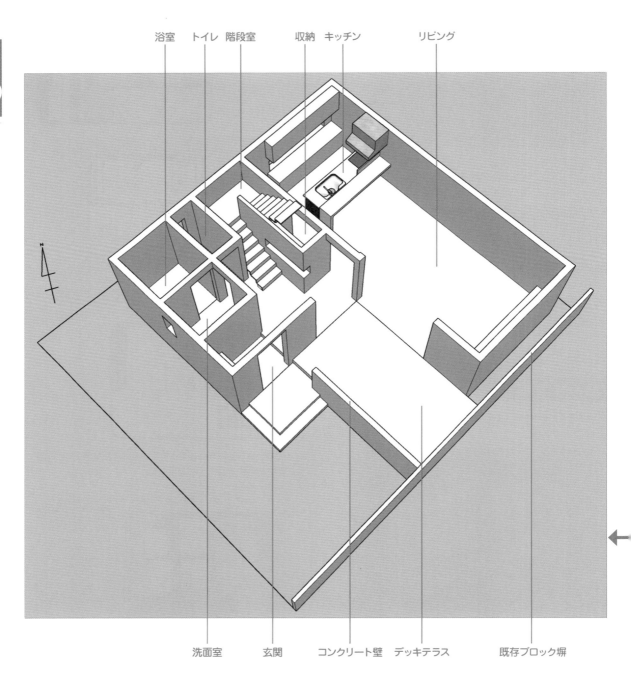

浴室　トイレ　階段室　収納　キッチン　リビング

洗面室　玄関　コンクリート壁　デッキテラス　既存ブロック塀

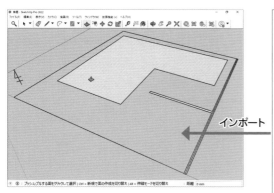

インポート

インポートした配置図「APLAN.dxf」の外形線内に面を作成して、500mm引き上げて基礎とする

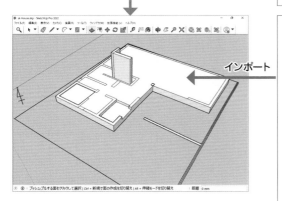

インポート

基礎上面にインポートした1階平面プラン「1FPLAN.dxf」をベースに、壁の底面を引き上げて壁を作成する

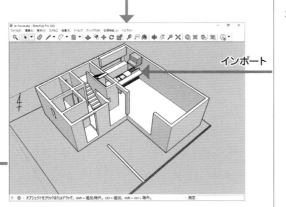

インポート

開口・階段・造作などを作成し、対面型キッチン「kitchen.skp」をインポートする

● 「APLAN.dxf」→収録先：「22sk」-「2」フォルダー

「shikichi」レイヤに敷地境界線・方位記号を、「outline」レイヤに建物外形線・コンクリート壁・既存ブロック塀の外形線を、それぞれJw_cadで作図し、DXF形式で保存したファイル

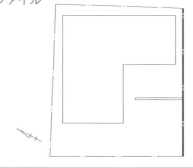

● 「1FPLAN.dxf」→収録先：「22sk」-「2」フォルダー

「1F」レイヤに1階平面プランの壁、開口および見切線をJw_cadで作図し、DXF形式で保存したファイル

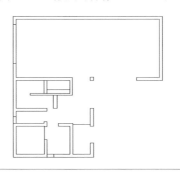

● 「kitchen.skp」→収録先：「22sk」-「2」フォルダー

SketchUpで作成した対面型キッチン

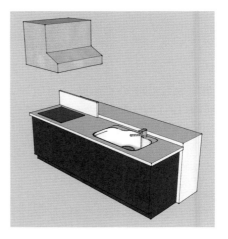

※設備機器メーカーが提供する3D・DXF形式および3D・DWG形式のシステムキッチン・便器・洗面台・ユニットバスなども、DXFファイルと同じ手順でインポートできます。

1 人物モデルを消去する

現在のタグを確認し、はじめから配置されている人物モデルを消去しましょう。

1 「タグ」ダイアログを展開表示（ Mac はメニューバー[ウィンドウ]－「タグ」を🖱）し、「タグなし」が現在のタグであることを確認する。

※以降、各ダイアログの展開表示などの操作指示は省きます。

2 人物モデルを🖱し、コンテキストメニューの「消去」を🖱。

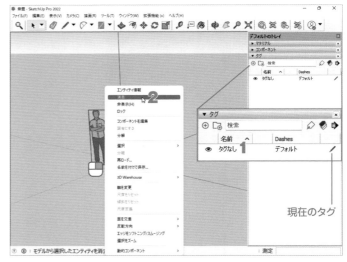

現在のタグ

2 配置図をインポートする

CADで作図してDXFファイルに保存した配置図「APLAN.dxf」をインポートしましょう。

1 メニューバー[ファイル]－「インポート」を🖱。

2 「インポート」ダイアログの「ファイルの種類」（ Mac は「形式」）ボックスの∨を🖱し、プルダウンリストから「AutoCADファイル（*.dwg,*.dxf）」を🖱。

3 「オプション」（ Mac は「設定」）ボタンを🖱。

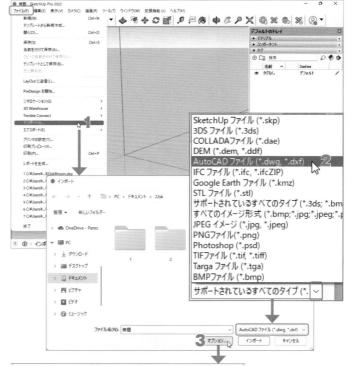

4 「AutoCAD DWG/DXFのインポートオプション」（ Mac は「DWGのインポートオプション」）ダイアログの「ジオメトリ」欄の3項目にチェックを付ける。

Point **4**のチェック項目は、面を含むDXFファイルのための設定です。ここでインポートするDXFファイルは線のみですが、面のあるDXFファイルをインポートするときのために、チェックを付けておきます。

5 「尺度」欄の「単位」ボックスを「ミリメートル」にする。

6 「OK」ボタンを🖱。

7 「インポート」ダイアログの「ファイルの場所」を、「ドキュメント」（ Mac は「書類」）内「22sk」フォルダー内の「2」フォルダーにする。

8 「APLAN.dxf」を🖱。

Point 「APLAN」後ろの拡張子「.dxf」は、パソコンの設定によっては表示されませんが、支障ありません。

9 「インポート」ボタンを🖱。

➡「インポート結果」ウィンドウが開く。

10 「インポート結果」ウィンドウの「閉じる」ボタンを🖱。

➡ ワークスペースにインポートしたエンティティが表示され、「タグ」ダイアログにはインポート元のDXFファイルの2つのレイヤがタグとして追加される。

Point DXFファイルのレイヤをタグとしてインポートします。ただし、一部が重なる線（SketchUpでは1本の線になる）、交差する線（SketchUpでは交点で2本の線に分割される）などは、元のレイヤとは異なるタグにインポートされる場合があります。

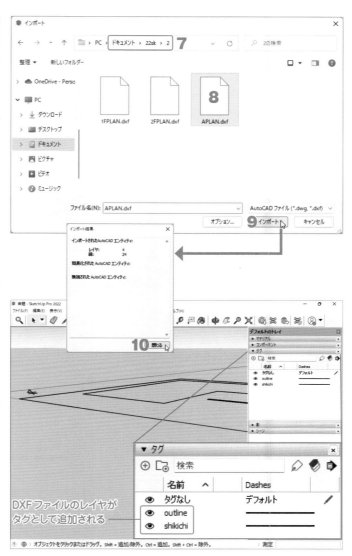

DXFファイルのレイヤがタグとして追加される

---

3 インポートしたコンポーネントを分解する

インポートしたエンティティは1つのコンポーネントになっています。コンポーネントを分解しましょう。

1 インポートしたエンティティを🖱。

➡ ひとまとまりになっているコンポーネント全体がハイライトされる。

2 コンテキストメニューの「分解」を🖱。

➡ 1で🖱したコンポーネントが分解され、すべてのエンティティがハイライトされる。

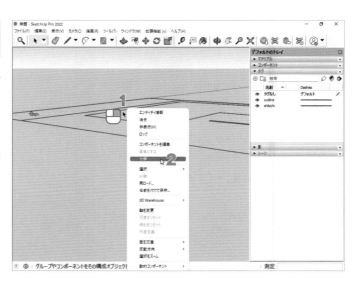

4　敷地図と方位記号をグループにする

上から見たビューにし、敷地図と方位記号を以降の操作で誤って変更することのないよう、ひとまとめのグループにしましょう。

1 メニューバー[カメラ]－「標準ビュー」－「平面」を🖱し、必要に応じて「全体表示」ツールや「パン」ツールでビューを調整する。

2 「タグ」ダイアログの「shikichi」タグ右端の列を🖱し、現在のタグにする。

3 「outline」タグの👁（可視）マークを🖱し、◯（不可視）にする。

➡「outline」タグのエンティティは非表示になり、「shikichi」タグのエンティティのみがハイライトされる。

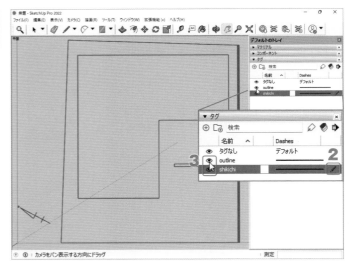

ハイライトされたエンティティをグループにしましょう。

4 メニューバー[編集]－「グループを作成」を🖱。

> **Point** **4**の操作の代わりにハイライトされたエンティティを🖱し、コンテキストメニューの「グループを作成」を🖱することでも、グループを作成できます。

➡ 敷地図と方位記号が現在のタグ（「shikichi」タグ）にグループとして作成され、ひとまとまりのグループエンティティとしてハイライトされる。

> **Point** グループ情報は、現在のタグ（ここでは「shikichi」タグ）に作成されます。このモチーフでは、敷地図と方位記号は、もともと「shikichi」タグにありましたが、他のタグにあるエンティティをグループにした場合も、現在のタグ（「shikichi」タグ）にグループ情報が作成されます。

ハイライトされたグループの選択を解除しましょう。

5 メニューバー[編集]－「すべて選択解除」を🖱。

> **Point** **5**の操作の代わりに[Ctrl]キーを押したまま[T]キー（**Mac**は[shift]キーと[command]（⌘）キーを押したまま[A]キー）を押すことでも、すべて選択解除できます。

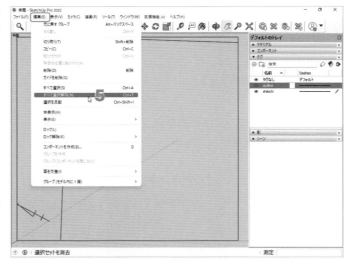

5 外形線内に面を作成する

建物外形線内に面を作成するため、外形線の
1辺にエッジを作成します。

1 「タグ」ダイアログの「outline」タグを現在
のタグにする。

2 「shikichi」タグを◯(不可視)にする。

➡ 敷地と方位記号が非表示になり、外形線のみが表示
される。

3 「線」ツールを🖰。

4 始点として、外形線の角 端点 を🖰。

5 終点として、その隣の角 端点 を🖰。

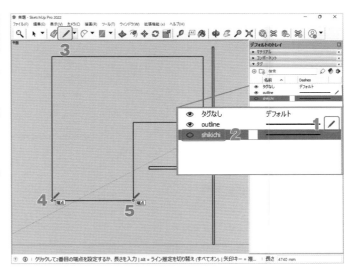

➡ **4−5**間にエッジを作成することで、右図のように、
内部に面が作成される。

コンクリート壁、ブロック塀の外形線内には、
「長方形」ツールで面を作成しましょう。

6 「長方形」ツールを🖰。

7 始点として、コンクリート壁の左上角 端点
を🖰。

8 終点として、その右下角 端点 を🖰。

➡ コンクリート壁とブロック塀の内部に面が作成さ
れる。

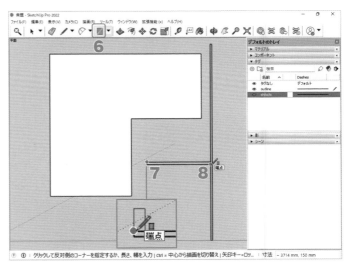

6 建物の面を500mm引き出す

建物の面を500mm引き出し、基礎にしましょ
う。

1 右図のビューにし、「プッシュ/プル」ツール
を🖰。

2 建物の面にポインタを合わせ、ハイライト
されたら🖰し、上方向にポインタを移動す
る。

3 キーボードから「500」を入力する。

➡ 「値制御」ボックスに「500」が入力され、500mm上
(ポインタの方向)に面が引き出され、基礎ができる。

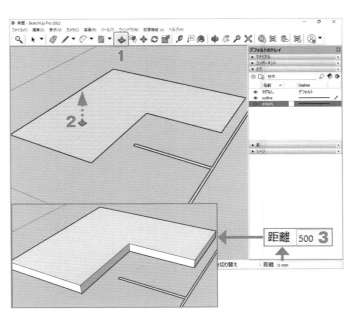

7 1階平面プランをインポートする

基礎上面に、1階平面プラン「1FPLAN.dxf」
をインポートしましょう。

1 メニューバー[ファイル]－「インポート」を
🖱️。

2 「インポート」ダイアログで、「2」フォルダー
内の「1FPLAN.dxf」を🖱️。

3 「インポート」ボタンを🖱️。

➡️「インポート結果」ウィンドウが開く。

4 「インポート結果」ウィンドウの「閉じる」ボ
タンを🖱️。

➡️ ワークスペースの原点に左下を合わせ、インポート
した1階平面プランが表示される。「タグ」ダイアログ
にはインポート元のDXFファイルのレイヤ「1F」がタ
グとして追加される。

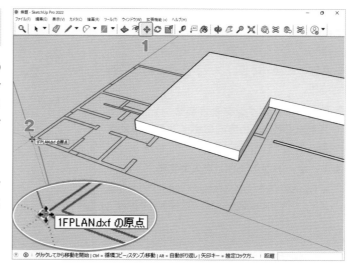

「1FPLAN.dxf」のレイヤ「1F」が
タグとして追加される

8 インポートしたエンティティを基礎上面に移動する

編集中のモデルの原点に「1FPLAN.dxf」の
原点が重なるよう、インポートされます。イン
ポートしたエンティティはひとまとまりのコ
ンポーネントになります。このコンポーネン
トを基礎の面上に移動しましょう。

1 「移動」ツールを🖱️。

2 移動の基準点として、1階平面プラン
左下角にポインタを合わせ、紫の⊕と
1FPLAN.dxfの原点が表示されたら🖱️。

➡ **2**の点が移動の基準点に確定し、ポインタに従いコンポーネントが移動する。

3 移動先の点として、基礎上面の左下角にポインタを合わせ、緑の●と⟦端点⟧が表示されたら🖱。

➡ 🖱位置にコンポーネントが移動する。

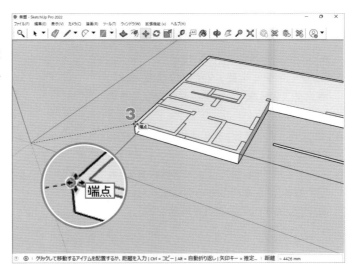

---

9 **コンポーネントを分解する**　　分解

移動したコンポーネントを分解しましょう。

1 「選択」ツールを🖱。

2 コンポーネントのエッジを🖱し、コンテキストメニューの「分解」を🖱。

➡ 🖱したコンポーネントが分解される。

Point コンポーネント内のエンティティは、もともと作図されていた「1F」タグに分解されます。

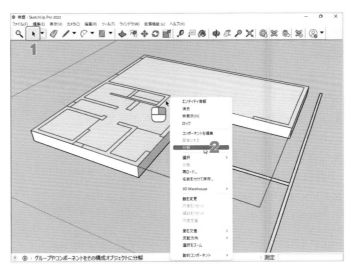

---

10 **基礎を「1F」タグに変更する**

基礎全体を、分解したコンポーネントと同じ「1F」タグに変更しましょう。

1 「選択」ツールで基礎上面を🖱🖱🖱。

➡ トリプルクリックした面に連結するすべてのエンティティが選択され、ハイライトされる。

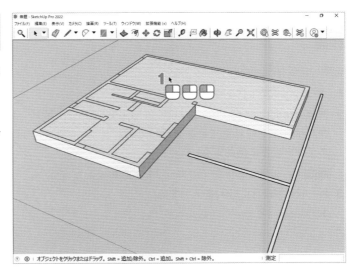

2 ハイライトされた面を🖱し、コンテキスト
メニューの「エンティティ情報」を🖱。

➡「エンティティ情報」ダイアログが開く。

3 「エンティティ情報」ダイアログの「タグ」
ボックスの∨を🖱し、プルダウンリストの
「1F」を🖱。

4 「エンティティ情報」ダイアログの⊠を🖱し
閉じる。

5 メニューバー［編集］－「すべて選択解除」を
🖱するか、キーボードからの指示（→p.136
の**Point**）ですべての選択を解除する。

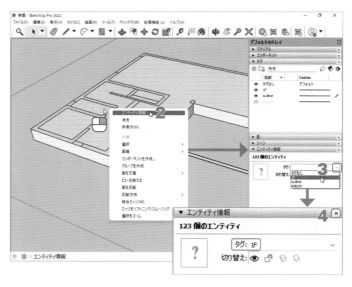

11 名前を付けて保存する

ここまでを「22sk」フォルダーにファイル名
「sk-house」として保存しましょう。

1 メニューバー［ファイル］－「名前を付けて
保存」を🖱。

2 保存する場所を「ドキュメント」（ **Mac** は「書
類」）内の「22sk」フォルダーにする。

3 「ファイル名」（ **Mac** は「名前」）ボックスに
「sk-house」を入力し、「保存」ボタンを🖱。

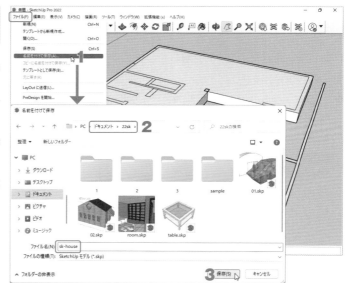

12 玄関・浴室の床を押し込む

玄関の床を200mm押し込みましょう。

1 「プッシュ/プル」ツールを🖱。

2 玄関の床面にポインタを合わせ、玄関床面
がハイライトされたことを確認して🖱し、
ポインタを下に移動する。

? 他の床面もハイライトされる→p.142 **Hint**

3 キーボードから「200」を入力する。

➡玄関の床面が200mm押し込まれる。

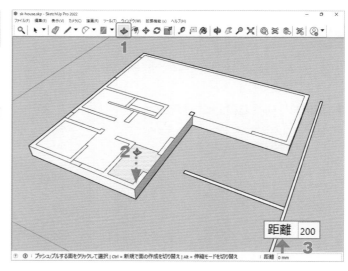

浴室の床を40mm押し込みましょう。

4 浴室の床面にポインタを合わせ、浴室床面がハイライトされることを確認してから🖱し、下方向にポインタを移動する。

5 キーボードから「40」を入力する。

➡ 浴室の床面が40mm下に押し込まれる。

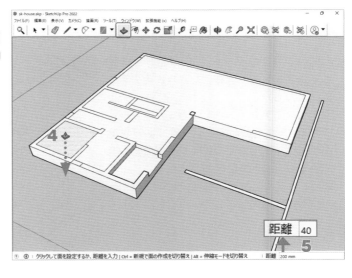

---

13 収納スペースの壁を2000mm引き出す

階段下の収納スペースの壁を2000mm引き出しましょう。

1 「プッシュ/プル」ツールで、収納スペースの壁底面にポインタを合わせ、その底面がハイライトされることを確認してから🖱し、上方向にポインタを移動する。

> **?** 他の床面もハイライトされる→p.142 **Hint**

2 キーボードから「2000」を入力する。

➡ **1** の面が2000mm引き出される。

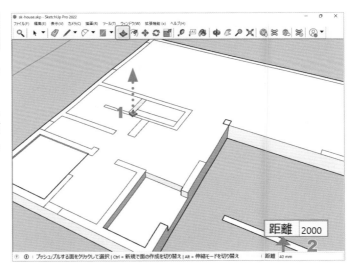

その右隣の壁も、同じ高さに引き出しましょう。

3 右隣の壁底面にポインタを合わせて🖱🖱。

> **Point** 面を🖱🖱することで、1つ前に引き出した距離と同じ距離で引き出せます。

➡ **3** の面が、1つ前に引き出した面と同じ高さ（2000mm）に引き出される。

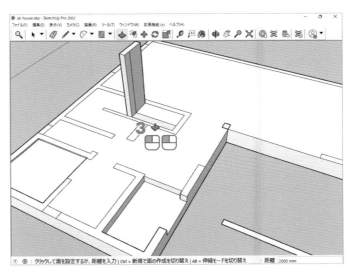

Hint 床面が分割されていない場合の対処法

右図のように、「プッシュ/プル」ツールで
ポインタを床面に合わせたときにその床面
以外の面もハイライトされる場合は、エッ
ジが太線で表示されています。太線で表示
されるエッジは境界エッジではありませ
ん。つまり、床面はそのエッジでは分割され
ていません。床面を分割するには、次の手
順で同じタグに太線に重ね、新しく線（エッ
ジ）を作成します。

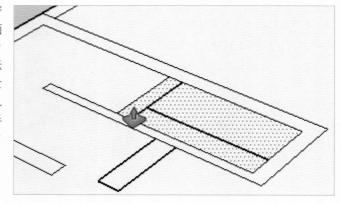

1 「1F」タグを現在のタグにする。

2 「線」ツールを🖰。

3 始点として、太線の一方の端点を🖰。

4 終点として、もう一方の端点を🖰。

> ➡ 3–4間にエッジが作成されて、太線が細くなる。
> それを境界エッジとして面が分割される。

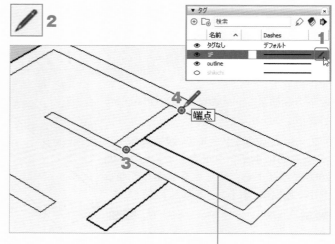

太い線は境界エッジでないため面が分割されていない

---

14 柱を2300mm引き出す

太線で表示されている角の柱底面を2300
mm引き出しましょう。

1 「プッシュ/プル」ツールで、ポインタを右図
の柱底面に合わせる（クリックはしない）。

> ➡ 右図のように、柱底面とその周りの床面がハイライ
> トされる。

> **Point** 柱のエッジは太線で表示されています。太線で
> 表示されるエッジは境界エッジではないため、柱と床
> の面は分割されていません。

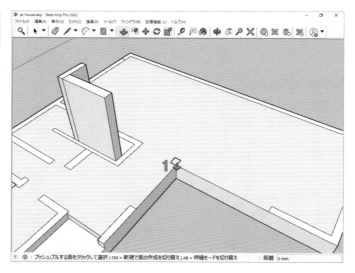

太線の柱の底面となる長方形を作成しましょう。

2 「タグ」ダイアログで、「1F」タグを現在のタグにする。

3 「長方形」ツールを🖲。

4 最初の角として、柱の角 端点 を🖲。

5 柱の対角 端点 を🖲。

➡ **4**−**5**を対角とする長方形が床面の上に作成される。柱外形線は太線表示のままである。

6 「プッシュ/プル」ツールを🖲し、柱の底面（長方形）にポインタを合わせ、**1**の操作時と同様に、柱底面とその周りの床面がハイライトされることを確認する。

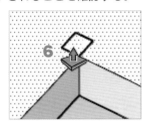

「プッシュ/プル」ツールで柱の長方形の面を指示することが難しいため、先に、「選択」ツールで柱の長方形の面を選択しましょう。

7 「選択」ツールを🖲。

8 柱の左上からドラッグし、選択ボックスで柱の長方形を囲み、ボタンをはなす。

➡ 選択ボックスに入るエンティティ（4本のエッジとそれに囲まれた長方形の面）が選択され、ハイライトされる。

9 「プッシュ/プル」ツールを🖲。

10 ハイライトされた長方形にポインタを合わせ、ポインタ近くの端点に緑の●が表示されたら🖲。

11 上方向にポインタを移動し、キーボードから「2300」を入力する。

➡ ハイライトされた柱の面が、2300mm引き出される。

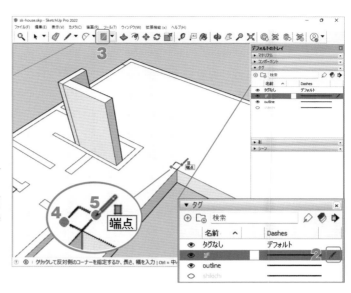

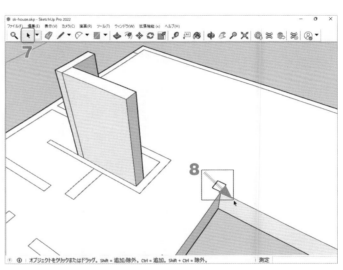

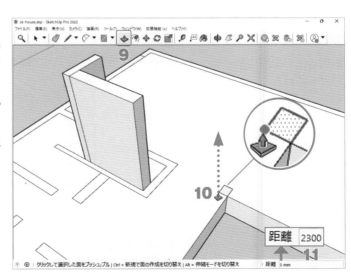

15 壁を2300mm引き出す

続けて、収納・階段周りの壁を、柱と同じ高さ（2300mm）に引き出しましょう。

1 右図の壁底面にポインタを合わせ、ハイライトされたら⌨⌨。

> **Point** 通常、面を⌨⌨することで、1つ前に引き出した（または押し込んだ）面と同距離に引き出され（または押し込まれ）ます。

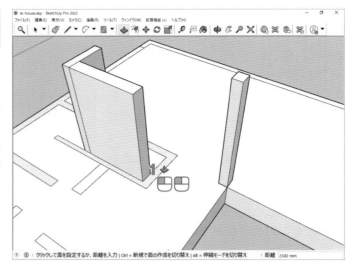

➡ オフセットの限度 2000mm と表示され、隣接する収納スペース内の壁と同じ高さの2000mmに引き出される。

> **Point** 引き出そうとしている面に隣接している壁の高さ2000mmよりも上に引き出すことはできません。この場合は、隣接している壁の高さ（ここでは2000mm）に引き出した後、再度、柱と同じ高さまで引き出します。

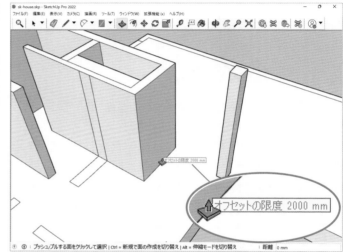

2000mm引き出した面を柱と同じ高さにするために、さらに引き出しましょう。

2 引き出した面にポインタを合わせ、ハイライトされたら⌨。

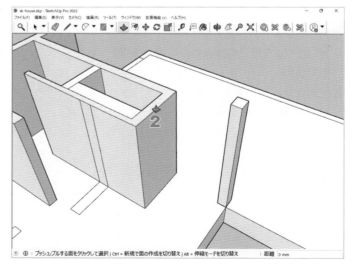

3 柱の上面角にポインタを合わせ、緑の●と 端点 が表示されたら🖯。

> ➡ **2**の面が**3**の高さ（2300mm）まで引き出される。

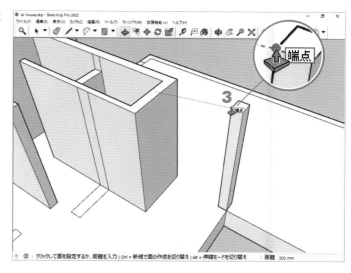

引き出した壁面上には、右図のように、平面上の交点からエッジが作成されます。このエッジは不要なため、消去しましょう。コンテキストメニューの「消去」を使うことで、「プッシュ/プル」ツールのままエッジを消去できます。

4 右図の不要なエッジを🖯。

> ➡ 🖯したエッジがハイライトされ、コンテキストメニューが表示される。

5 コンテキストメニューの「消去」を🖯。

> ➡ 🖯したエッジが消去される。

6 隣のもう1本のエッジも🖯し、ハイライトされたことを確認して、コンテキストメニューの「消去」を🖯。

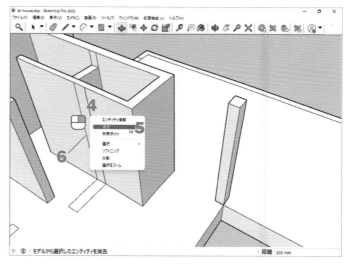

浴室の壁も、柱と同じ高さに引き出しましょう。

7 浴室の壁底面にポインタを合わせ、ハイライトされたら🖯。

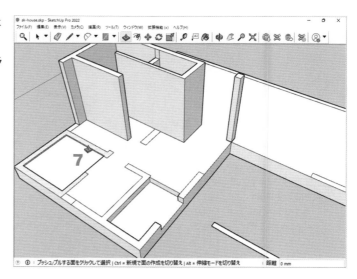

8 高さ2300mmの柱の角にポインタを合わせ、緑の●と端点が表示されたら🖱。

> ➡ **7**の面が**8**の柱と同じ高さ（2300mm）まで引き出される。

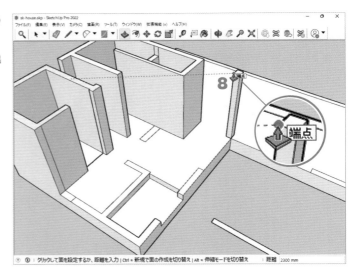

他の壁も同じく2300mm引き出しましょう。

9 玄関の壁底面にポインタを合わせ、ハイライトされたら🖱🖱。

> ➡ **9**の面が、1つ前の面と同距離（2300mm）引き出される。
>
> **Point** CADからインポートしたモデルの面は、エッジで分割されていない場合があります。引き出す（押し込む）際は、面にポインタを合わせ、対象とする面の範囲がハイライトされることを確認してください。対象とする面以外の面もハイライトされる場合は、p.142 **Hint** の方法で面を分割してください。

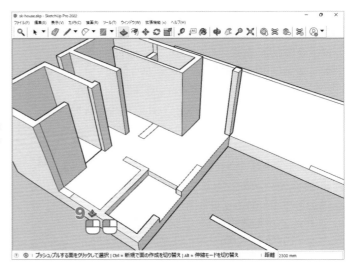

10 同様に、他の壁底面も🖱🖱し、右図のように、2300mm引き出す。

引き出した壁面上の不要なエッジを消去しましょう。

11 「消しゴム」ツールを🖱し、引き出した壁面上や、その上面にできた不要なエッジを🖱して消去する。

> **Point** 「オービット」ツールなどで視点を変え、不要な線を探して消去してください。消去は、「消しゴム」ツールを使わずに、エッジを🖱し、コンテキストメニューの「消去」を🖱でも行えます。

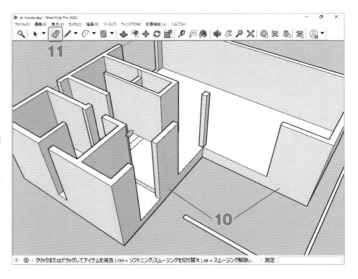

16 腰壁を引き出す

キッチンの開口下の腰壁を750mm引き出しましょう。

1 「プッシュ/プル」ツールを🖱。

2 キッチン開口の腰壁底面を🖱し、ポインタを上方向に移動する(引き出す)。

3 キーボードから「750」を入力する。

➡ **2**の面が750mm引き出される。

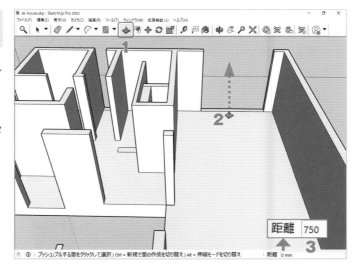

引き出した腰壁と左右の壁の間にできたエッジは不要です。消去しましょう。

4 右図の不要なエッジを🖱し、ハイライトされたことを確認して、コンテキストメニューの「消去」を🖱。

➡ ハイライトされたエッジが消去される。

5 もう一方の不要なエッジも、**4**と同様にして消去する。

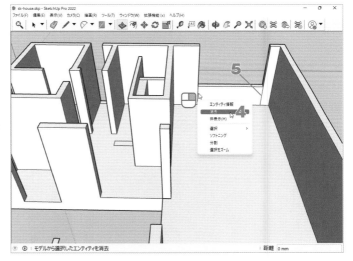

トイレの開口下の腰壁を1000mm引き出しましょう。

6 トイレ開口の腰壁底面を🖱し、上に引き出す。

7 キーボードから「1000」を入力する。

➡ **6**の面が1000mm引き出される。

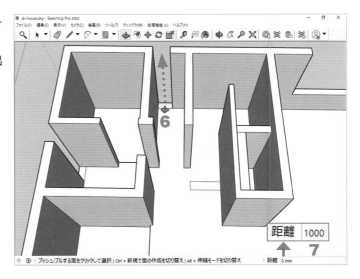

腰壁を引き出すことで壁面にできた、不要な
エッジを消去しましょう。

8 不要なエッジを🖱し、ハイライトされたこ
とを確認して、コンテキストメニューの「消
去」を🖱。

➡ ハイライトされたエッジが消去される。

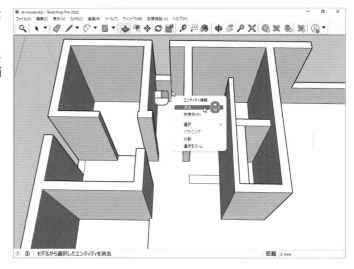

洗面室の開口下の腰壁も1000mm引き出し、
壁面にできる不要なエッジを消去しましょ
う。

9 洗面室開口の腰壁底面を🖱🖱。

➡ 1つ前と同じ距離（1000mm）引き出される。

10 壁面にできた不要なエッジを🖱し、コンテ
キストメニューの「消去」を🖱。

➡ 🖱してハイライトされたエッジが消去される。

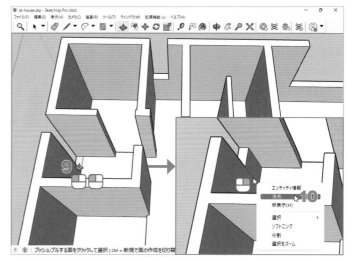

17 キッチン開口上部の壁を作成する

開口上部の壁は、開口の左右いずれかの壁断
面に上部壁の断面となる長方形を作成し、そ
の長方形を引き出すことで作成します。はじ
めに、キッチンの開口を外から見たビューに
し、腰壁上面の角から500mm上（開口の高さ）
にガイドポイントを作成しましょう。

1 「メジャー」ツールを🖱。

2 計測の開始点として、右図の開口角にポイ
ンタを合わせ、緑の●と 端点 が表示された
ら🖱。

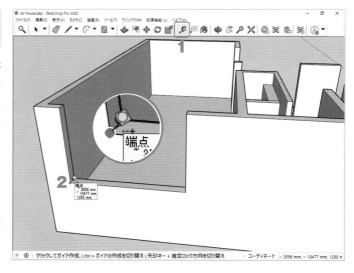

Point 「メジャー」ツールのポインタに＋マークが表示されている状態では、ガイドライン（構築線）またはガイドポイント（点）を作成します。＋マークの有無は、Ctrl キー（**Mac** は option キー）を押すことで切り替わります。計測の開始として、エッジではなく点をスナップすると、ガイドポイントを作成します。

3 エッジ上を上（青軸）方向にポインタを移動し、エッジ上を示す赤の■が表示された状態で、キーボードから「500」（開口の高さ）を入力する。

➡ **2**の点から500mm上にガイドポイント（黒の＋）が作成される。

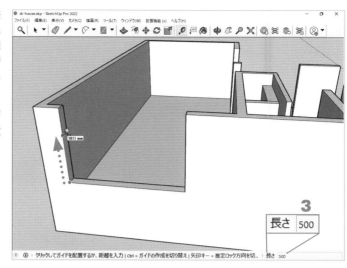

上部壁の断面となる長方形を作成しましょう。

4 「長方形」ツールを🖱。

5 最初の角として、**3**で作成したガイドポイントにポインタを合わせ、黒の●と ガイドポイント が表示されたら🖱。

6 対角として、右図の壁角にポインタを合わせ、緑の●と 端点 が表示されたら🖱。

➡ **5**－**6**を対角とする長方形が、現在のタグ「1F」に作成される。

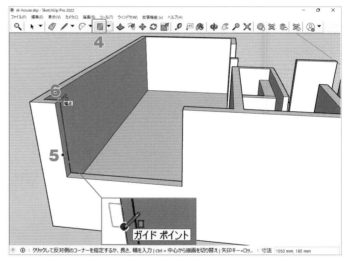

作成した長方形をもう一方の壁断面まで引き出し、上壁にしましょう。

7 「プッシュ/プル」ツールを🖱。

8 作成した長方形の面にポインタを合わせ、ハイライトされたら🖱し、右に引き出す。

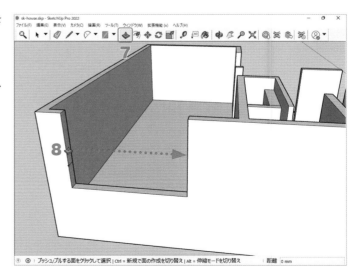

9 開口のもう一方の壁の角にポインタを合わせ、緑の●と⌈端点⌋が表示されたら🖱。

➡ 開口上部の壁が作成される。

Point 9の端点を超えて引き出すことはできないため、9の端点やそれ以上先にポインタを置くと、⌈オフセットの限度 2300mm⌋と表示されます。

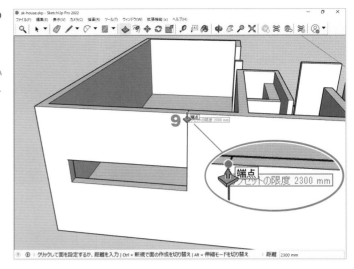

壁上面の不要なエッジを消去しましょう。

10 壁上面にできた不要なエッジを🖱し、コンテキストメニューの「消去」を🖱。

Point 10の操作の代わりに、「消しゴム」ツールを選択してエッジを🖱することでも消去できます。

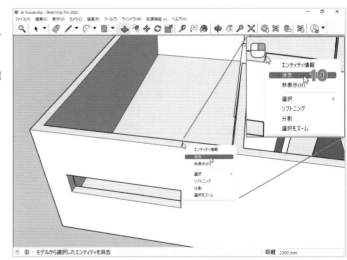

18 他の開口上部の壁を作成する

前項と同様の手順で、トイレと洗面室の開口上の壁も作成しましょう。

1 「メジャー」ツールを🖱し、トイレ開口および洗面室開口の腰壁上面の角から770mm上に、ガイドポイントをそれぞれ作成する。

2 「長方形」ツールを🖱し、開口上部の壁断面となる長方形をそれぞれ作成する。

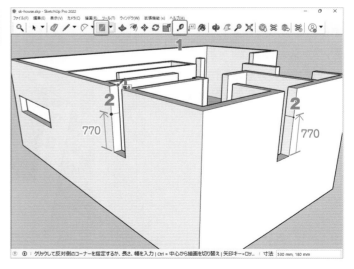

3 「プッシュ/プル」ツールを🖱し、作成した長
方形をもう一方の壁断面まで引き出す。

4 壁上面にできた不要なエッジを消去する。

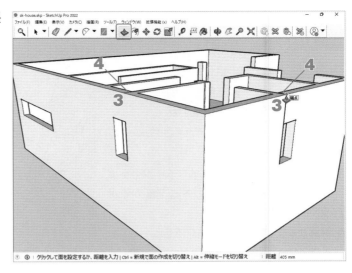

同様の手順で、浴室・洗面室・トイレ・玄関
入り口上部の壁も作成しましょう。

5 開口高さ 2000mm とし、浴室入り口、洗面
室入り口上部の壁を、右図のように作成す
る。

6 壁面や壁の上面にできた不要なエッジを消
去する。

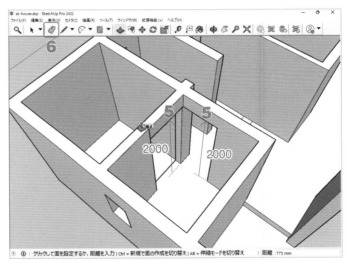

7 開口高さ 2000mm とし、トイレ入り口上部
の壁を、右図のように作成する。

8 開口高さ 2400mm とし、玄関入り口上部の
壁を、右図のように作成する。

9 壁面や壁の上面にできた不要なエッジを消
去する。

上書き保存しましょう。

10 メニューバー [ファイル] ー 「保存」を🖱。

以降、上書き保存指示の記載は省きます。適
宜、上書き保存をしてください。

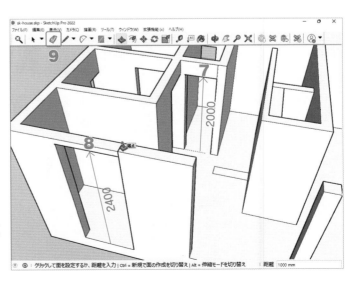

19 リビング入り口上部の壁を作成する

リビング入り口上部の壁を作成しましょう。

1 「メジャー」ツールを🖱し、右図の寸法で2本のガイドラインを作成する。

ガイドラインの作成→p.57

2 「長方形」ツールを🖱。

3 最初の角として右図のガイドラインの交点にポインタを合わせ、赤の×と 交差 が表示されたら🖱。

4 対角として、右図の壁角 端点 を🖱。

➡ 3−4を対角とする長方形が作成される。

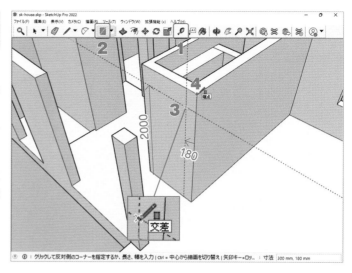

5 「プッシュ/プル」ツールを🖱し、作成した長方形を🖱して引き出す。

6 柱の角にポインタを合わせ、緑の●と 端点 が表示されたら🖱。

7 壁の上面と反対側の面にできた不要なエッジを消去する。

不要になったガイドラインとガイドポイントを、一括して削除しましょう。

8 メニューバー[編集]−「ガイドを削除」を🖱。

➡ すべてのガイドラインとガイドポイント（前項で作成）が、一括で削除される。

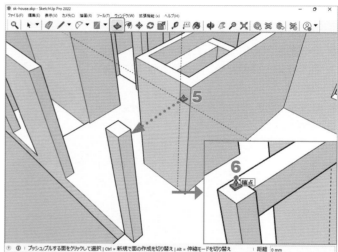

20 階段下収納の開口を作成する

階段下収納の開口（2カ所）を作成しましょう。

1 「メジャー」ツールを🖱し、右図の寸法で6本のガイドラインを作成する。

2 「長方形」ツールを🖱。

3 最初の角として、右図のガイドライン 交差 を🖱。

4 対角のガイドライン 交差 を🖱。

➡ 3−4を対角とする長方形が作成される。

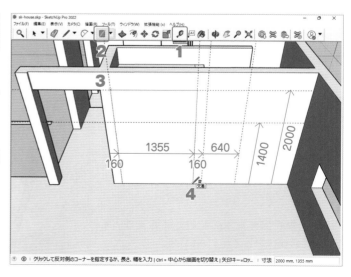

5 最初の角として、右図のガイドライン<u>交差</u>
を🖰。

6 対角のガイドライン<u>交差</u>を🖰。

➡ **5**−**6** を対角とする長方形が作成される。

7 メニューバー［編集］−「ガイドを削除」を
🖰し、ガイドラインを削除する。

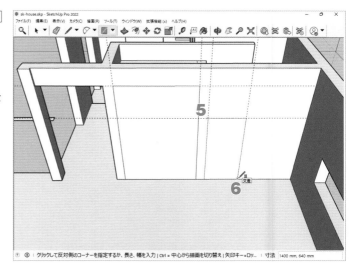

8 「プッシュ / プル」ツールを🖰し、右図の長方
形の面を🖰。

9 ポインタを奥に押し込み、青い◆と<u>面上</u>が
表示されたら🖰。

➡ 反対側の面上まで押し込んだ面が消去される。

? 押し込んだ面が消去されない →p.266

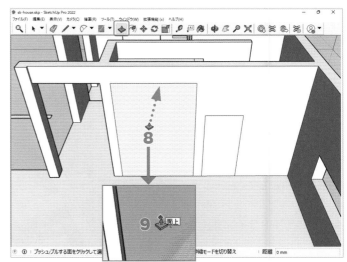

10 もう一方の長方形の面を🖰し、奥に押し込
み、青い◆と<u>面上</u>が表示されたら🖰。

➡ 反対側の面上まで押し込んだ面が消去される。

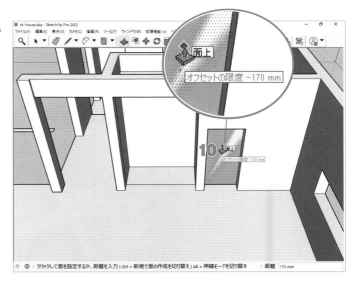

収納内の壁面、床面上の不要な線を消去しましょう。

11 「消しゴム」ツールを🖱し、面上の不要なエッジを消去する。

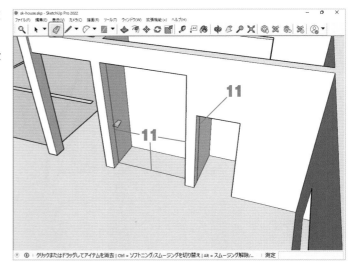

21 階段脇の飾り棚を作成する

階段脇壁面の高さ900mmのところに、飾り棚(幅1515mm、高さ400mm、奥行き250mm)を作成しましょう。

1 「メジャー」ツールを🖱し、右図の寸法でガイドライン3本を作成する。

2 「長方形」ツールを🖱。

3 最初の角として、右図のガイドライン 交差 を🖱。

4 対角のガイドライン 交差 を🖱。

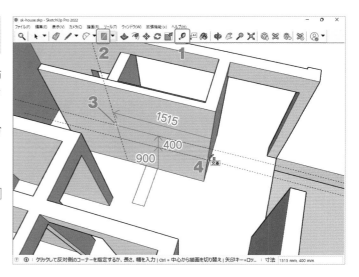

5 メニューバー[編集]－「ガイドを削除」を🖱し、不要になったガイドラインを一括削除する。

6 「プッシュ/プル」ツールを🖱し、作成した長方形の面を🖱して押し込む。

7 キーボードから「250」を入力する。

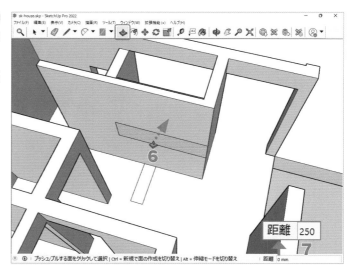

22 壁と床全体をグループにする

壁と床（基礎を含む）全体をグループにしましょう。

1 「選択」ツールを🖱し、床面を🖱🖱🖱。

→ **1**の床面に連結するすべてのエンティティが選択されハイライトされる。

2 ハイライトされたエンティティを🖱し、コンテキストメニューの「グループを作成」を🖱。

→ ハイライトされたエンティティがグループになり、グループエンティティとしてハイライトされる。

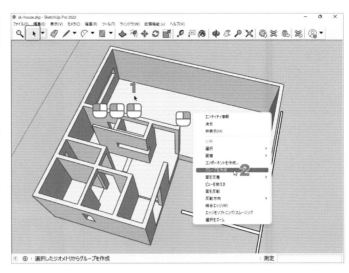

ハイライトされたグループエンティティの選択を解除しましょう。

3 メニューバー［編集］－「すべて選択解除」を🖱するか、キーボードからの指示（→p.136 **Point**）で、すべての選択を解除する。

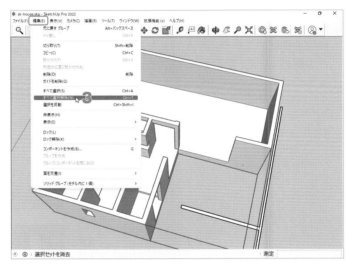

23 階段踊り場を作成する

「階段」タグを追加し、階段の踊り場を作成しましょう。

1 「タグ」ダイアログで⊕（タグを追加）を🖱して、「階段」タグを追加する。

タグを追加→p.118

2 追加した「階段」タグを現在のタグにする。

3 右図のビューにし、「長方形」ツールを🖱。

4 最初の角として、右図の床面の角 端点 グループ内 を🖱。

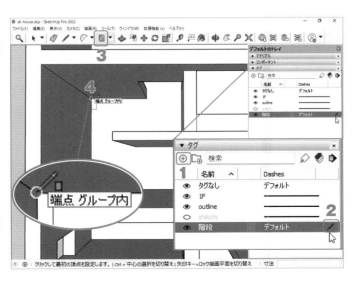

5 踊り場の奥行を決めるため、右図の壁下の角にポインタを合わせ、紫の●と 端点 グループ内 が表示されたら、(クリックせずに) ポインタを下 (緑軸) 方向に移動する。

➡ **5**の点に黒の●が表示され、ヒント 点から軸方向 が表示される。

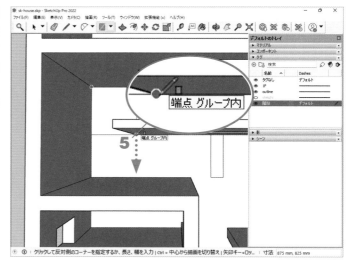

6 そのまま (**5**の点に黒の●を表示したまま) 右図の壁面のエッジにポインタを合わせ、赤の■と エッジ上 が表示されたら🖱。

➡ **5**の点から緑軸方向への線と**6**で指示したエッジとの仮想交点を対角として、長方形が「階段」タグに作成される。

Point 前項で、床・壁全体をグループにしたため、ここで行った操作が床・壁の形状に影響を及ぼすことはありません。

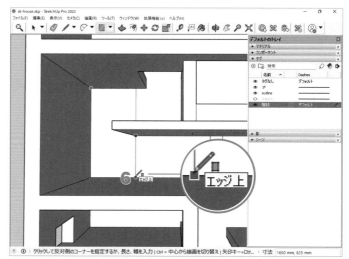

7 「プッシュ / プル」ツールを🖱し、作成した長方形を🖱して引き出す。

8 キーボードから「1400」(踊り場の高さ) を入力する。

? 数値が入力されない →p.265

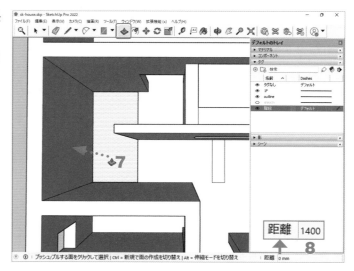

24 階段の一番下のステップを作成する

CAD図面上で、一番下のステップとして作図しておいた長方形の対角をスナップし、階段のステップ底面となる長方形を作成しましょう。

1 「長方形」ツールを🖱し、最初の角として、右図の長方形左下角 端点 グループ内 を🖱。

2 対角の右上角 端点 グループ内 を🖱。

➡ 長方形が現在のタグ（「階段」タグ）に作成される。

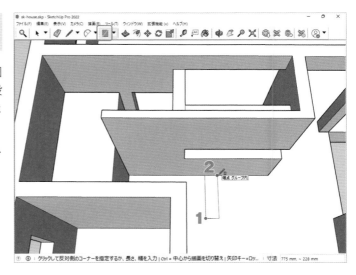

作成した長方形を、上方向に175mm引き出しましょう。

3 「プッシュ/プル」ツールを🖱し、作成した長方形を🖱して引き出す。

4 キーボードから「175」を入力する。

➡ 高さ175mmの直方体になる。

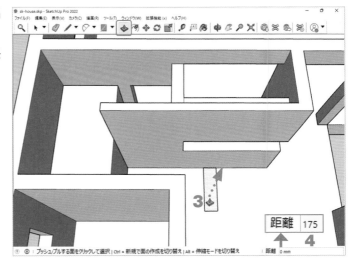

25 作成した直方体をコンポーネントにする

直方体を階段の1ステップとして、コンポーネントにしましょう。

1 「選択」ツールを🖱し、作成した直方体の面にポインタを合わせて🖱🖱🖱。

➡ 直方体がハイライトされる。

2 ハイライトされたエンティティを🖱し、コンテキストメニューの「コンポーネントを作成」を🖱。

Point 2の操作の代わりに、メニューバー[編集]－「コンポーネントを作成」を🖱でも、コンポーネントを作成できます。

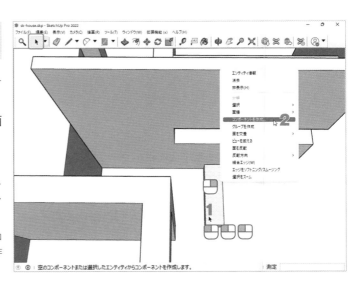

➡ 直方体の下角を原点として赤（X）・緑（Y）・青（Z）の軸が表示され、「コンポーネントを作成」ダイアログが開く。

3 「コンポーネントを作成」ダイアログの「定義」ボックスに、コンポーネントの名前として「step」を入力する。

Point コンポーネントには名前（定義）が必要です。同一モデル内にある他のコンポーネントと同じ名前を付けることはできません。また、「定義」ボックスに最初から表示されている名前のままでもコンポーネントを作成できます。

4 「作成」ボタンを🖱。

➡ 直方体がコンポーネントになり、コンポーネントエンティティとしてハイライトされる。

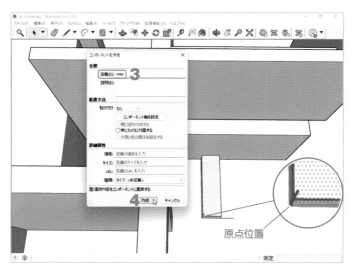

原点位置

---

26 壁・床を非表示にする

これから階段を作成するにあたり、全方向から操作できるよう、壁・床のグループエンティティを非表示にしましょう。

1 壁面を🖱。

➡ 🖱した壁面を含むグループエンティティがハイライトされ、コンテキストメニューが表示される。

2 コンテキストメニューの「非表示」を🖱。

➡ 壁・床のグループエンティティが非表示になる。

Point 非表示にしたエンティティは、メニューバー［編集］－「表示」で再び表示できます（→p.163）。

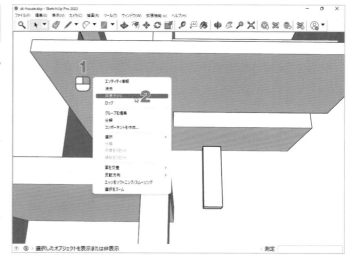

---

27 コンポーネント「step」をコピーして踊り場までの階段を作成する

踊り場までの6つのステップをコピーしましょう。

1 「移動」ツールを🖱し、Ctrl キー（ **Mac** は option キー）を押して、ポインタに＋マークが付いたコピーモードにする。

2 コピーの基準点としてステップの右下角にポインタを合わせ、ステップがハイライトされ、水色の●とstepのコーナーが表示されたら🖱。

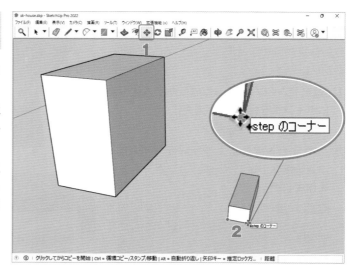

3 コピー先の点としてステップの左上角にポインタを合わせ、紫の●と 端点（step） が表示されたら🖱。

> ➡ **3**の位置にコピーされる。

4 キーボードから「x6」を入力する。

> ➡ **3**のコピーを含め、6つのステップが同方向・同距離にコピーされる。

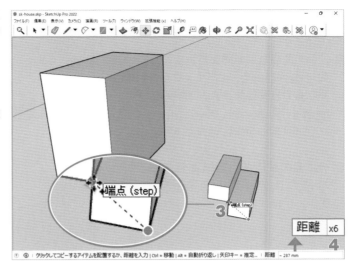

---

28 踊り場から上の階段を作成する

7つのステップを踊り場の上にコピーしましょう。

1 「選択」ツールを🖱し、1番上のステップを🖱。

> ➡ 🖱したステップが選択されハイライトされる。

2 Shift キーを押したまま（ポインタに±マークが表示された状態で）、次のステップを🖱。

> ➡ **2**のステップが追加選択されハイライトされる。

3 同様に、Shift キーを押したまま（ポインタに±マークが表示された状態で）、残りの5つのステップを🖱し、追加選択する。

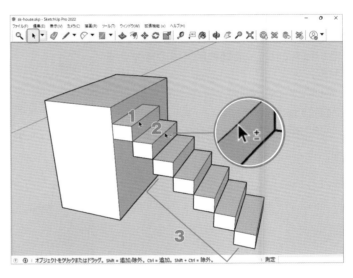

4 7つのステップがハイライトされた状態で、「移動」ツールを🖱し、Ctrl キー（ Mac は option キー）を押して、ポインタに＋マークが付いたコピーモードにする。

5 コピーの基準点として、1番下のステップの右下角 stepのコーナー を🖱。

6 コピー先の点として、踊り場の右図の角 端点 を🖱。

> ➡ **6**の位置にコピーされハイライトされる。

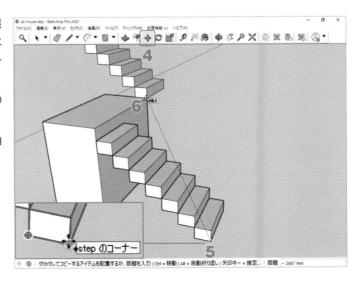

コピーした階段を180°回転しましょう。

7 「回転」ツールを🖱。

8 回転の原点と回転面を指示するため、右図の角 step のコーナー にポインタを合わせ、水平な青の分度器が表示された状態で🖱。

> **Point** 8で分度器が青にならない場合は、↑キーを押して青の分度器に固定したうえで、8を行ってください。

9 分度器の底辺（0°の線）を指示するため、右図のステップの角 step のコーナー を🖱。

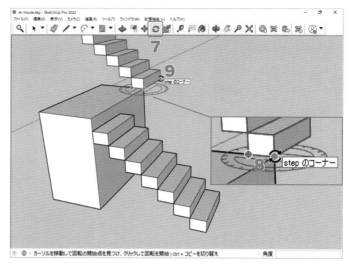

➡ 8の点を原点として、ポインタに従い階段が回転する。

10 回転角として、右図の踊り場の角 端点 を🖱。

> ➡ 階段が180°回転する。

> **Point** 10で角を🖱せずに、キーボードから回転角度「180」を入力することでも、180°回転されます。

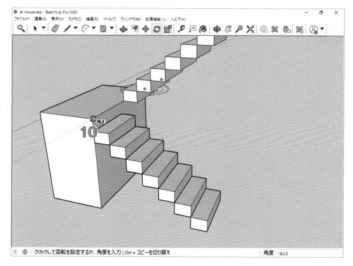

29 コンポーネント「step」の形状を変更する

1つのコンポーネントの形状を変更することで、同じ名前のコンポーネントの形状も一括で変更されます。コンポーネント「step」の形状を変更しましょう。

1 「選択」ツールを🖱。

2 階段のステップの1つを🖱し、コンテキストメニューの「コンポーネントを編集」を🖱。

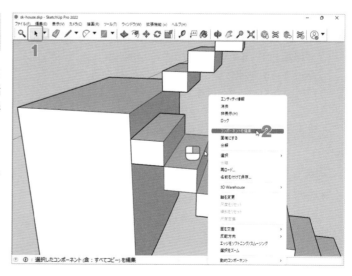

➡ コンポーネントの編集セッションになり、編集対象のコンポーネントが編集用の境界ボックスで囲まれる。編集対象外のエンティティは淡色で表示される。

3 「選択」ツールで、ステップの右辺を🖱。

➡ 右辺が選択され、ハイライトされる。

4 Shiftキーを押したまま（ポインタに±マークが表示された状態で）、ステップの上辺を🖱。

➡ 上辺が追加選択され、ハイライトされる。

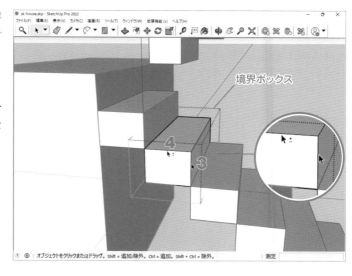

5 「オフセット」ツールを🖱。

6 オフセットの始点としてハイライトされた辺にポインタを合わせ、赤の■と エッジ上 が表示されたら🖱し、内側にポインタを移動する。

➡ ハイライトされた2本のエッジのコピーが、ポインタに従い仮表示される。

7 キーボードから「30」を入力する。

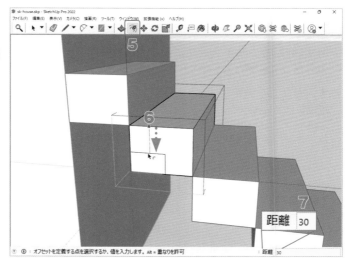

➡ 内側（ポインタの移動方向）に間隔30mmで、2本のエッジがオフセットされる。淡色で表示されている他の「step」コンポーネントにも、同じエッジが作成される。

内側の長方形の面を押し込み、消しましょう。

8 「プッシュ/プル」ツールを🖱し、内側の長方形を🖱して押し込む。

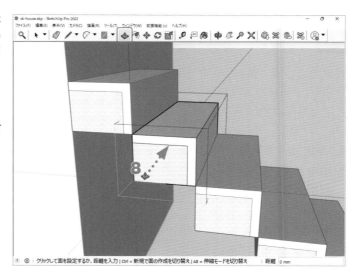

9 ポインタを反対側の辺に合わせ、赤の■と
　　エッジ上が表示されたら🖯。

　　➡ 面が、反対側の面位置まで押し込まれ消去される。
　　淡色で表示されている他の「step」コンポーネントも
　　同じ形状になる。

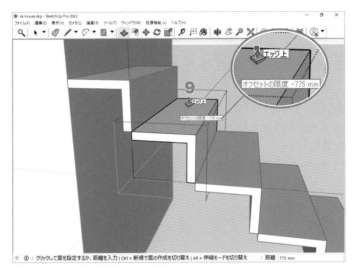

コンポーネントの編集を終了しましょう。

10 編集中のコンポーネントの境界ボックスの
　　外で🖯し、コンテキストメニューの「コン
　　ポーネントを閉じる」を🖯。

　　➡ コンポーネントの編集セッションが閉じる。

　　Point 10の操作の代わりに、メニューバー［編集］−
　　「グループ／コンポーネントを閉じる」を🖯しても、
　　コンポーネントの編集が終了します。

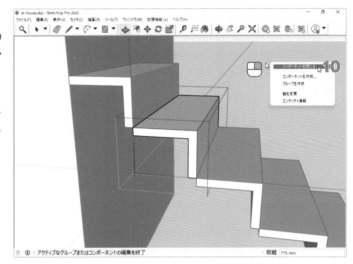

30 階段全体をグループにする

複数のコンポーネント・グループエンティ
ティを、さらにグループとしてまとめること
ができます。階段全体をグループにしましょ
う。

1 「選択」ツールを🖯。

2 階段の左上からドラッグし、表示される選
　　択ボックスで階段全体を囲み、ボタンをは
　　なす。

　　➡ 選択ボックスに全体が入るエンティティが選択さ
　　れ、ハイライトされる。

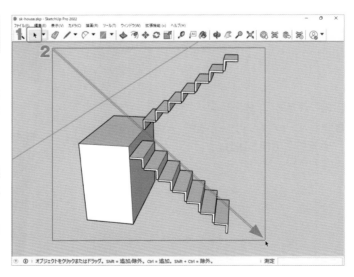

3 ハイライトされたエンティティを🖲し、コンテキストメニューの「グループを作成」を🖲。

→ 選択されたエンティティがグループになり、グループエンティティとしてハイライトされる。

4 メニューバー[編集]−「すべて選択解除」を🖲するか、キーボードからの指示（→p.136 Point ）ですべての選択を解除する。

Point 「選択」ツール利用時に限り、何もエンティティがない位置で🖲することでも、すべての選択を解除できます。

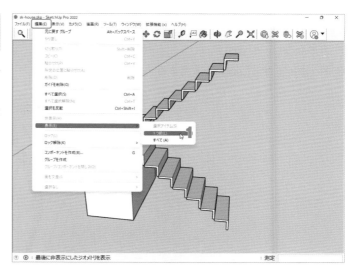

---

31 非表示にした床・壁を表示する

階段の作成時に非表示にしたグループエンティティ（床・壁）を表示しましょう。

1 メニューバー[編集]−「表示」−「1つ前」を🖲。

→ 1つ前に非表示にした床・壁が表示される。

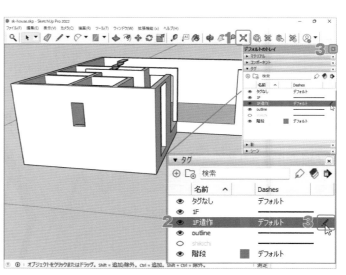

---

32 「1F造作」タグにキッチンの収納カウンターを作成する

モデル全体を表示しましょう。

1 「全体表示」ツールを🖲。

「1F造作」タグを追加しましょう。

2 「タグ」ダイアログで「1F造作」タグを追加する。

タグを追加→p.118

Point 「タグ」ダイアログの「名前」項目に ∧ が付いているため、タグ名順に自動的に並び替わります。

3 追加した「1F造作」を現在のタグにする。

キッチンの窓の下に、カウンター（幅2700mm、奥行500mm、高さ750mm）の底面を作成しましょう。

4 右図のビューにし、「長方形」ツールを🖰。

5 最初の角として、部屋（キッチン）の右角 端点 グループ内 を🖰。

6 横長の長方形が床面に仮表示されるように左方向にポインタを移動し、キーボードから「2700,500」を入力する。

➡ 2700 × 500mmの長方形が作成される。

？ 数値が入力されない→ p.265

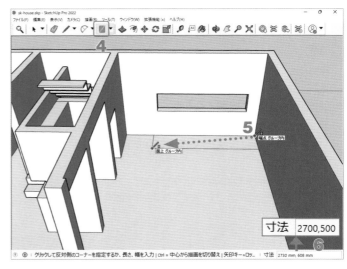

7 「プッシュ/プル」ツールを🖰し、作成した長方形を🖰して引き出す。

8 キーボードから「750」を入力する。

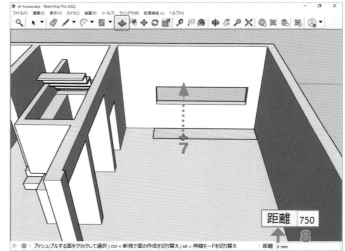

作成した収納カウンターをグループにしましょう。

9 「選択」ツールを🖰し、カウンターの面を🖰🖰🖰。

➡ トリプルクリックした面に連結するすべてのエンティティが選択され、ハイライトされる。

10 ハイライトされたエンティティを🖰し、コンテキストメニューの「グループを作成」を🖰。

➡ 選択されたエンティティがグループになり、グループエンティティとしてハイライトされる。

11 すべての選択を解除する。

すべての選択を解除→ p.136

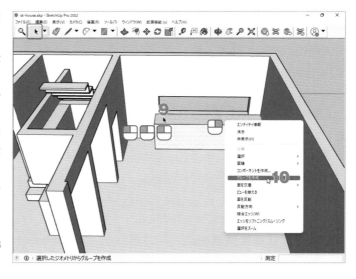

33 収納カウンター上の収納棚を作成する

収納カウンターの800mm上に、同じ幅で奥行き300mmの収納棚を作成しましょう。はじめに、収納カウンター上面に、同じ幅で奥行300mmの長方形を作成します。

1 「長方形」ツールを🖱し、最初の角として、収納カウンター上面右奥の角 端点 グループ内 を🖱。

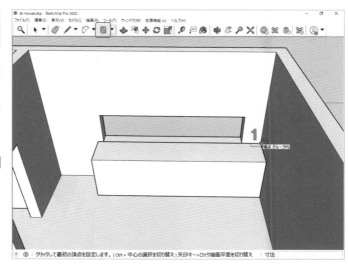

2 カウンターの対角にポインタを合わせ（クリックしない）、紫の ● と 端点 グループ内 が表示されたら、「値制御」ボックスの数値を確認する。

> **Point** 「値制御」ボックスの表示は、カウンターと同じ「500mm,2700mm」です。幅は同じで、奥行をカウンターより狭い「300」にします。奥行（「,」（カンマ）より前の「500」）の数値として、「300」に続けて「,」を入力することで、「300,2700」（新しく入力した数値,現在の数値）を入力したことになります。

3 キーボードから「300,」を入力する。

> ➡ 300×2700mmの長方形がカウンター面上に作成される。グループエンティティであるカウンターの面は、作成された長方形によって分割されることはない。

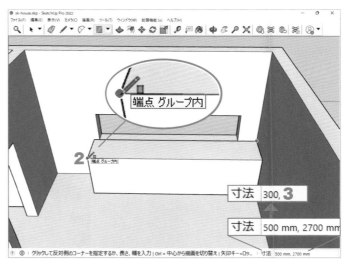

寸法 | 300, 3

寸法 | 500 mm, 2700 mm

作成した長方形を800mm上に移動しましょう。

4 「選択」ツールを🖱し、作成した長方形の面を🖱🖱。

> ➡ 🖱🖱した面とその境界エッジが選択され、ハイライトされる。

> **Point** 「選択」ツールで面を🖱🖱（ダブルクリック）すると、🖱🖱した面とその境界エッジが選択されます。

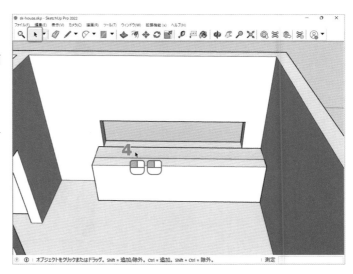

5 「移動」ツールを🖱。

6 移動の基準点として、右図の長方形の角
　 [端点　グループ内] を🖱し、ポインタを上（青
　 軸）方向に移動する。

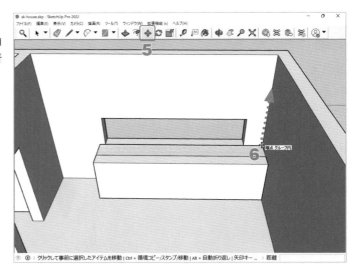

7 移動の基準点からの青の点線および紫の
　 ■と[エッジ上　グループ内]が表示されたら、
　 キーボードから「800」を入力する。

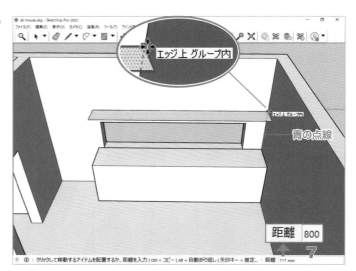

移動した面を天井の高さまで引き出して直方
体にしたうえで、グループにしましょう。

8 「プッシュ/プル」ツールを🖱し、長方形の面
　 を🖱して、上へ引き出す。

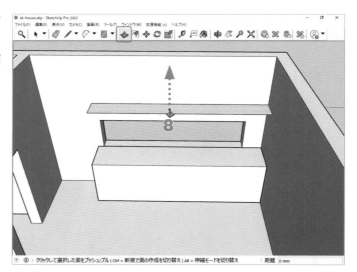

9 右の壁上面のエッジにポインタを合わせ、紫の■と エッジ上　グループ内 が表示されたら🖱。

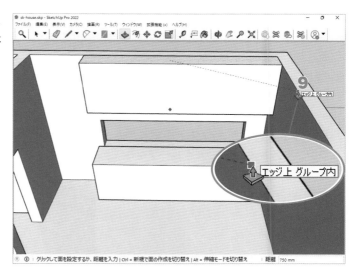

10「選択」ツールを🖱し、棚の面を🖱🖱🖱。

　➡ 収納棚全体がハイライトされる。

11 ハイライトされたエンティティを🖱し、表示されるコンテキストメニューの「グループを作成」を🖱。

　➡ 収納棚全体がグループになりハイライトされる。

12 すべての選択を解除する。

　　　　　　　　　すべての選択を解除→p.136

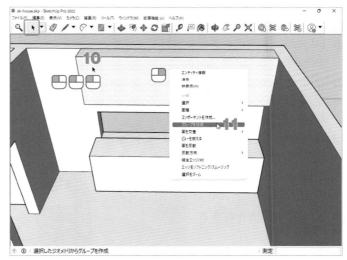

すべての選択を解除→p.136

34 リビングのTV台、玄関の収納を作成する

リビングのTV台（部屋の幅で奥行450mm、高さ400mm）を、床上200mmの位置に作成しましょう。

1 右図のビューにし、「長方形」ツールを🖱。

2 最初の角として、部屋（リビング）の左奥の角 端点　グループ内 を🖱。

3 右図の開口角にポインタを合わせ（クリックしない）、紫の●と 端点　グループ内 が表示されたら、「値制御」ボックスの数値を確認する。

4 キーボードから「,450」を入力する。

　➡ **3** で確認した「部屋の幅, 450」を入力したことになり、3470×450mmの長方形が作成される。

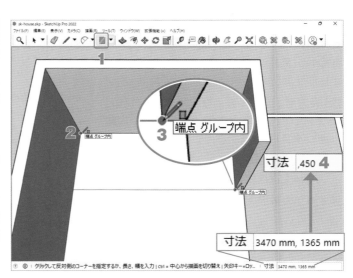

5 「プッシュ/プル」ツールを🖱し、作成した長方形の面を400mm引き上げ、直方体にする。

6 「選択」ツールを🖱し、作成した直方体（TV台）の面を🖱🖱🖱。

　➡ TV台全体が選択されハイライトになる。

7 ハイライトされたエンティティを🖱し、コンテキストメニューの「グループを作成」を🖱。

　➡ TV台全体がグループになりハイライトされる。

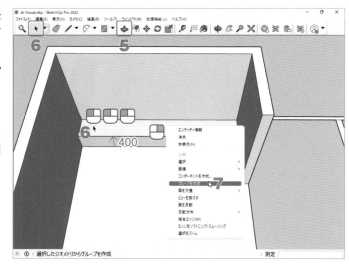

TV台を200mm上に移動しましょう。

8 TV台がハイライトされた状態で、「移動」ツールを🖱。

9 移動の基準点としてTV台の左奥の角 グループのコーナー を🖱し、ポインタを上（青軸）方向に移動する。

10 移動点からの青の点線および紫の■と エッジ上　グループ内 が表示されたら、キーボードから「200」を入力する。

　➡ TV台が200mm上に移動されハイライトされる。

11 すべての選択を解除する。

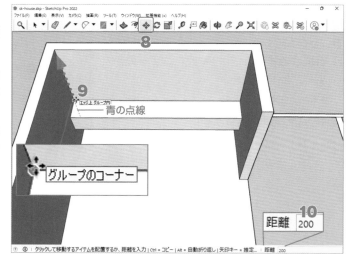

玄関の収納ボックス（部屋の幅で奥行400mm、高さ1100mm）を作成し、グループにしましょう。

12 「長方形」ツールおよび「プッシュ/プル」ツールで、玄関に右図の寸法の直方体（収納ボックス）を作成する。

13 「選択」ツールを🖱し、作成した収納ボックス全体を選択してグループにする。

14 すべての選択を解除する。

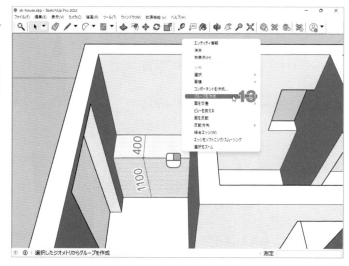

35 システムキッチンを インポートする

あらかじめSKPファイルとして用意されているシステムキッチンを、現在のタグ「1F造作」にインポートしましょう。はじめに、モデル配置のためのガイドラインを作成します。

1 「メジャー」ツールを🖱し、キッチンの収納カウンターから850mmの位置にガイドラインを作成する。

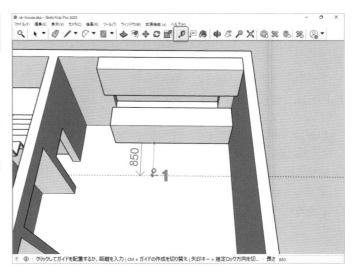

SKPファイルとして用意されている対面型システムキッチンをインポートしましょう。

2 メニューバー[ファイル]−「インポート」を🖱。

3 「インポート」ダイアログの「ファイルの種類」（ Mac は「形式」）を「SketchUpファイル（*.skp）」にする。

4 「ファイルの場所」を「ドキュメント」（ Mac は「書類」）内「22sk」フォルダー内の「2」フォルダーにし、「kitchen.skp」を🖱。

5 「インポート」ボタンを🖱。

➡ 「kitchen.skp」のモデルがポインタに表示される。

? インポートするモデルがポインタに表示されない →p.266

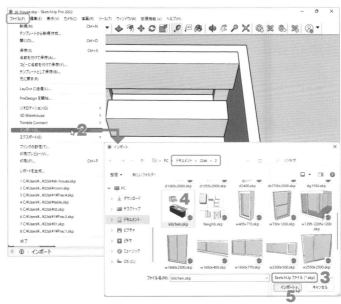

6 配置位置として、右図のガイドラインとの交点にポインタを合わせ、赤の×と 交差 が表示されたら🖱。

➡ 🖱位置にその原点（左下）を合わせてシステムキッチンがインポートされ、ハイライトされる。

Point インポートしたモデルは、複数のエンティティをひとまとめで扱うコンポーネントになります。配置後、続けてコンポーネントの移動が行えるようにハイライトされ、「移動」ツールが選択された状態になります。

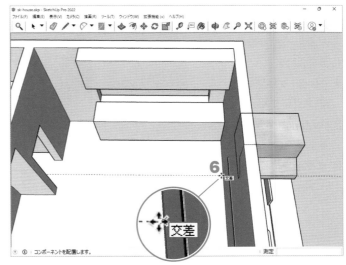

システムキッチンのコンポーネントを90°回転しましょう。

7 インポートしたコンポーネントがハイライトされた状態で、「回転」ツールを🖱。

8 回転面と回転の原点を指示するため、システムキッチンの右図の角にポインタを合わせ、水平な青の分度器および水色の●と kitchen のコーナー が表示されたら🖱。

9 分度器の底辺（0°の線）を指示するため、ポインタを右（緑軸）方向に移動し、緑の点線と 緑の軸上 が表示されたら🖱。

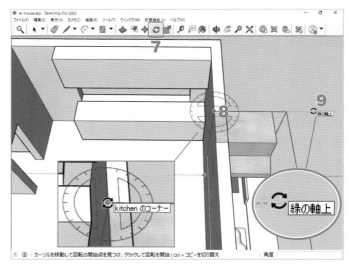

➡ **8**の点を原点として、ポインタに従いシステムキッチンが回転する。

10 回転方向にポインタを移動し、キーボードから回転角度「90」を入力する。

➡ **8**の点を原点として、ポインタの方向に90°回転される。

11 すべての選択を解除する。

12 メニューバー［編集］－「ガイドを削除」を🖱し、ガイドラインを削除する。

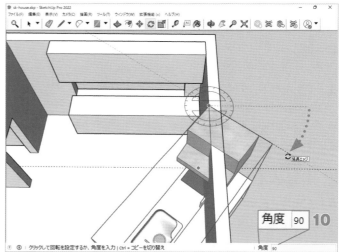

---

36 タグ名を変更する

ブロック塀などが作図されている「outline」タグを現在のタグにし、名前を「外構」に変更しましょう。

1 「タグ」ダイアログの「outline」タグを現在のタグにする。

2 「outline」タグのタグ名を🖱🖱。

➡ 名前が変更状態になる。

3 タグ名を「外構」に変更し、Enterキーで確定する。

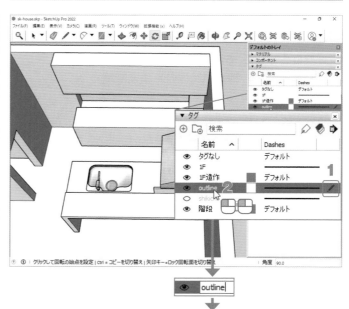

37 外構のコンクリート壁を作成する

建物のタグを不可視にしましょう。

1 「タグ」ダイアログで「1F」「1F造作」「階段」タグの ◉ (可視) マークを凹し、◯ (不可視) にする。

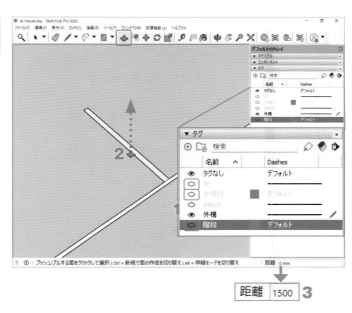

コンクリート壁の面を1500mm引き上げましょう。

2 「プッシュ/プル」ツールを凹し、コンクリート壁の底面を凹して上へ引き出す。

3 キーボードから「1500」を入力する。

> **?** 数値が入力されない →p.265

➡ 高さ1500mmに引き出される。

コンクリート壁をグループにしましょう。

4 「選択」ツールを凹し、コンクリート壁の左上からドラッグして選択ボックスで右図のように囲み、ボタンをはなす。

> **Point** コンクリート壁の一部がブロック塀底面と連結しているため、コンクリート壁をトリプルクリックすると、ブロック塀の底面も選択されてしまいます。そのため、ここでは選択ボックスで囲むことで選択します。

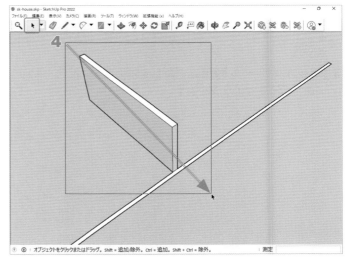

➡ 選択ボックスに全体が入るエンティティ (コンクリート壁全体) がハイライトされる。

5 ハイライトされたエンティティを凹し、コンテキストメニューの「グループを作成」を凹。

➡ グループが作成され、グループエンティティとしてハイライトされる。

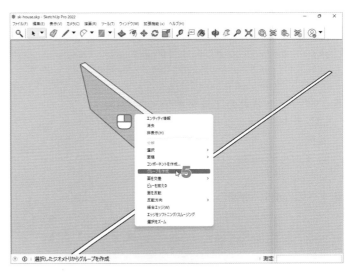

38 外構のブロック塀を作成する

ブロック塀を、コンクリート壁と同じ高さに
引き出しましょう。

1 「プッシュ/プル」ツールを🖱し、ブロック塀
の底面を🖱し、上へ引き出す。

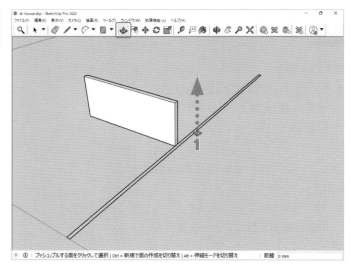

2 コンクリート壁上面のエッジにポインタを
合わせ、紫の■と エッジ上 グループ内 が表
示されたら🖱。

→ コンクリート壁と同じ1500mmの高さまで引き出
される。

3 「消しゴム」ツールを🖱し、ブロック塀両端
の面上の不要なエッジを消す。

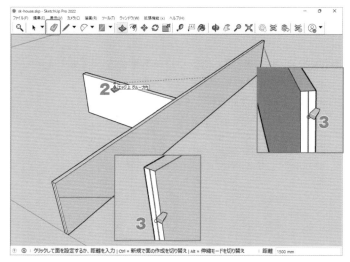

ブロック塀をグループ化しましょう。

4 「選択」ツールを🖱し、ブロック塀の面を
🖱🖱🖱。

→ トリプルクリックした面とそれに連結する面・エッ
ジが、すべてハイライトされる。別のグループエンティ
ティのコンクリート壁はハイライトされない。

5 ハイライトされたエンティティを🖱し、
コンテキストメニューの「グループを作成」
を🖱。

→ グループが作成され、グループエンティティとして
ハイライトされる。

6 すべての選択を解除する。

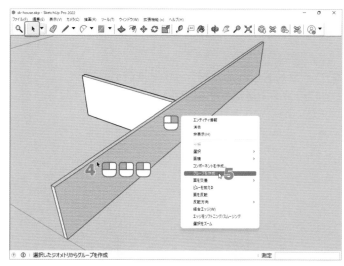

39 玄関前のタタキを作成する

「外構」タグに、玄関前のタタキの1段目の底面（建物端からコンクリート壁までの幅で奥行1510mm）を作成しましょう。

1 「タグ」ダイアログの「1F」タグの ◯（不可視）マークを🖱️し、👁️（可視）にする。

➡ 「1F」タグのエンティティが表示される。

2 「長方形」ツールを🖱️し、最初の角として右図の建物角 端点　グループ内 を🖱️。

3 右図のように、コンクリート壁左下角にポインタを合わせ、紫の ⊕ と 端点　原点 グループ内 が表示された状態で、「値制御」ボックスの数値の順序（右図では「1840mm,910mm」）を確認する。

4 キーボードから「,1510」を入力する。

> **Point** 現在の玄関前の幅1840mmはそのままに、奥行1510mmの長方形を作成します。3の時点で「1840mm」が「,」の前に表示されているため、4で「,1510」を入力します。

➡ 3の時点の数値（1840）× 1510mmの長方形が作成される。

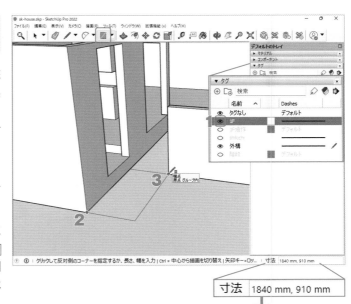

| 寸法 | 1840 mm, 910 mm |

⬇

| 寸法 | ,1510 **4** |

作成した長方形を150mm引き出しましょう。

5 「プッシュ/プル」ツールを🖱️し、作成した長方形を🖱️して引き出す。

6 キーボードから「150」を入力する。

➡ 5の面が150mm引き出される。

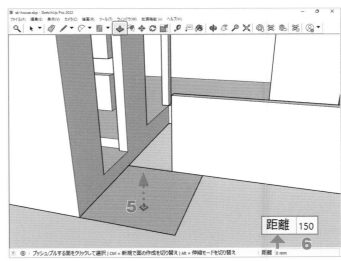

| 距離 | 150 |

引き出した上面の2辺を内側に300mmオフセットし、2段目の底面を作成しましょう。

7 「選択」ツールを🖱️し、右図のエッジを🖱️。

➡ エッジが操作対象として選択され、ハイライトされる。

8 Shift キーを押したまま（ポインタに±マークが表示された状態で）、もう一方のエッジを🖱️。

➡ エッジが追加選択され、ハイライトされる。

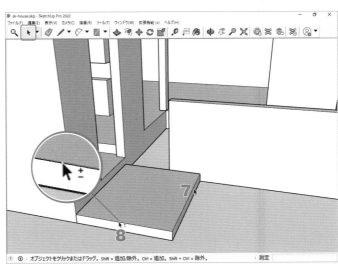

9 「オフセット」ツールを🖱し、オフセットの
始点としてハイライトされたエッジにポインタを合わせ、赤の■と⎡エッジ上⎦が表示されたら🖱し、内側にポインタを移動する。

➡ 対象とした2本のエッジのコピーが、ポインタに従い仮表示される。

10 キーボードから「300」を入力する。

➡ 300mm内側（ポインタの移動方向）に2本のエッジがオフセットされる。

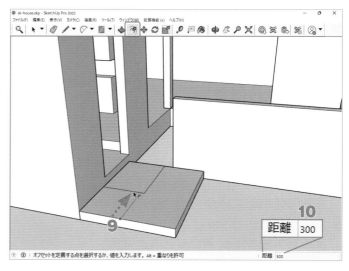

オフセットされたエッジによって分割された内側の面を、150mm引き出しましょう。

11 「プッシュ/プル」ツールを🖱し、内側の面を🖱して引き出す。

12 キーボードから「150」を入力する。

➡ 11 の面が150mm引き出される。

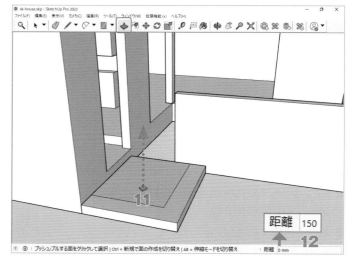

40 **タタキ側面をデッキテラスの
壁面まで引き出す**

タタキのデッキテラス側の側面をコンクリート壁の面まで引き出しましょう。

1 右図のように、デッキテラス側からのビューにして、「長方形」ツールを🖱。

2 最初の角として、コンクリート壁とタタキ上面の⎡交差⎦を🖱。

3 対角のタタキ右下角⎡端点⎦を🖱。

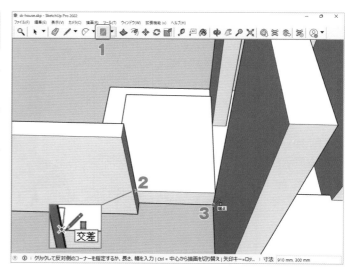

4 「プッシュ/プル」ツールを🖱し、作成した長方形を🖱して引き出す。

5 ポインタを右図のコンクリート壁の面に合わせ、紫の◆と 面上 グループ内 が表示されたら🖱。

➡ **4**の面が**5**の面と同じ位置まで引き出される。

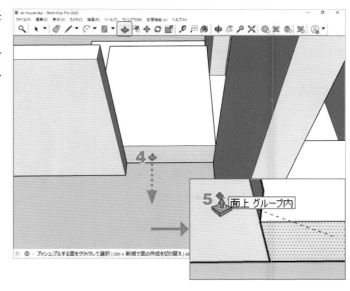

タタキをグループにしましょう。

6 「選択」ツールを🖱し、タタキの面を🖱🖱🖱。

7 ハイライトされたエンティティを🖱し、コンテキストメニューの「グループを作成」を🖱。

➡ 選択されたエンティティがグループになり、グループエンティティとしてハイライトされる。

8 すべての選択を解除する。

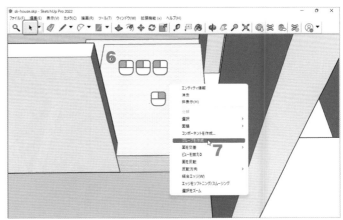

41 デッキテラスを作成する

作成操作が行いやすいよう、隣地との間の既存のブロック塀を非表示にしましょう。

1 ブロック塀を🖱し、コンテキストメニューの「非表示」を🖱。

➡ ブロック塀が非表示になる。

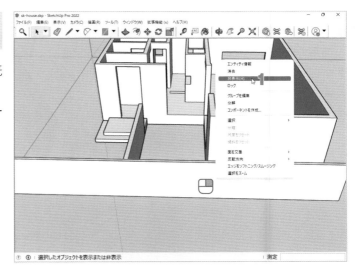

デッキテラスの上面を作成するためのガイド
ラインを作成しましょう。

2 「メジャー」ツールを🖱し、コンクリート壁
の下辺から500mm上にガイドラインを作
成する。

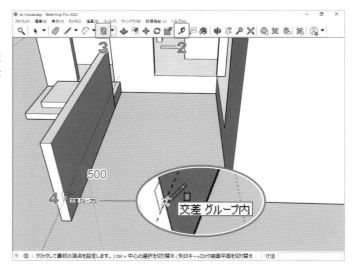

デッキテラスの上面を作成しましょう。

3 「長方形」ツールを🖱。

4 最初の角として、ガイドラインとコンク
リート壁辺の 交差 グループ内 を🖱。

5 対角として、右図の建物角 端点 グループ内
を🖱。

➡ **4**−**5**を対角とする長方形が作成される。

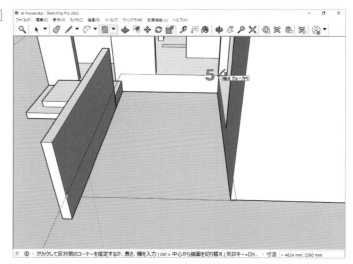

作成した長方形の面を200mm押し込み、
厚み200mmにしましょう。

6 「プッシュ/プル」ツールを🖱し、作成した長
方形の面を🖱して、押し込む。

7 キーボードから「200」を入力する。

➡ 下に200mm押し込まれ、厚み200mmになる。

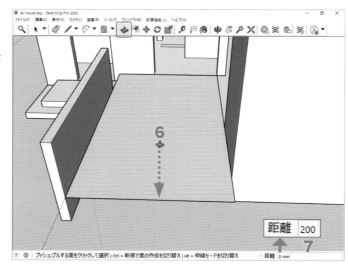

作成したデッキテラスをグループにしましょう。

8 「選択」ツールを🖱し、デッキテラスの面を🖱🖱🖱。

9 ハイライトされたエンティティを🖱し、コンテキストメニューの「グループを作成」を🖱。

➤ 選択されたエンティティがグループになり、グループエンティティとしてハイライトされる。

10 すべての選択を解除する。

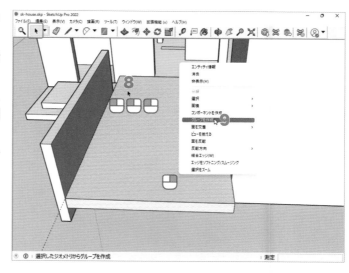

不要になったガイドラインを削除しましょう。

11 メニューバー [編集] －「ガイドを削除」を🖱。

非表示にした既存のブロック塀を表示しましょう。

12 メニューバー [編集] －「表示」－「1つ前」を🖱。

➤ 非表示にしていたブロック塀が表示される。

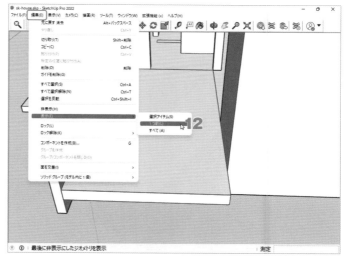

42 ビューを変更して上書き保存する

すべてのエンティティを表示し、全体が見えるビューにして、上書き保存しましょう。

1 「タグ」ダイアログのすべてのタグを👁（可視）にする。

2 右図のように、全体が見えるビューにする。

3 メニューバー [ファイル] －「保存」を🖱。

以上でStep 1は完了です。

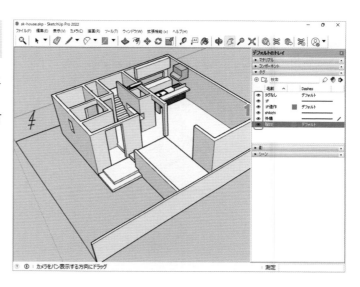

2階モデルと屋根の作成

Step 1で作成した「sk-house.skp」を開き、1階モデルに天井面を作成し、厚みをつけて2階床面にします。あらかじめ用意されているCADで作図した2階平面プラン「2FPLAN.dxf」を、2階床面上にインポートし、それをベースに2階のモデルを作成します。続けて、2階天井面と屋根を作成します。

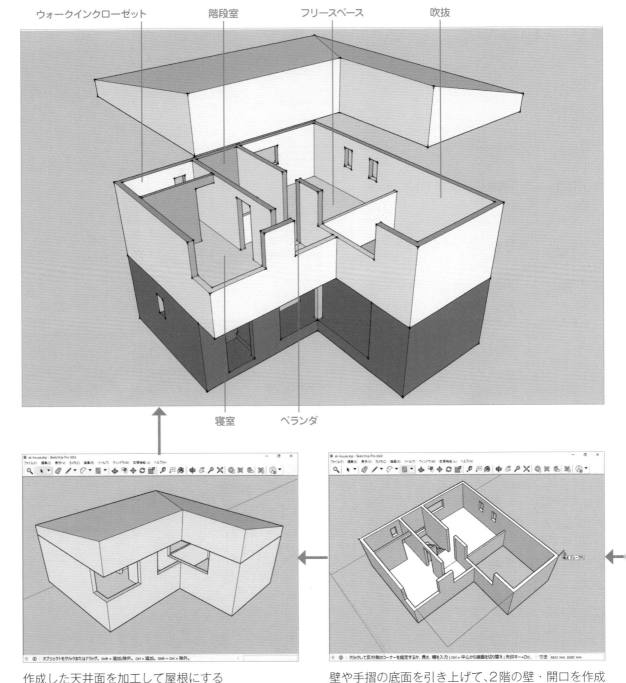

ウォークインクローゼット　階段室　フリースペース　吹抜

寝室　ベランダ

作成した天井面を加工して屋根にする

壁や手摺の底面を引き上げて、2階の壁・開口を作成し、その上に天井面を作成する

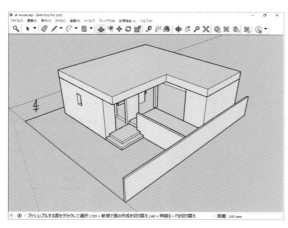

１階モデルの上に天井面を作成し、引き出して２階の床面にする

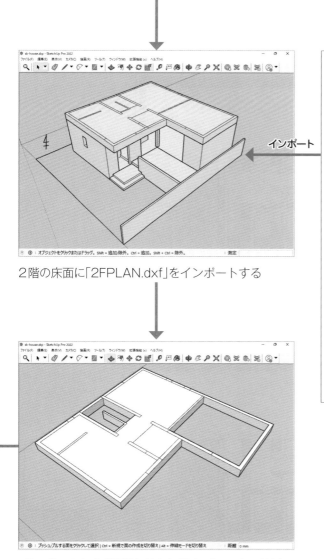

２階の床面に「2FPLAN.dxf」をインポートする

インポートした「2FPLAN.dxf」をベースに、リビングの吹抜と階段室の面を押し込んで、開ける

インポート

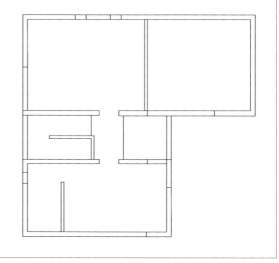

● 「2FPLAN.dxf」

→収録先：「22sk」－「2」フォルダー

「2F」レイヤに２階平面プランの壁、開口、見切り線をJw_cadで作図し、DXF形式で保存したファイル

1 1階天井面を作成する

「2F」タグを追加し、そこに1階の天井面を作成しましょう。

1 「sk-house.skp」を開き、「タグ」ダイアログで「2F」タグを追加する。

タグを追加→p.118

2 追加した「2F」タグを現在のタグにする。

3 「1F造作」「shikichi」「外構」「階段」タグを ◯（不可視）にする。

※ 以降、基本的に、タグの「👁（可視）」は「可視」、「◯（不可視）」は「不可視」と表記します。

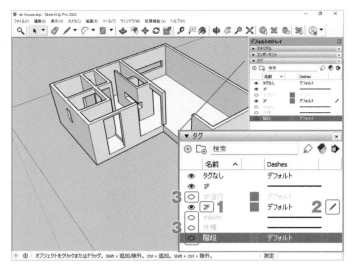

4 メニューバー［カメラ］－「標準ビュー」－「平面」を🖱し、必要に応じて、「全体表示」ツールを🖱して、上から全体を見たビューにする。

5 「線」ツールを🖱し、始点として玄関の外壁角 端点 グループ内 を🖱。

6 終点として、右図の柱右下角 端点 グループ内 を🖱。

7 次の終点として、右図の外壁角 端点 グループ内 を🖱。

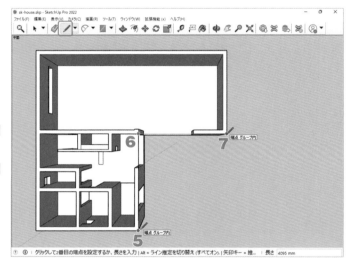

8～10 連続線の終点として、次の外壁角 端点 グループ内 を🖱。

11 終点として、連続線の始点とした玄関の外壁角 端点 を🖱。

➡ 5～11 を結ぶ線の内部に、右図のように面が作成される。

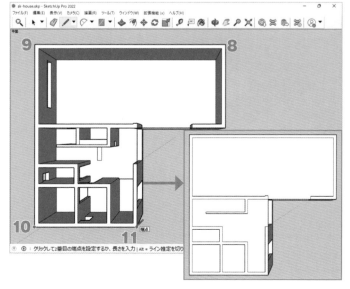

2 作成した面の玄関側の辺を 910mm引き出す

2階の玄関側の壁は1階から910mm出ています。1階モデルを不可視にしたうえで、作成した面の玄関側のエッジを910mm引き出しましょう。

1 「タグ」ダイアログで「1F」タグを不可視にする。

2 「移動」ツールを🖱。

3 右図の辺にポインタを合わせ、エッジがハイライトされ、赤の■と[エッジ上]が表示されたら🖱。

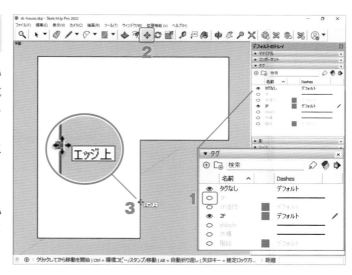

➡ 3のエッジが移動対象として選択されハイライトされる。ポインタに従いエッジが移動し、それに伴い、3を境界エッジとする面が変形する。

4 ポインタを右（赤軸）方向へ移動し、赤の点線と[赤軸上]が表示されたら、キーボードから「910」を入力する。

➡ 3のエッジが910mm右に引き出される。

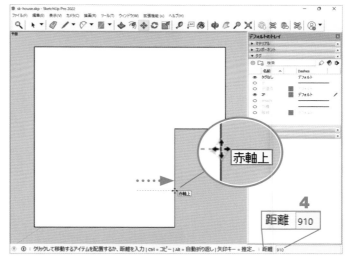

3 天井面を500mm引き出す

天井面を500mm引き出し、2階の床面としましょう。

1 「プッシュ/プル」ツールを🖱し、天井面を🖱して上に引き出す。

2 キーボードから「500」を入力する。

➡ 500mm上（ポインタの方向）に面が引き出される。

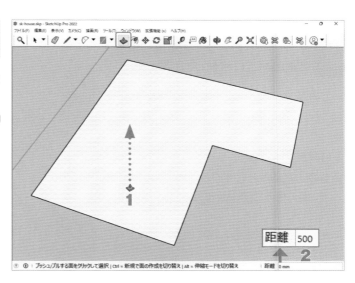

4　面上に2階平面プランをインポートする

前項で引き出した2階の床面上に、2階平面プラン「2FPLAN.dxf」をインポートしましょう。

1 メニューバー［ファイル］－「インポート」を🖱。

2 「インポート」ダイアログの「ファイルの種類」（**Mac** は「形式」）を「AutoCADファイル（*.dwg,*.dxf）」にする。

3 「ファイルの場所」を、「ドキュメント」（**Mac** は「書類」）内「22sk」フォルダー内の「2」フォルダーにし、「2FPLAN.dxf」を🖱🖱。

Point 「インポート」ボタンを🖱せずに、ファイルを🖱🖱することでも、インポートできます。

➡「インポート結果」ウィンドウが開く。

4 「インポート結果」ウィンドウの「閉じる」ボタンを🖱。

➡ ワークスペースの原点に左下を合わせ、インポートした2階平面プランが表示される。

Point 「2FPLAN.dxf」の「2F」レイヤは、同じ名前のSketchUpの「2F」タグに統合されます。

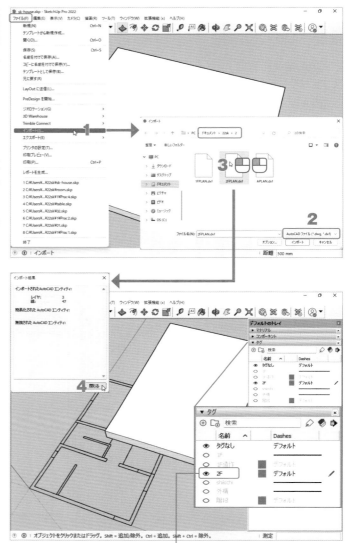

DXFファイルのレイヤと同じ名前の「2F」タグに入る

5　インポートしたコンポーネントを2階床面上に移動し、分解する

インポートしたエンティティはひとまとまりのコンポーネントになります。このコンポーネントを2階床面上に移動しましょう。

1 「移動」ツールを🖱。

2 移動の基準点として原点にポインタを合わせ、紫の⊕と 2FPLAN.dxfの原点 が表示されたら🖱。

➡ **2** の点が移動の基準点に確定し、ポインタに従いコンポーネントが移動する。

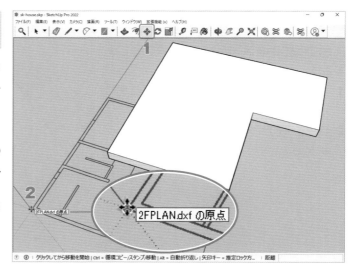

3 移動先の点として、2階床面の右図の角 端点 を🖱。

➡🖱位置にコンポーネントが移動する。

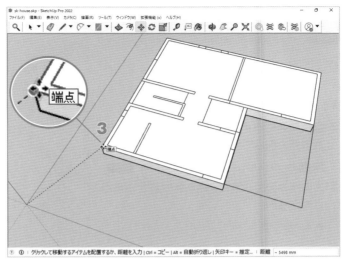

続けて、移動したコンポーネントを分解しましょう。

4 コンポーネントのエッジを🖱し、コンテキストメニューの「分解」を🖱。

➡ コンポーネントが分解される。「2FPLAN.dxf」の線は、もともと作図されていた「2F」レイヤと同じ名前の「2F」タグに分解される。

5 すべての選択を解除する。

すべての選択を解除 → p.136

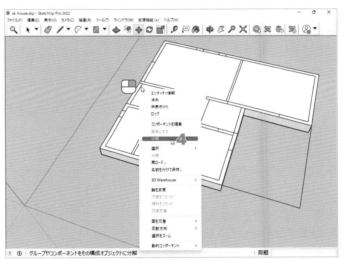

Hint　インポートしたエンティティとコンポーネント情報が取り込まれるタグ

p.135、138のDXFファイルのインポートで確認したように、各エンティティは元ファイルのレイヤ(またはタグ)ごと取り込まれます(同じ名前のタグがある場合は、そのタグに取り込まれる)。

そして、各エンティティをひとまとまりとするコンポーネント情報は、インポート時の現在のタグに取り込まれます。p.182で「タグなし」を現在のタグにして「2FPLAN.dxf」をインポートした場合、エンティティ(「2F」タグ)とコンポーネント情報(「タグなし」)が異なるタグに取り込まれます(関連→p.201)。

また、p.76「Lesson4」で作成したコーヒーテーブルのように、「タグなし」に作成されたモデルは、すべてのエンティティがインポート時の現在のタグに入ります。

▼ p.182で現在のタグを「タグなし」として
インポートした場合

現在のタグにコンポーネント情報が入る(コンポーネントの「エンティティ情報」のタグは「タグなし」になる)

コンポート内のエンティティは元ファイルと
同じ名前のタグに入る

6 　吹抜・階段部の床を抜く

吹抜と階段部の床を、「プッシュ/プル」ツール
で押し込むことで抜きましょう。

1「プッシュ/プル」ツールを🖱。

2 吹抜の面にポインタを合わせ、ハイライト
されたら🖱して押し込む。

> **?** 　他の床面もハイライトされる→p.142 **Hint**

3 床の厚み分押し込み、青の◆と面上が表示
されたら🖱。

> ➡ **2**の面が反対側の面まで押し込まれ、消える。

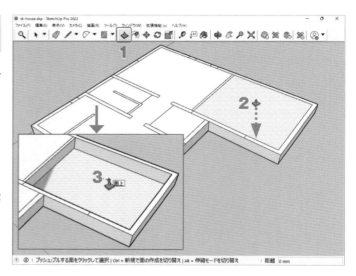

階段部の床面も、下方向に同じ距離押し込む
ことで消しましょう。

4 階段部の床面にポインタを合わせ、階段室
の面がハイライトされたら🖱🖱。

> ➡ **2**の面と同距離押し込まれ、床面が消える。

上書き保存しましょう。

5 メニューバー[ファイル]-「保存」を🖱。

以降、上書き保存指示の記載は省きます。適
宜、上書き保存をしてください。

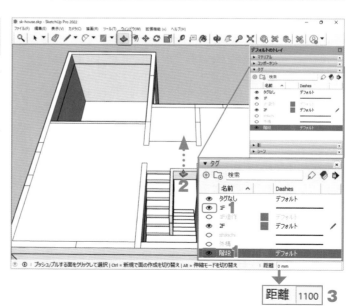

7 　階段手摺を作成する

階段手摺を作成します。「1F」「階段」タグを可
視にし、手摺底面を（2階床から）1100mm引
き出しましょう。

1「タグ」ダイアログの「1F」「階段」タグを可
視にする。

> ➡「1F」「階段」タグに作成されている1階の壁・床と
> 階段が表示される。

2「プッシュ/プル」ツールで、右図の手摺面を
🖱し、引き出す。

3 キーボードから「1100」を入力する。

> ➡ 手摺が1100mm引き出される。

階段の手摺の高さを整えるため、踊り場の床から1100mm上に、ガイドラインを作成しましょう。

4 「メジャー」ツールを🖱し、手摺の右図の位置で踊り場のエッジにポインタを合わせ、紫の●と 中点 グループ内 が表示されたら🖱。

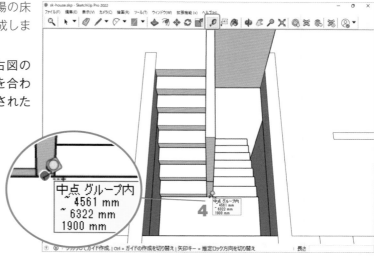

5 ポインタを上（青軸）方向に移動し、キーボードから「1100」を入力する。

> **Point** 青軸方向の面がない位置では推定機能 青い軸上 が機能しにくいため、ポインタは手摺のエッジまたは面上を上方向に移動してください。

> ➡ 5のエッジから上（青軸）方向1100mmの位置に、ガイドラインが作成される。

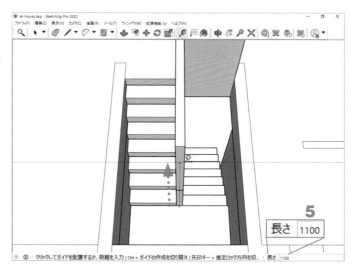

踊り場側の手摺の高さを1100mmに変更しましょう。

6 「移動」ツールを🖱し、右図の手摺のエッジにポインタを合わせ、エッジがハイライトされ、水色の●と 中点 が表示されたら🖱。

> ➡ エッジが移動対象になる。

7 ポインタを下（青軸）方向に移動する。

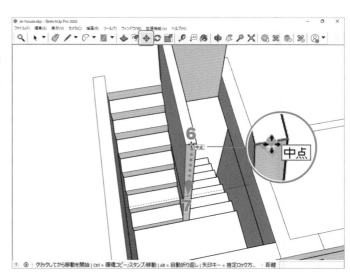

➡ 右図のように、赤の点線と 赤軸上 が表示されて、移動方向が赤の軸方向に固定される。

Point このような場合は、Alt キー（ **Mac** は command （⌘）キー）を押して、固定を解除（自動折り返し）します。

8 Alt キー（ **Mac** は command （⌘）キー）を押す。

➡ 移動方向の固定が解除される。

9 下（青軸）方向にポインタを移動する。

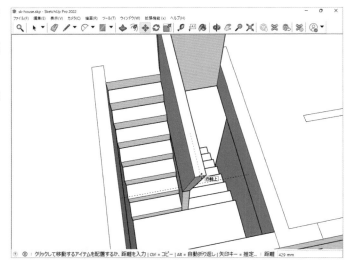

10 青軸上を示す青の点線が表示されることを確認し、移動先としてガイドラインにポインタを合わせ、赤の■と 線上 が表示されたら🖱。

➡ エッジがガイドライン上に移動し、それに伴い、エッジとその端点を共有する面も変形される。

11 メニューバー［編集］－「ガイドを削除」を🖱し、ガイドラインを削除する。

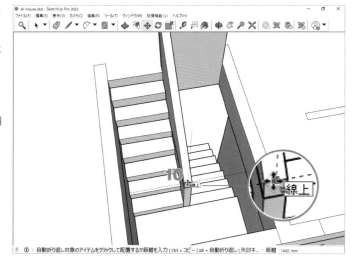

---

8 ▎壁底面を **2300mm** 引き出す

壁底面を2300mm引き出しましょう。

1 「プッシュ/プル」ツールを🖱し、右図の壁底面にポインタを合わせ、ハイライトされたら🖱して引き出す。

2 キーボードから「2300」を入力する。

➡ オフセットの限度 1100mm と表示され、隣接している手摺と同じ高さの1100mmmに引き出される。

Point 引き出そうとしている面に隣接している階段手摺の高さが1100mmであるため、1回の操作で1100mmよりも上に引き出すことはできません。1100mmまで引き出した後、再度引き出します。

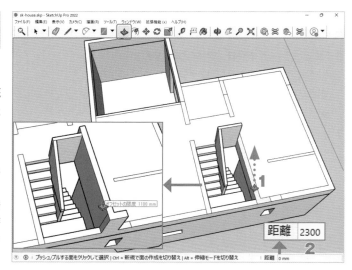

3 引き出した面を🖱し、再度引き出す。

4 キーボードから「1200」を入力する。

➡ さらに1200mm引き出され、2300mmの高さになる。

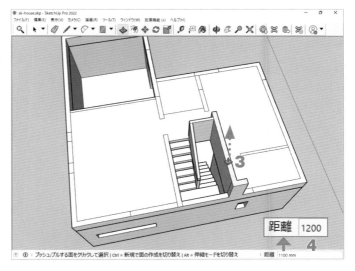

5 右図の壁底面にポインタを合わせ、ハイライトされたら🖱して引き出す。

6 キーボードから「2300」を入力する。

➡ 2300mm引き出される。

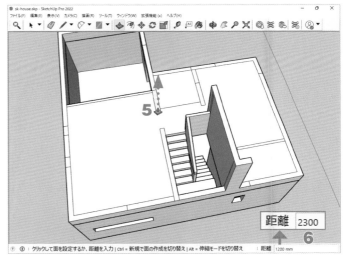

7 右図の壁底面にポインタを合わせ、ハイライトされたら🖱🖱。

➡ 1つ前の面と同距離（2300mm）引き出される。

8 同様に、高さ2300mmの残りの壁（右図の7カ所）も底面を🖱🖱して、2300mm引き出す。

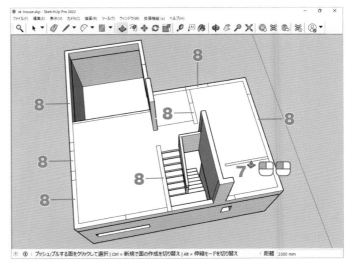

9 腰壁・手摺を1100mm引き出す

開口の腰壁とベランダ、吹抜の手摺を、高さ
1100mmに引き出しましょう。

1「プッシュ/プル」ツールで、コーナー出窓の
腰壁底面を🖰し、引き出す。

2 キーボードから「1100」を入力する。

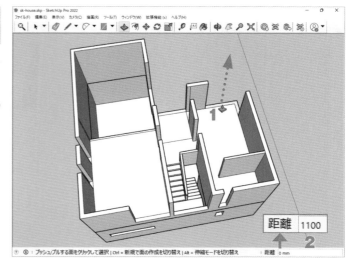

3 ベランダ側の壁の底面を🖰🖰。

→ 1つ前の面と同距離(1100mm)引き出される。

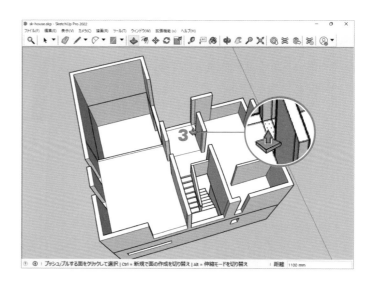

4 他の腰壁(5カ所)と手摺(2カ所)も**3**と
同様にして、右図のように1100mm引き
出す。

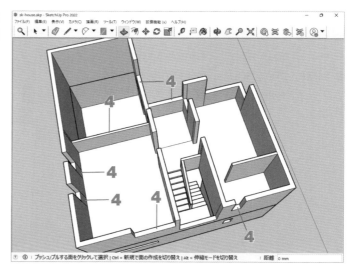

10 開口上部の壁を作成する

階段の開口上部の壁を作成しましょう。

1 「メジャー」ツールを🖱し、開口内壁の角から
400mm上にガイドポイントを作成する。

ガイドポイントの作成→p.148

2 「長方形」ツールを🖱。

3 最初の角として、**1**で作成したガイドポイ
ントを🖱。

4 対角の外壁角[端点]を🖱。

➡ **3**−**4**を対角とする長方形が作成される。

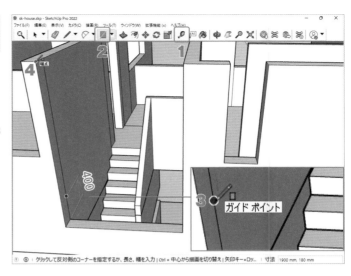

5 「プッシュ/プル」ツールを🖱し、作成した長
方形の面を🖱して引き出す。

6 引き出し位置として、開口のもう一方の壁
の角[端点]を🖱。

➡ 開口上部の壁が作成される。

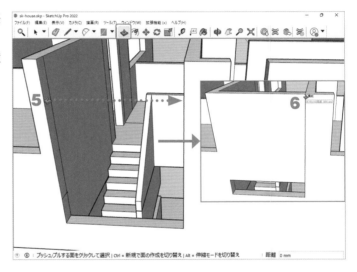

同様の手順で、右図の4カ所の開口上部の壁
も作成しましょう。

7 「メジャー」ツールを🖱し、それぞれ腰壁か
ら770mm上にガイドポイントを作成す
る。

8 「長方形」ツールを🖱し、開口上部の壁断面
として長方形を作成する。

9 「プッシュ/プル」ツールを🖱し、作成した長
方形の面をもう一方の壁断面まで引き出
す。

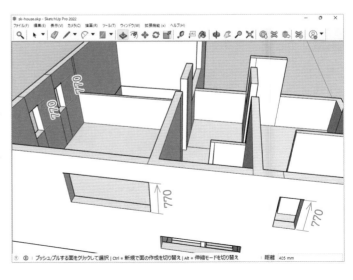

同様の手順で、寝室入り口とウォークインクローゼットの入り口上部の壁を、右図のように作成しましょう。

10「メジャー」ツールを🖱し、それぞれ床面から2000mm上にガイドポイントを作成する。

11「長方形」ツールで開口上部の壁断面を作成し、「プッシュ/プル」ツールで作成した長方形の面をもう一方の壁断面まで引き出す。

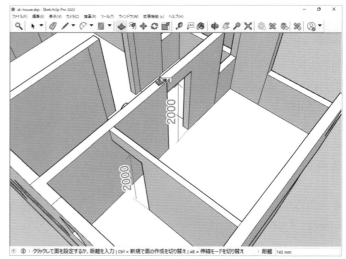

不要になったガイドポイント、引き出した壁面、壁の上面にできた不要なエッジを消しましょう。

12メニューバー［編集］−「ガイドを削除」を🖱。

13「消しゴム」ツールを🖱し、壁面上の不要なエッジを消去する。

> **Point** ベランダと室内を区切る3本のエッジは、ペイントの際に必要なため、消さずに残してください。エッジを消すときに、必要な面がともに消えることのないように注意してください。誤って消した場合は、メニューバー［編集］−「元に戻す」を🖱するか、Ctrlキー（ **Mac** は command（⌘）キー）を押したまま Zキーを押すことで、消す前の状態に戻せます。

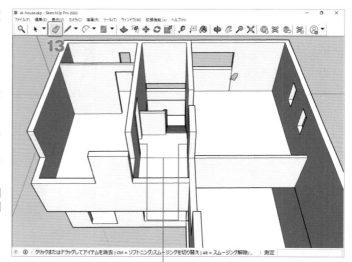

ベランダと室内の境界エッジ3本は、必要なため残す

11 2階の壁と床全体をグループにする

2階の壁と床（1階天井面を含む）全体をグループにしましょう。

1「選択」ツールを🖱し、2階の床面または壁面を🖱🖱🖱。

> ➡ トリプルクリックした面に連結するすべてのエンティティが選択され、ハイライトされる。

2 ハイライトされたエンティティを🖱し、コンテキストメニューの「グループを作成」を🖱。

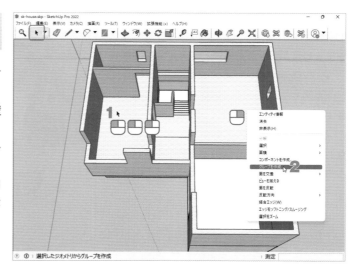

➡ ハイライトされたエンティティがグループになり、グループエンティティとしてハイライトされる。

3 メニューバー［編集］−「すべて選択解除」を🖱するか、キーボードからの指示（→p.136 **Point**）ですべての選択を解除する。

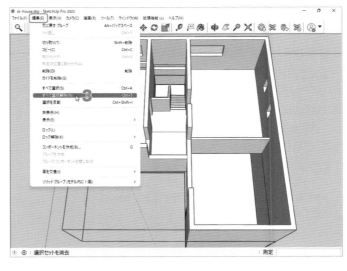

---

12 2階天井面を作成する

「屋根」タグを追加し、2階の天井面を作成しましょう。

1 「タグ」ダイアログで「屋根」タグを追加する。

2 追加した「屋根」タグを現在のタグにする。

3 「1F」タグを不可視にする。

4 メニューバー［カメラ］−「標準ビュー」−「平面」を🖱して、平面ビューにし、必要に応じて「全体表示」ツールを🖱。

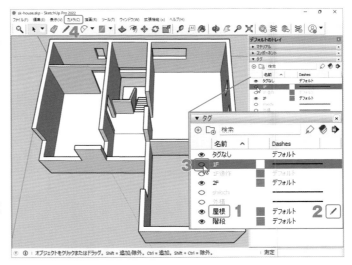

2階壁の対角を指示して長方形を作成したあと、不要な部分を消しましょう。

5 「長方形」ツールを🖱し、最初の角として左下の外壁角 端点 グループ内 を🖱。

6 対角として右上の外壁角 端点 グループ内 を🖱。

➡ 5、6を対角とする長方形が作成される。

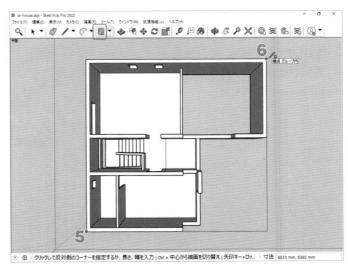

天井面が不要な範囲に、長方形を作成しましょう。

7 最初の角として、右下の天井面角 端点 を🖑。

> **Point** 2階の壁線が表示されない場合は、「オービット」ツールで表示されるビューにしてください。

8 右図の壁の角にポインタを合わせ、紫の●と 端点 グループ内 が表示されることを確認する（クリックはしない）。

> **Point** ここでは、対角として指示する位置にスナップできる点が存在しないため、推定機能を利用して、2本の線（**8**から赤軸方向の線と、次に指示する点から緑軸方向の線）の仮想交点をスナップします。

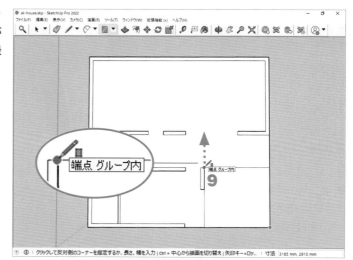

9 右図の壁の角にポインタを合わせ（クリックはしない）、紫の●と 端点 グループ内 が表示されることを確認し、ポインタを上（緑軸方向）に移動する。

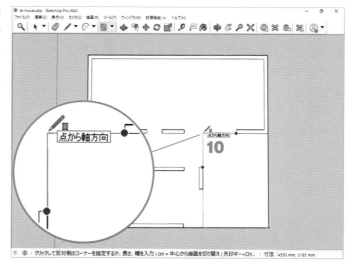

10 ポインタを、**9**からの緑軸方向の線と、**8**からの赤軸方向の線の交差する付近に移動し、**9**と**8**の点に黒の●とポインタに 点から軸方向 が表示されたら🖑。

➡ 次図のように、長方形が作成され、これにより天井面が2つに分割される。

Chapter 2 住宅のモデルを作成しよう

作成した長方形の右辺と下辺を消して、その面を消去しましょう。

11「消しゴム」ツールを🖱し、右図のエッジ（長方形の右辺）を🖱。

➡ 🖱したエッジが消去され、そのエッジを境界エッジとしていた長方形の面も消える。

12 残ったエッジ（長方形の下辺）を🖱し、消去する。

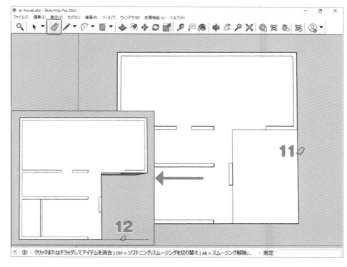

13 天井面を屋根に成形する

「2F」「階段」タグを不可視にし、天井面を500mm引き出しましょう。

1「タグ」ダイアログの「2F」「階段」タグを不可視にする。

2「プッシュ/プル」ツールを🖱し、天井面を🖱して引き出す。

3 キーボードから「500」を入力する。

> **?** 数値が入力されない →p.265

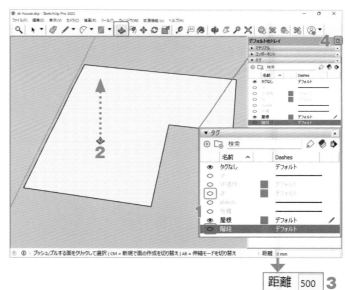

距離 500 **3**

上面のL字の2辺を選択し、1000mm上に移動することで、屋根の形状を作成しましょう。

4「選択」ツールを🖱し、右図の辺を🖱。

➡ 辺が選択されハイライトされる。

5 Shift キーを押したまま（ポインタに±マークが表示された状態で）、もう一方の辺を🖱。

➡ 辺が追加選択されハイライトされる。

Point 4、5の2本のエッジのみがハイライトされた状態にします。操作を誤って面がハイライトされた場合は、Shift キーを押したまま（ポインタに±マークが表示された状態で）、ハイライトされた面を🖱して選択を解除してください。

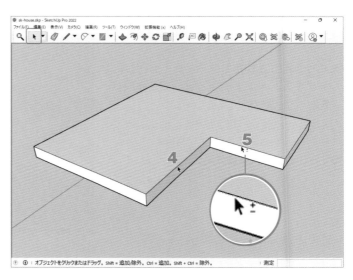

6 「移動」ツールを🖱し、移動の基準点として右図の角|端点|を🖱。

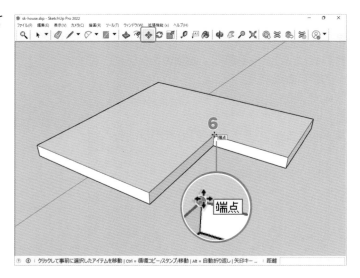

7 ポインタを上（青軸）方向に移動し、|青い||軸上|が表示されたら、キーボードから「1000」を入力する。

　➡ ハイライトされた2本のエッジが1000mm上に移動し、それに伴い、面も変形する。

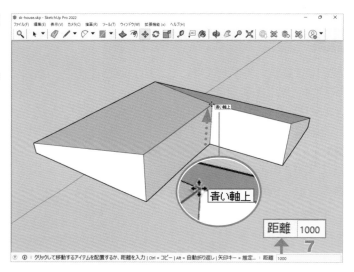

屋根全体をグループにしましょう。

8 「選択」ツールを🖱し、屋根面を🖱🖱🖱。

　➡ トリプルクリックした面に連結するすべてのエンティティが選択され、ハイライトされる。

9 ハイライトされたエンティティを🖱し、コンテキストメニューの「グループを作成」を🖱。

　➡ 選択されたエンティティがグループになり、グループエンティティとしてハイライトされる。

10 すべての選択を解除する。

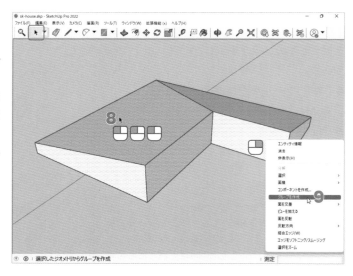

14 すべてのタグを表示して 上書き保存する

すべてのタグを可視にして、上書き保存しましょう。

1 「タグ」ダイアログのいずれかのタグ名を🖱
し、コンテキストメニューの「すべて選択」
を🖱。

➡ すべてのタグが選択されて、ハイライトされる。

2 いずれかのタグの ⊘（不可視）マークを🖱。

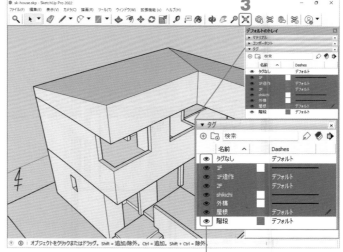

➡ 選択されているすべてのタグが可視になり、ワーク
スペースにはすべてのタグのエンティティが表示される。

3 「全体表示」ツールを🖱。

➡ ワークスペースにモデル全体が入るようにズーム
される。

4 メニューバー［ファイル］−「保存」を🖱。

以上でStep 2は完了です。

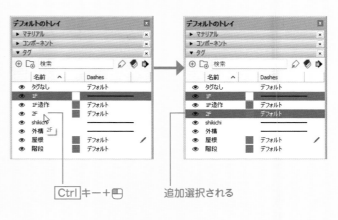

すべて可視になる

Hint タグの追加選択と解除

上記「14 すべてのタグを表示して上書き保
存する」では、すべてのタグを選択して可視
にしましたが、以下の追加選択操作で、任意
の複数のタグを選択して可視↔不可視を切
り替えることもできます。
「タグ」ダイアログで Ctrl （ Mac は command ）
キーを押したままタグを🖱することで、追加
選択できます。
また、 Ctrl （ Mac は command ）キーを押した
まま選択（ハイライト）されているタグを🖱
することで、選択を解除します。

Ctrl キー＋🖱　　　　追加選択される

Step 2　2階モデルと屋根の作成

Step 3 リビング ⇔ 道路の眺めの検討と 近隣建物による影の確認

Step 1、Step 2で作成した建物モデルに、「リビングから道路を見る」と「道路からリビングを見る」の両方向からの眺め（ビュー）を設定します。そしてそれぞれの方向から、道路を歩く人やリビングにいる人がどの程度見えるかを確認しながら、道路とデッキテラスの間のコンクリート壁の高さを検討しましょう。

また、近隣の建物モデルをインポートし、近隣建物から受ける影の影響を見てみましょう。そのためには、建物の計画場所（緯度・経度）および真北を設定する必要があります。SketchUpでは、Y軸の正方向が真北です。モデルの真北をY軸方向に合うように回転することで、実際の影の影響を見ることができますが、その方法では、その後のモデルの作成操作がしづらくなります。

ここでは拡張機能「Solar North」をインストールすることで、Step1でインポートした「APLAN.dxf」の方位記号の方向を真北に設定して影を確認します。

リビングから道路を見たシーンを追加

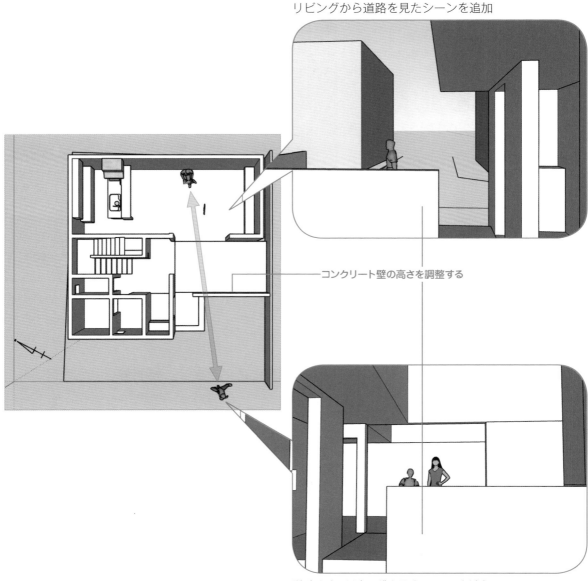

コンクリート壁の高さを調整する

道路からリビングを見たシーンを追加

● 「Neighb.skp」→収録先：「22sk」-「2」フォルダー

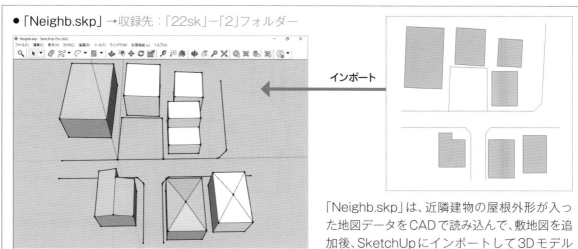

インポート

「Neighb.skp」は、近隣建物の屋根外形が入った地図データをCADで読み込んで、敷地図を追加後、SketchUpにインポートして3Dモデルにしたものです。

インポート

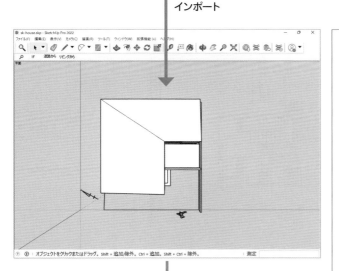

場所と真北を設定し、影を表示

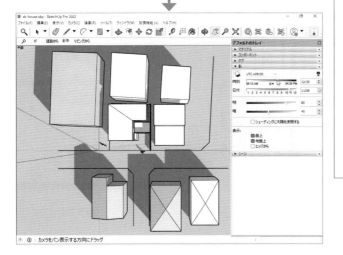

● 場所の設定 →p.207

「モデル情報」ダイアログの「ジオロケーション」でモデルの場所を指定することで、正確に影を表示します。

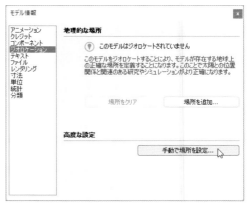

● 真北の設定 →p.210

拡張機能「Solar North」をインストールして利用することで真北を指定できます。

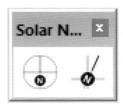

1　1階平面のビューを　シーンに追加する

今後の操作をスムーズに行うため、1階平面の
ビューをシーンとして追加しましょう。

1 「sk-house.skp」を開き、「タグ」ダイアロ
グで、「1F」を現在のタグにする。

2 「2F」「屋根」タグを不可視にする。

3 メニューバー［カメラ］－「標準ビュー」－
「平面」を🖰し、必要に応じて「全体表示」
「パン」ツールでビューを調整する。

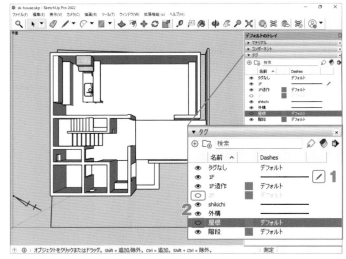

4 「シーン」ダイアログで、⊕（シーンを追加）
を🖰。

→ 現在のビューが「シーン1」として追加される。

追加したシーンの名前を「1F」に変更しましょ
う。

5 「シーン1」タブを🖰し、コンテキストメ
ニューの「名前の変更」を🖰。

6 表示される「名前」ボックスの「シーン1」を
「1F」に変更する。

→ 「シーン1」タブの名前が「1F」に変更される。

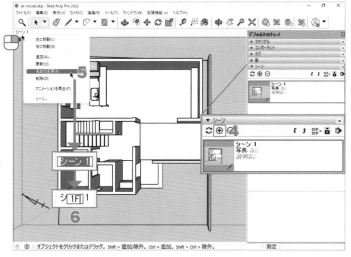

2　人物モデルを配置する

「点景」タグに人物モデルを配置しましょう。

1 「タグ」ダイアログで「点景」タグを追加す
る。

2 追加した「点景」タグを現在のタグにする。

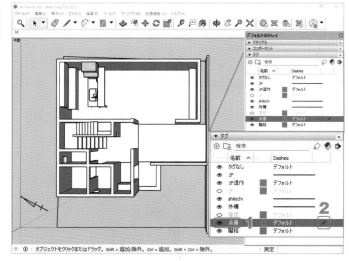

3 「コンポーネント」ダイアログ右のスクロールバーで表示リストをスクロールし、「Sophie」を🖱。

4 リビング中央の床面にポインタを合わせ、面上 グループ内 が表示されたら🖱。

　→ 2Dモデルの「Sophie」が配置され、ハイライトされる。

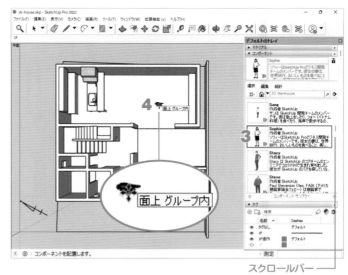

スクロールバー

歩いている3Dモデルの人物を道路に配置しましょう。

　Point 「3D Warehouse」(→p.8)にアップロードされている人物モデルをダウンロードして、配置します。

5 「コンポーネント」ダイアログの▼(ナビゲーション)を🖱し、プルダウンリストの「人物」を🖱。

　→「3D Warehouse」の「人物」のリストが表示される。

6 「People 3D」を🖱。

　Point 右図のように、文字部分を🖱してください。サムネイル部分を🖱すると、その後の操作が本書に記載されている手順と異なります。

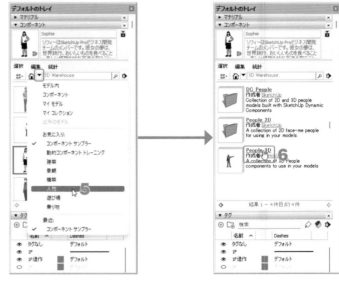

　→「3D Warehouse」の「People 3D」ウィンドウが開く。

7 「3d man walking」の⬇(ダウンロード)を🖱。

　→「モデル内にロードしますか?」ウィンドウが開く。

8 「はい」(**Mac** は「OK」)ボタンを🖱。

➡「3d man walking」がポインタに表示される。

■**?**■ ポインタにコンポーネントが表示されない
→p.266

9 道路の右図の位置を🖱。

➡「3d man walking」が配置され、ハイライトされる。

座っている3Dモデルの人物を、リビングの壁
際に配置しましょう。

10「コンポーネント」ダイアログの「People
3D」の文字部分を🖱。

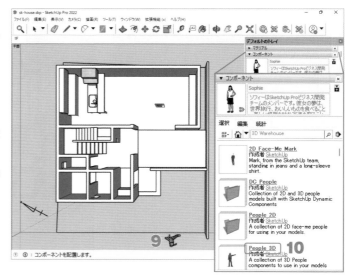

➡「3D Warehouse」の「People 3D」ウィンドウが開
く。

11 スクロールバーで適宜リストをスクロール
し、「3d man seated with legs crossed」
の⬇を🖱。

➡「モデル内にロードしますか？」ウィンドウが開く。

12「はい」（ **Mac** は「OK」）ボタンを🖱。

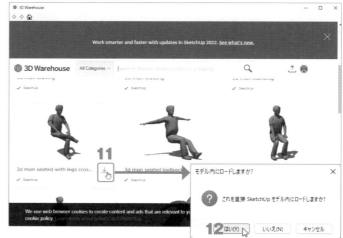

➡「3d man seated with legs crossed」がポインタ
に仮表示される。

13 リビングの右図の位置にポインタを合わ
せ、面上 グループ内 が表示されたら🖱。

➡「3d man seated with legs crossed」が配置され、
ハイライトされる。

14「コンポーネント」ダイアログのタイトル
バーを🖱し、折り畳む。

15 すべての選択を解除する。

すべての選択を解除 → p.136

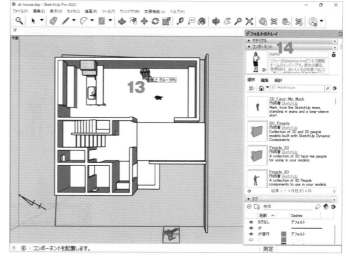

3 追加されたタグを削除する

人物モデルのコンポーネントを配置したことで、「タグ」ダイアログには「LAYER1」タグが追加されました。「点景」タグと「LAYER1」タグを不可視にしてみましょう。

1 「タグなし」を現在のタグにする。

2 「点景」タグを不可視にする。

> ➡ ワークスペースの3つの人物モデルが非表示になる。

> **Point** コンポーネントは配置時の「現在のタグ」(ここでは「点景」タグ)に配置されるため、そのタグを「不可視」にすると非表示になります。

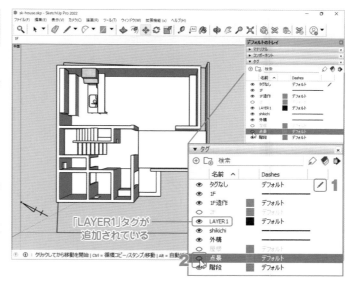

「LAYER1」タグが
追加されている

3 「点景」タグを可視にする。

> ➡ ワークスペースに3つの人物モデルが表示される。

4 「LAYER1」タグを不可視にする。

> ➡ ワークスペースの部屋の中に座っている人物モデルだけ非表示になる。

> **Point** 非表示になった人物モデルのエンティティは、もともと「LAYER1」タグに作成されています。そのため、このモデルを配置したことで、「LAYER1」タグが追加されました。

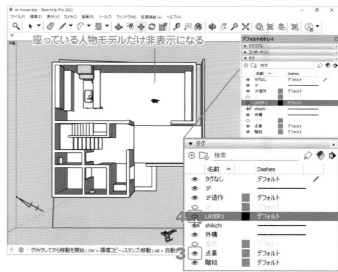

座っている人物モデルだけ非表示になる

人物モデルは消去せずに、「LAYER1」タグを削除しましょう。

5 「LAYER1」タグを🖱し、コンテキストメニューの「タグを削除」を🖱。

> ➡ 「LAYER1」タグにはエンティティが存在するため、右図のウィンドウが表示される。

6 「別のタグを割り当て」ボックスの ∨ を🖱して、プルダウンリストの「点景」を🖱。

7 「OK」ボタンを🖱。

> ➡ 「LAYER1」タグが削除される。「LAYER1」のエンティティは**6**で指定した「点景」タグに移動されるため、人物モデルは削除されない。

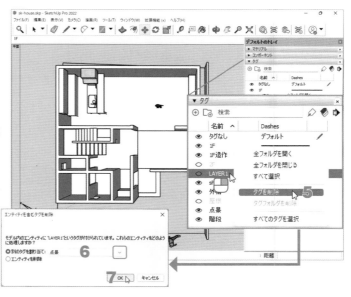

4 リビング ⇒ 道路の眺めを シーンに追加する

「カメラの配置」ツールでリビングにカメラを配置して、道路の方向を見てみましょう。

1 メニューバー[カメラ]－「カメラを配置」を🖱。

2 カメラの配置位置として、右図のリビング床面にポインタを合わせ、紫の◆と 面上 グループ内 が表示されたら、カメラを向ける方向（道路の人物モデル）にドラッグし、ボタンをはなす。

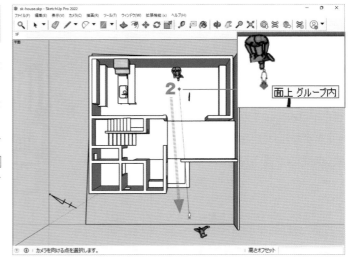

➡️「ピボット」ツールを選択した状態になり、カメラが**2**で指定した位置の高さ（床面の500mm）に配置され、ドラッグした方向を向いたビューになる。

カメラの高さを、床面に立った人の視線の高さ2050（1550+500）mmに変更しましょう。

3 キーボードから「2050」を入力する。

　? 数値が入力されない →p.265

➡️「値制御」ボックスに「2050」が入力され、カメラの配置高さが2050mmになる。

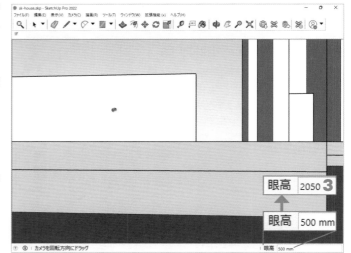

2階と屋根を表示し、名前「リビングから」としてシーンに追加しましょう。

4 「タグ」ダイアログで「2F」「屋根」タグを可視にする。

5 「シーン」ダイアログで⊕（シーンを追加）を🖱。

➡️「シーン2」が追加される。

6 追加された「シーン2」タブを🖱し、コンテキストメニューの「名前の変更」を🖱。

7 名前を「リビングから」に変更する。

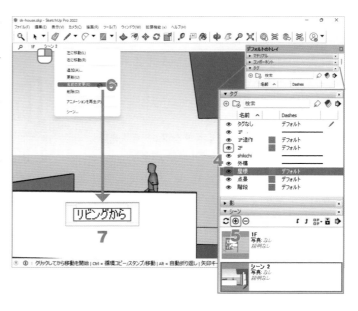

道路 ⇒ リビングの眺めをシーンに追加する

道路からリビングの方向を見てみましょう。

1「1F」タブを🖰。

→ シーン「1F」になる。

2 メニューバー［カメラ］−「カメラを配置」を🖰。

3 カメラの配置位置として、右図の道路上からリビングの人物モデルの方向へドラッグし、ボタンをはなす。

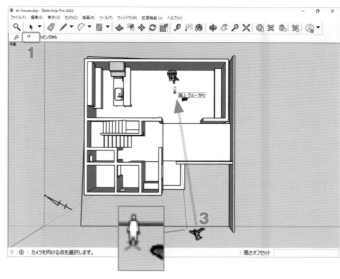

→「ピボット」ツールを選択した状態になり、カメラが**3**で指定した位置の高さ（道路の0mm）に配置され、ドラッグした方向を向いたビューになる。

カメラの高さを、歩行者の視線の高さ1550 mmに変更しましょう。

4 キーボードから「1550」を入力する。

? 数値が入力されない →p.265

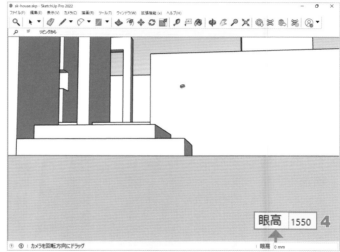

2階と屋根を表示し、名前「道路から」としてシーンに追加しましょう。

5「タグ」ダイアログで「2F」「屋根」タグを可視にする。

6「シーン」ダイアログの⊕（シーンを追加）を🖰。

→「シーン3」が追加される。

7「シーン3」タブを🖰し、コンテキストメニューの「名前の変更」を🖰。

8 名前を「道路から」に変更する。

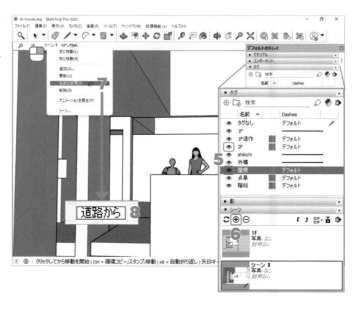

Step 3　リビング⇕道路の眺めの検討と近隣建物による影の確認

6 コンクリート壁の高さを調整する

道路の歩行者からリビングに座っている人の顔が見えない程度に、コンクリート壁の高さを変更しましょう。

1 「選択」ツールを🖱。

2 コンクリート壁を🖱し、コンテキストメニューの「グループを編集」を🖱。

> **Point** 2で編集対象のコンクリート壁を🖱🖱することでもグループ編集セッションになります。

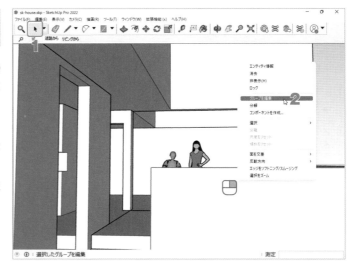

➡ グループ編集セッションになり、編集対象のグループが編集用の境界ボックスに囲まれ、グループ外のエンティティは淡色で表示される。

コンクリート壁を200mm高くしましょう。

3 操作しやすいビューにし、「プッシュ/プル」ツールを🖱。

4 コンクリート壁の上面を🖱し、引き出す。

5 キーボードから「200」を入力する。

> **?** 数値が入力されない → p.265

> ➡ コンクリート壁が200mm高くなる。

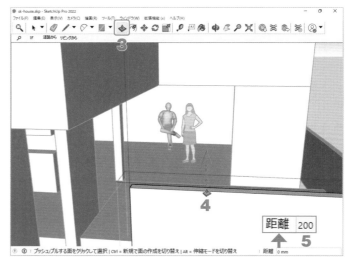

グループ編集セッションのまま、道路からの眺めを確認しましょう。

6 「道路から」タブを🖱。

> ➡ シーン「道路から」になる。右図のように、リビングに立っている人は肩から上が、座っている人は頭頂部が見える。

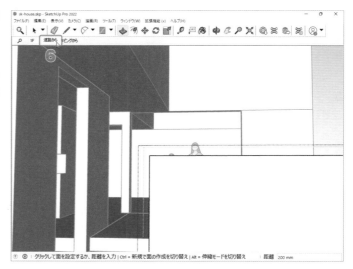

リビングからの眺めを確認しましょう。

7 「リビングから」タブを🖑。

➡ 「リビングから」シーンのビューになる。リビングか
らは、右図のように、歩く人の肩から上が見える。

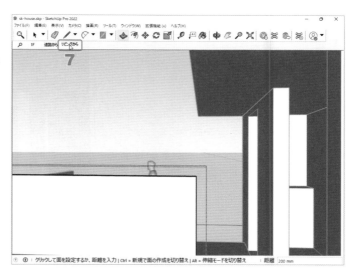

リビングから道路を歩く人の顔が見えないよ
う、コンクリート壁を、さらに150mm高くし
ましょう。

8 操作しやすいビューにし、「プッシュ/プ
ル」ツールで、コンクリート壁の上面を🖑
し、引き出す。

9 キーボードから「150」を入力する。

➡ コンクリート壁がさらに150mm高くなる。

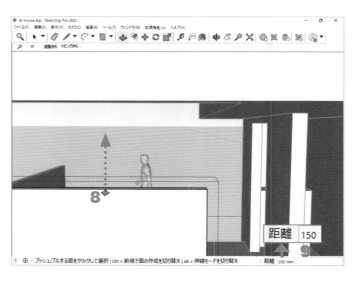

リビングからの眺めを確認しましょう。

10 「リビングから」タブを🖑。

➡ 「リビングから」シーンのビューになる。右図のよう
に、リビングから歩く人の頭頂部がわずかに見える状
態になる。

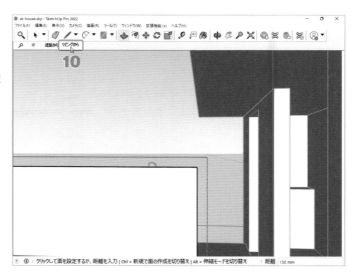

道路からの眺めも確認しましょう。

11「道路から」タブを📭。

> ➡「道路から」シーンになる。右図のように、リビング
> に立っている人の頭頂部がわずかに見え、座っている
> 人はまったく見えない状態になる。

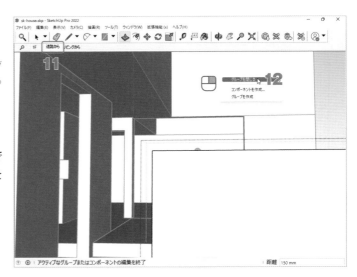

グループ編集セッションを終了しましょう。

12 編集対象のエンティティがない位置で
📭し、コンテキストメニューの「グループを
閉じる」を📭。

7 近隣建物モデルをインポートする

近隣建物と道路をファイル「Neighb.skp」か
らインポートしましょう。

1 メニューバー［カメラ］-「標準ビュー」-
「平面」を📭し、必要に応じて「全体表示」
「パン」ツールでビューを調整する。

2「タグ」ダイアログで「近隣」タグを追加す
る。

3 追加した「近隣」タグを現在のタグにする。

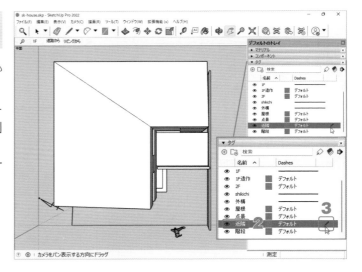

4 メニューバー［ファイル］-「インポート」を
📭。

5「インポート」ダイアログの「ファイルの種
類」（ Mac は「形式」）を「SketchUp ファイ
ル (*.skp)」にする。

6「ドキュメント」（ Mac は「書類」）内の
「22sk」フォルダー内の「2」フォルダーの
「Neighb.skp」を📭📭。

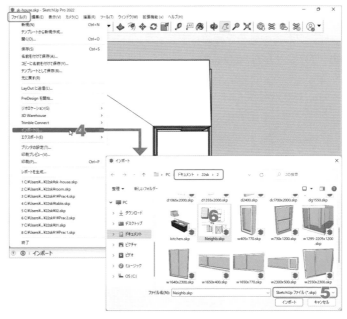

➡️「Neighb.skp」のモデルがポインタに表示される。

❓ ポインタにインポートするモデルが表示されない →p.266

7 配置先として、敷地の左下角 端点 グループ内 を🖱️。

➡️🖱️位置に配置され、ハイライトされる。

8 すべての選択を解除する。

9「全体表示」ツールを🖱️。

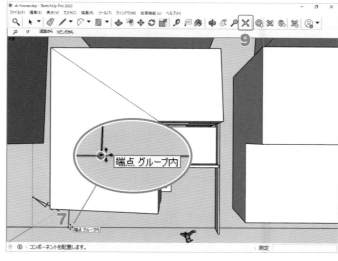

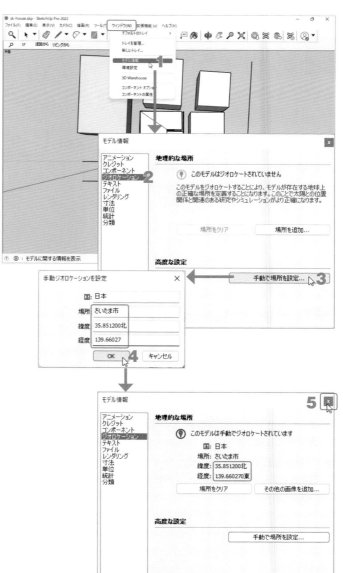

---

8 モデルの場所を設定する

近隣の建物による影の影響を確認するには、建物の設置位置（緯度・経度）と真北の設定が必要です。はじめに建物の設置位置を、緯度・経度を入力することで設定しましょう。

1 メニューバー［ウィンドウ］−「モデル情報」を🖱️。

➡️「モデル情報」（**Mac** は「sk-house.skp情報」）ダイアログが開く。

2「ジオロケーション」を🖱️。

3「手動で場所を設定...」ボタンを🖱️。

➡️「手動ジオロケーションを設定」ダイアログが開く（初期値は「日本（東京）」）。

4 必要に応じて、「場所」ボックスに場所を入力し、「緯度」ボックスに緯度を、「経度」ボックスに経度を10進法で入力して「OK」ボタンを🖱️。

Point 緯度・経度の調べ方は次ページの **Hint** を参照してください。「緯度」の入力を確定すると数値の後ろに「北」（北緯を示す）が、「経度」を入力すると数値の後ろに「東」（東経を示す）が自動的に入力されます。

➡️「モデル情報」ダイアログに「このモデルは手動でジオロケートされています」と表示される。

5「モデル情報」ダイアログの ✕ （ **Mac** は ✕ ）を🖱️し、閉じる。

6 上書き保存する。

以降、上書き保存指示の記載は省きます。適宜、上書き保存をしてください。

Hint 緯度・経度の調べ方

ここでは、Googleマップで目的の場所の緯度・経度を調べる手順を説明します。

1 Webブラウザを起動し、「検索」ボックスに「Google マップ」と入力して検索するか、アドレスバーに「google.co.jp/maps」と入力してGoogleマップのWebサイトを開く。

2 「検索」ボックスに調べたい場所の住所を入力する。

3 地図上で調べたい場所を🖰し、コンテキストメニューの一番上に表示される数値(北緯,東経)をメモする。

3の場所の緯度・経度。数値を🖰するとクリップボードにコピーされる

---

9 モデル全体をシーンに追加する

モデル全体を表示し、その状態をシーンに追加しましょう。

1 「全体表示」ツールを🖰。

2 「シーン」ダイアログで、⊕(シーンを追加)を🖰。

3 追加されたシーンタブを🖰し、名前を「全体」に変更する。

---

10 真北設定のための拡張機能をインストールする

真北を設定するには、拡張機能「Solar North」をダウンロードしてインストールする必要があります。

1 メニューバー[拡張機能]−「Extension Warehouse」を🖰。

2 「Extension Warehouse」ウィンドウの「検索」ボックスに「solar north」を入力し、「検索」ボタンを🖰。

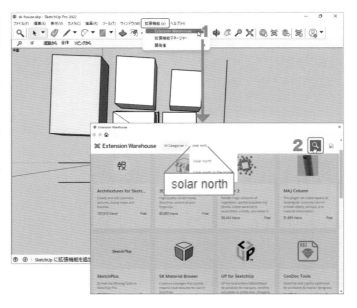

3 表示されるリストの「Solar North」を🖰。

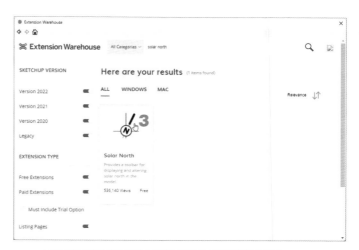

4 「Solar North」のページが開くので、「Install」ボタンを🖰。

5 右図のウィンドウが開いたら、「Yes」ボタンを🖰。

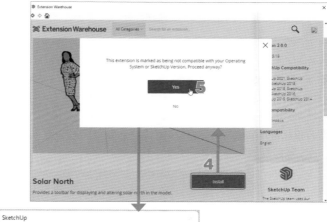

6 「この拡張機能は…をインストールしますか?」と表記されたメッセージウィンドウが開いたら、「はい」ボタンを🖰。

7 インストールが完了すると、「拡張機能はインストールされ、使用可能になりました」と表記されたウィンドウが開くので、「OK」ボタンを🖰。

8 「Extension Warehouse」ウィンドウの☒（**Mac** は⊗）を🖰し、閉じる。

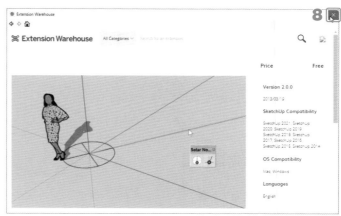

11 真北を設定する

前項でインストールした「Solar North」ツールバーのツールを使って、真北を設定します。はじめに、北を表示しましょう。

1 「Display North」ツールを🖰。

> **?** 「Solar North」ツールバーが表示されない →p.266

> **Point** 「Display North」ツールを🖰することで、北の方角を示すオレンジ色の線の表示⇔非表示を切り替えます。

> ➡ 原点からY軸上に、現在の北を示すオレンジ色の線が表示される。

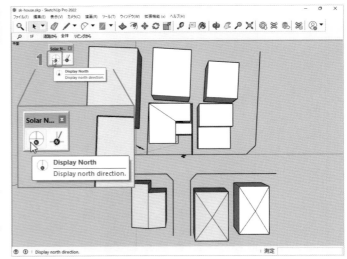

真北を設定しましょう。

2 🖊 「Set North」ツールを🖰。

> **Point** 「Set North」ツールは、2点を指示することで真北を設定します。

3 方位記号真北線の南端点にポインタを合わせ、紫の●と 端点 グループ内 が表示されたら🖰。

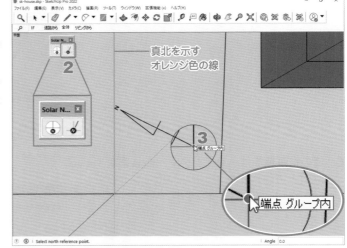

4 方位記号真北線の北端点にポインタを合わせ、紫の●と 端点 グループ内 が表示されたら🖰。

> ➡ **3**→**4**の方角が北に設定され、原点からの北を示すオレンジ色の線が**3**→**4**と同じ角度になる。

> **Point** Windowsでは、「Solar North」ツールバーのタイトルバーをドラッグして、画面上部のツールバーにおさめることができます。**Mac** では、メニューバー [表示] －「ツールバーをカスタマイズ」を🖰し、「Display North」と「Set North」ツールをツールバーまでドラッグすることでツールバーにおさめます。

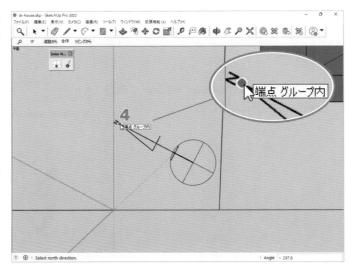

12 影を表示して確認する

影を表示し、近隣の建物から受ける影の影響
を確認しましょう。

1 「全体」タブを🖱。

2 メニューバー[表示]-「影」を🖱。

> ➡ ワークスペースに建物の影が表示される。

3 「影」（**Mac** は「影設定」）ダイアログの「時刻」
「日付」を変更し、季節、時間ごとの近隣建物
による影を確認する。

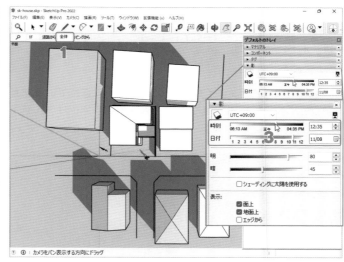

「全体」シーン追加時には、影の表示指定をし
ていません。影を表示したこの状態で、「全体」
シーンを更新しましょう。

4 「全体」タブを🖱し、コンテキストメニュー
の「更新」を🖱。

> **Point** 4の操作の代わりに、「シーン」ダイアログで
> 「全体」シーンが選択された状態で 🔄（シーンを更新）
> を🖱することでも、更新できます。
>
> ➡ 影を表示している現在の状態が「全体」シーンにな
> る。

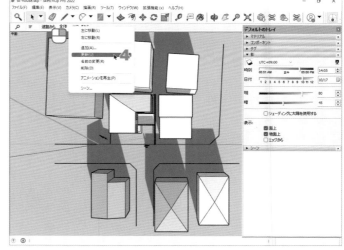

13 「1F」シーンを変更・更新して 上書き保存する

シーン「1F」にして近隣建物を非表示にし、上
書き保存しましょう。

1 「1F」タブを🖱。

> ➡ 「1F」シーンになり、「1F」シーン追加時にはなかっ
> た「近隣」タグのエンティティが表示される。

2 「タグ」ダイアログで「1F」タグを現在のタ
グにする。

3 「近隣」タグを不可視にする。

4 「1F」タブを🖱し、コンテキストメニューの
「更新」を🖱。

5 上書き保存する。

Step 3は以上で完了です。

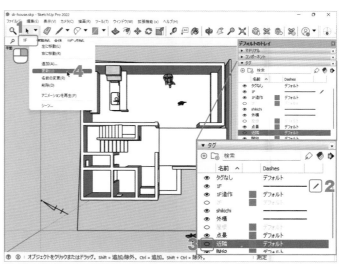

Step 4 建具のインポートとペイント

SketchUpのSKPファイル(*.skp)として用意されている建具をインポートして、1階・2階の開口に配置します。また、「ペイント」ツールで内装・外壁の色やマテリアルを指定してペイントします。外壁・屋根は、あらかじめ用意されているテクスチャーの画像ファイル(*.jpg)を、マテリアルに追加してペイントします。

完成図

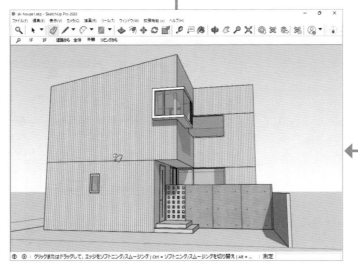

1階・2階・屋根のグループを分解し、別名で保存したあと、
1階・2階・屋根の境界エッジをソフトニング(非表示に)する

Chapter 2 住宅のモデルを作成しよう

1階・2階の各開口に
建具をインポートする

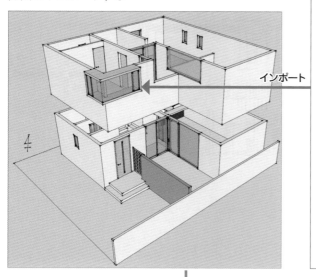

インポート

● 「*.skp」→収録先：「22sk」-「2」フォルダー
各開口の向きに合わせ、建具を用意しています。

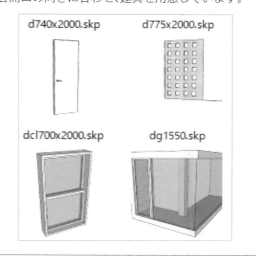

d740x2000.skp　　　　　d775x2000.skp

dcl700x2000.skp　　　　dg1550.skp

テクスチャーを追加して
ペイント

● 「マテリアル」に追加
テクスチャーの画像を「マテリアル」に追加する
ことで、標準の「マテリアル」にないテクスチャー
でペイントできます。ここでは、教材として用
意されている外壁と屋根のテクスチャー画像
（JPEGファイル）を「マテリアル」に追加して、外
壁と屋根をペイントします。

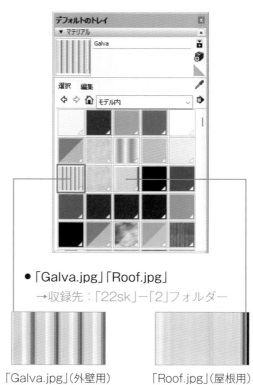

● 「Galva.jpg」「Roof.jpg」
→収録先：「22sk」-「2」フォルダー

「Galva.jpg」（外壁用）　　　「Roof.jpg」（屋根用）

内装・外壁の各面に色・
マテリアルをペイントする

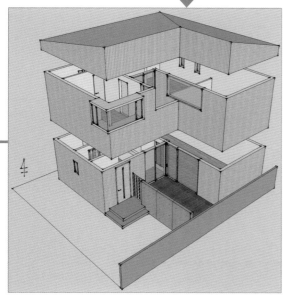

デッキテラスへの引き戸を設置する

玄関タタキとデッキテラスの間に引き戸を設置するためのスペースとして、デッキテラス上面に1920×30mmの長方形を作成し、玄関タタキと同じ高さまで押し込みましょう。

1 「sk-house.skp」を開き、「1F」シーンにする。

2 「タグ」ダイアログで、「外構」タグを現在のタグにする。

3 デッキテラスを凹し、コンテキストメニューの「グループを編集」を凹。

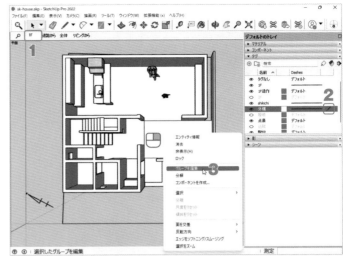

➡ グループ編集セッションになり、デッキテラス以外のエンティティは淡色で表示される。

4 「長方形」ツールを凹し、最初の角としてデッキテラスの左下角 端点 を凹。

5 ポインタを右方向へ移動し、横長の長方形が仮表示された状態で、キーボードから「1920,30」を入力する。

➡ 1920×30mmの長方形が作成される。

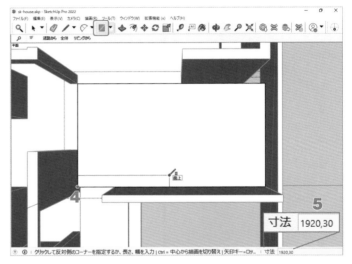

6 「プッシュ/プル」ツールを凹し、作成した長方形の面を凹して押し込む。

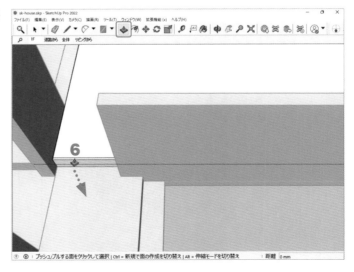

7 押し込む位置として、玄関タタキ面にポインタを合わせ、青の◆と 面上 外部のアクティブなジオメトリ が表示されたら🖰。

> **Point** 現在、デッキテラスのグループ編集セッションで操作をしているため、編集対象外のエンティティの端点や面上にポインタを合わせると、端点、面上 に続けて、外部のアクティブなジオメトリ と表示されます。

➡ タタキ面上と同じ位置に押し込まれ、面が消える。

グループ編集セッションを終了しましょう。

8 編集対象のエンティティがない位置で🖰し、コンテキストメニューの「グループを閉じる」を🖰。

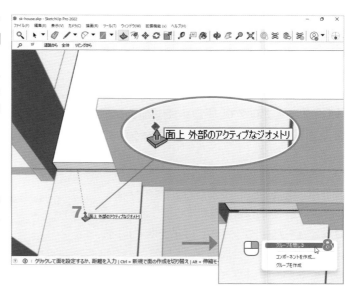

引き戸「dg1550.skp」をインポートし、配置しましょう。

9 メニューバー［ファイル］－「インポート」を🖰。

10「インポート」ダイアログで、「ファイルの種類」(Mac は「形式」)を「SketchUpファイル(*.skp)」、「ファイルの場所」を「ドキュメント」(Mac は「書類」)内の「22sk」フォルダー内の「2」フォルダーにし、「dg1550.skp」を🖰🖰。

➡ 選択したSKPファイルのモデルが、ポインタに表示される。

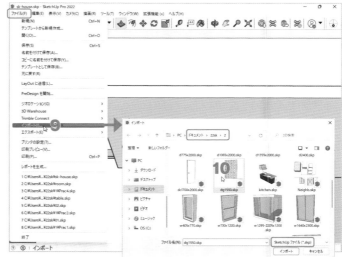

11 玄関タタキの右図の角 端点 グループ内 を🖰。

➡ 🖰位置に引き戸「dg1550.skp」が配置され、ハイライトされて、「移動」ツール選択状態になる。

12 すべての選択を解除する。

すべての選択を解除→p.136

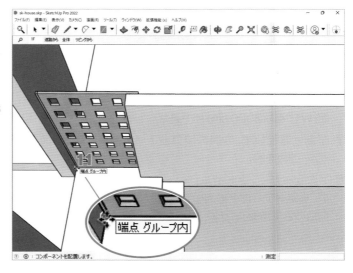

2 1階に建具をインポートする

「1F建具」タグを追加し、現在のタグにしましょう。

1 「タグ」ダイアログで「1F建具」を追加する。

2 追加した「1F建具」タグを現在のタグにする。

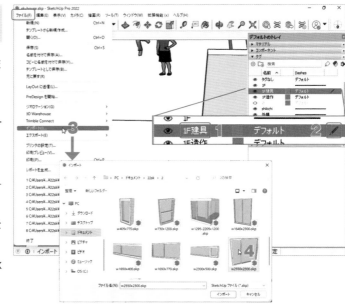

掃き出し窓「w2550x2300.skp」をインポートし、リビング開口に配置しましょう。

3 メニューバー［ファイル］－「インポート」を🖱。

4 「インポート」ダイアログで「w2550x2300.skp」を🖱🖱。

➡ 選択したSKPファイルのモデルがポインタに表示される。

5 配置位置として、リビングの開口右下角 端点 グループ内 を🖱。

➡ 🖱位置に掃き出し窓が配置されてハイライトされて「移動」ツールが選択状態になる。

Point ここで使用するSKPファイルの建具の向きは、開口の向きに合わせてあります。

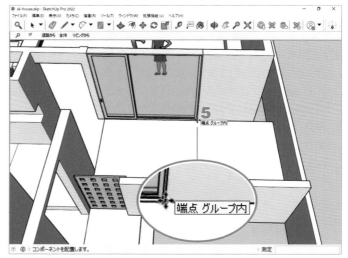

テラスに向いたもう一方の開口と玄関にも、建具をインポートしましょう。

6 メニューバー［ファイル］－「インポート」を🖱し、「インポート」ダイアログで掃き出し窓「w1640x2300.skp」を🖱🖱。

7 配置位置として、右図の開口左下角 端点 グループ内 を🖱。

8 メニューバー［ファイル］－「インポート」で、玄関ドア「d2400.skp」を選択し、玄関開口の右下角 端点 グループ内 を🖱。

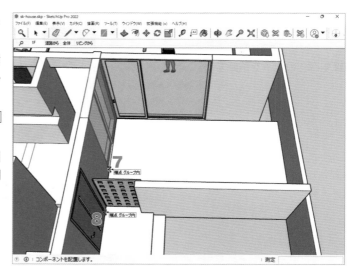

続けて、キッチンの窓「w2300x500.skp」と
トイレの窓「w405x770.skp」を配置しま
しょう。

9 メニューバー［ファイル］－「インポート」で
窓「w2300x500.skp」を選択し、キッチン
開口の右下角 端点 グループ内 を🖱。

10 メニューバー［ファイル］－「インポート」で
窓「w405x770.skp」を選択し、トイレ開
口の右下角 端点 グループ内 を🖱。

11 すべての選択を解除する。

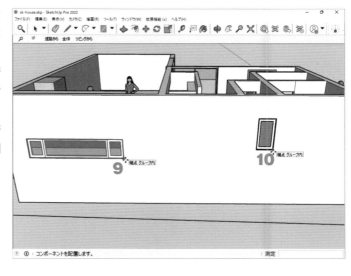

3 「コンポーネント」ダイアログから 洗面室の窓を配置する

洗面室の窓はトイレの窓と同じ「w405x770.
skp」です。モデルに一度インポートしたコン
ポーネントは、「コンポーネント」ダイアログ
から配置できます。洗面室の窓を「コンポーネ
ント」ダイアログから配置しましょう。

1 「コンポーネント」ダイアログの 🏠（モデル
内）を🖱。

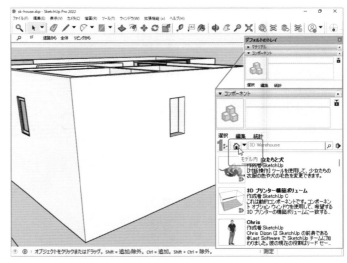

➡ モデル内のコンポーネントが一覧表示される。

Point 「コンポーネント」ダイアログの「モデル内」に
は、すでに消去したコンポーネント（p.134で消去し
た人物など）も含め、現在編集中の「sk－house.skp」
で使用したコンポーネントが一覧表示されます。

2 「w405x770」を🖱。

3 配置位置として、洗面室開口の右下角
端点 グループ内 を🖱。

➡ 元のコンポーネントと同じ向きで、壁にはめ込まれ
た状態で配置される。

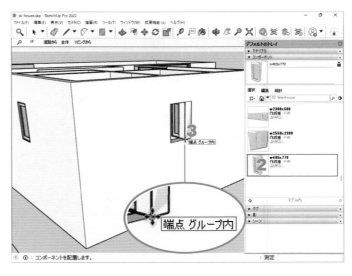

4 面をX線（透過）表示にして 窓を回転する

配置した窓を、開口の角度に合うように回転しましょう。回転の操作指示がしやすいように上から見たビューにし、X線（透過）表示にしたうえで行います。

1 メニューバー［表示］－「面スタイル」－「X線」を🖱。

➡ 次図のように、面が透過表示される。

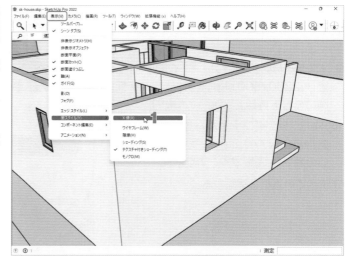

2 右図のビューにし、「回転」ツールを🖱。

3 ↑キーを押して回転面を青の分度器に固定する。

4 ポインタを右図の建具上面の角（開口の角）に合わせ、水平な青の分度器および水色の ● と w405×770のコーナー が表示されたら🖱。

➡ 回転面と原点が確定する。

Point 確実に角をスナップできるよう、十分に拡大表示してから**4**を行ってください。

5 分度器の底辺（0°の線）を指示するため、ポインタを緑軸方向に移動し、緑の点線と 緑の軸上 が表示されたら🖱。

➡ **4**の点を原点として、ポインタに従い窓が回転する。

6 回転方向にポインタを移動し、キーボードから回転角度「90」を入力する。

? 数値が入力されない→p.265

➡ **4**の点を原点として、90°回転して開口におさまる。

7 すべての選択を解除する。

面のX線表示をオフにしましょう。

8 メニューバー［表示］－「面スタイル」－「X線」を🖱。

➡ チェックが外れ、元の表示になる。

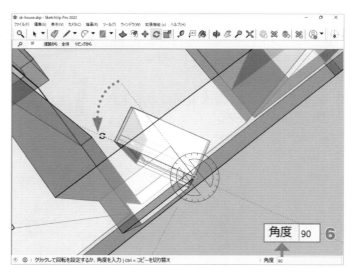

5　他のドアをインポートする

洗面室の引き戸「d670x2000.skp」と浴室の
折れ戸「d775x2000.skp」をインポートしま
しょう。

1 メニューバー［ファイル］－「インポート」
　で、引き戸「d670x2000.skp」を選択し、洗
　面室開口の右下角 端点　グループ内 を🖱。

2 メニューバー［ファイル］－「インポート」
　で、折れ戸「d775x2000.skp」を選択し、浴
　室開口の左下角 端点　グループ内 を🖱。

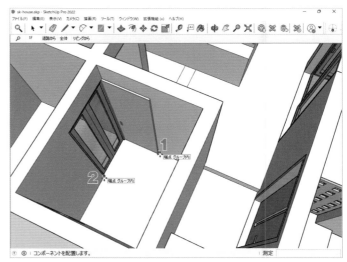

トイレのドア「d640x2000.skp」をインポー
トしましょう。

3 メニューバー［ファイル］－「インポート」
　で、ドア「d640x2000.skp」を選択し、トイ
　レ開口の左下角 端点　グループ内 を🖱。

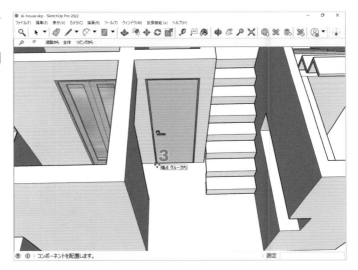

リビングの引き戸「d1065x2000.skp」と
階段下収納の戸「d1355x2000.skp」「d640x
1400.skp」をインポートしましょう。

4 メニューバー［ファイル］－「インポート」
　で、「d1065x2000.skp」を選択し、リビン
　グ開口左下角 端点　グループ内 を🖱。

5 同様に「d1355x2000.skp」を選択し、収
　納開口左下角 端点　グループ内 を🖱。

6 同様に「d640x1400.skp」を選択し、収納
　開口右下角 端点　グループ内 を🖱。

7 すべての選択を解除する。

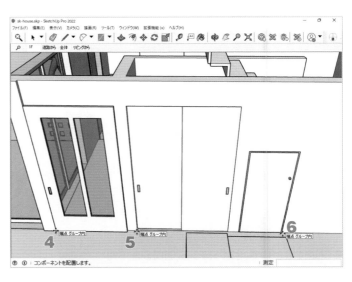

6 2階の平面ビューをシーンに追加する

2階の平面ビューにし、シーン「2F」として追加しましょう。

1 「1F」タブを🖰。

2 「タグ」ダイアログで「2F」タグを現在のタグにする。

3 「点景」タグを不可視にする。

4 「全体表示」ツールを🖰。

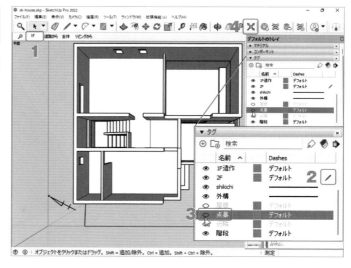

5 「シーン」ダイアログで、⊕（シーンを追加）を🖰。

6 追加したシーンの「名前」を「2F」にする。

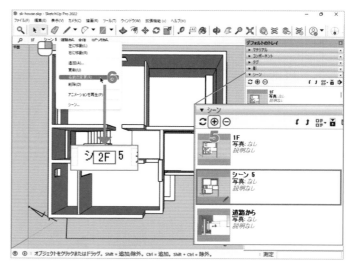

7 「コンポーネント」ダイアログから建具を配置する

「2F建具」タグを追加し、1階のデッキテラスに向いた掃き出し窓と同じ窓を、ベランダに向いた開口に配置しましょう。

1 「タグ」ダイアログで、「2F建具」を追加する。

2 追加した「2F建具」タグを現在のタグにする。

3 「コンポーネント」ダイアログで、「モデル内」から「w1640x2300」を🖰。

4 配置位置として、2階ベランダ開口の左下角 [端点 グループ内] を🖰。

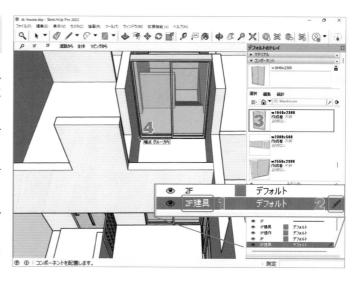

トイレの窓と同じウォークインクローゼットの窓「w405x770」も、「コンポーネント」から配置しましょう。

5 「コンポーネント」ダイアログの「w405x770」を🖰。

6 配置位置として、ウォークインクローゼット開口の右下角 端点 グループ内 を🖰。

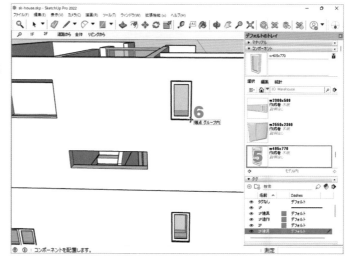

フリースペースの東の窓も、ウォークインクローゼットと同じコンポーネント「w405x770」を配置しましょう。

7 「コンポーネント」ダイアログの「w405x770」を🖰。

8 配置位置として、フリースペースの右図の開口の右下角 端点 グループ内 を🖰。

➡ 🖰位置に配置され、ハイライトされる。

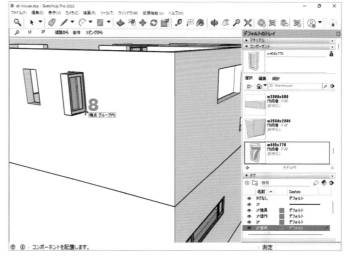

8 配置した窓を回転してコピーする

配置した窓を90°回転しましょう。

1 「回転」ツールを🖰。

2 ⬆キーを押して回転面を固定し、ポインタを建具右上角に合わせ、水平な青の分度器と水色の●と w405×770のコーナー が表示されたら🖰。

3 分度器の底辺（0°の線）を指示するため、ポインタを緑軸方向に移動し、緑の点線と 緑の軸上 が表示されたら🖰。

4 回転方向にポインタを移動し、キーボードから回転角度「90」を入力する。

? 数値が入力されない →p.265

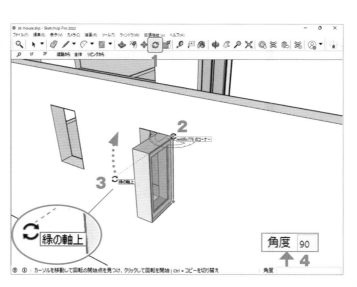

➡ 窓が90°回転し、ハイライトされる。

回転してハイライトされた窓を、もう一方の
開口にコピーしましょう。

5 「移動」ツールを🖱し、[Ctrl]キー（ **Mac** は
[option]キー）を押して、コピーモードに切
り替える。

6 コピーの基準点として、ハイライトされた
窓の左上角 w405×770のコーナー を🖱。

7 コピー先の点として、もう一方の開口の左
上角 端点 グループ内 を🖱。

8 すべての選択を解除する。

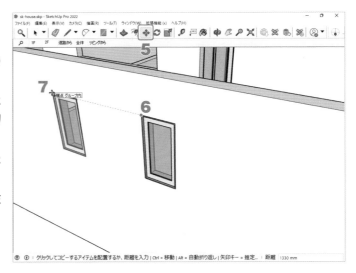

9 2階の他の建具をインポートする

他の建具は、あらかじめ用意されているSKP
ファイルをインポートします。寝室の角の出
窓「w1295‒2205x1200.skp」をインポー
トしましょう。

1 「2F」タブを🖱。

2 メニューバー［ファイル］‒「インポート」を
🖱し、「インポート」ダイアログで、「w1295
‒2205x1200.skp」を🖱🖱。

3 配置位置として、右図の壁角 端点 グループ内
を🖱。

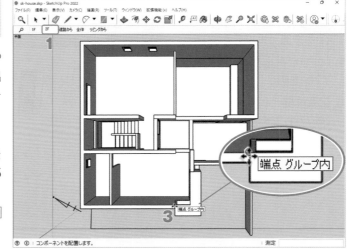

吹抜の窓「wf2550x1200.skp」とクローゼッ
トのドア「dcl700x2000.skp」をインポート
しましょう。

4 メニューバー［ファイル］‒「インポート」で
「wf2550x1200.skp」を選択し、吹抜の開
口の右下角 端点 グループ内 を🖱。

5 同様に、「dcl700x2000.skp」を選択し、
クローゼットの開口の左下角 端点 グループ内
を🖱。

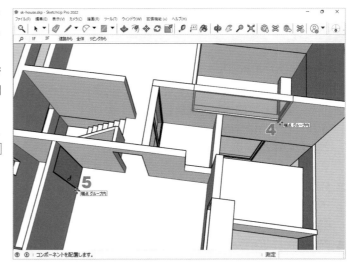

寝室のドア「d740x2000.skp」と寝室のベランダ側の窓「w730x1200.skp」をインポートしましょう。

6 メニューバー［ファイル］－「インポート」で「d740x2000.skp」を選択し、寝室入り口の右下角|端点　グループ内|を🖰。

7 同様に、「w730x1200.skp」を選択し、寝室のベランダに面した開口の右下角|端点　グループ内|を🖰。

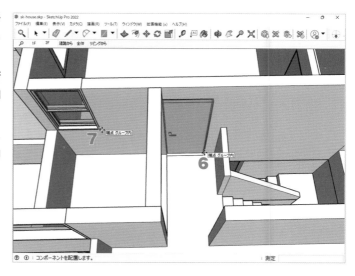

フリースペースの窓「w1650x770.skp」と階段の窓「w1650x400.skp」をインポートしましょう。

8 メニューバー［ファイル］－「インポート」で「w1650x770.skp」を選択し、フリースペース開口の右下角|端点　グループ内|を🖰。

9 同様に、「w1650x400.skp」を選択し、階段開口の右下角|端点　グループ内|を🖰。

10 すべての選択を解除する。

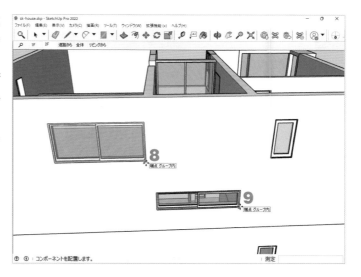

10 「1F」シーンを更新する

「1F」シーンにしましょう。

1 「1F」タブを🖰。

2 「全体表示」ツールを🖰。

➡「1F」シーン追加時にはなかった「2F建具」タグの建具が、宙に浮いたように表示される。

2階の建具を非表示にして、「1F」シーンを更新しましょう。

3 「タグ」ダイアログで「1F」を現在のタグにする。

4 「2F建具」タグの 👁（可視）マークを🖰。

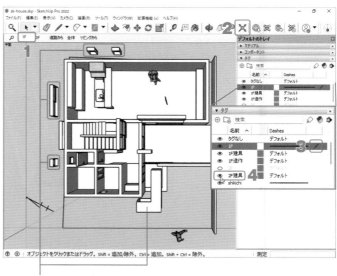

2階の建具が浮いているように表示される

➡️「2F建具」タグが不可視になり、2階の建具が非表示になる。

5 「1F」タブを🖱し、コンテキストメニューの「更新」を🖱。

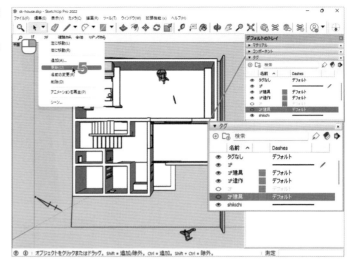

コンクリート壁をペイントしましょう。

1 「ペイント」ツールを🖱。

2 「マテリアル」ダイアログの「選択」タブの「種類」ボックスを「アスファルト/コンクリート」にし、「コンクリートフォーム4x8」を🖱。

3 コンクリート壁を🖱。

➡️グループエンティティであるコンクリート壁全体が「コンクリートフォーム 4x8」でペイントされる。

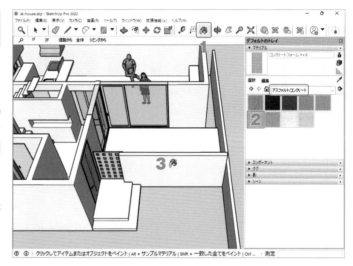

デッキテラスをペイントしましょう。

4 「マテリアル」ダイアログの「種類」ボックスを「レンガ、クラッディングとサイディング」にし、「クラッディング 風化」を🖱。

5 デッキテラスを🖱。

➡️ グループエンティティであるテラス全体が「クラッディング 風化」でペイントされる。

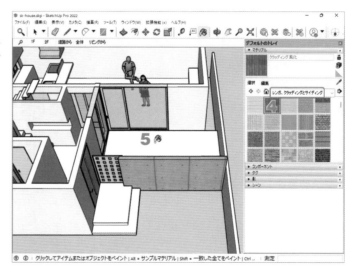

玄関タタキと既存のブロック塀は、グレーで
ペイントしましょう。

6 「マテリアル」ダイアログの「種類」ボック
スを「色-名前付き」にし、「0132_薄いグ
レー」を🖰。

7 タタキを🖰。

➡ グループエンティティであるタタキ全体が「0132_
薄いグレー」でペイントされる。

8 ブロック塀を🖰。

➡ グループエンティティであるブロック塀全体がペ
イントされる。

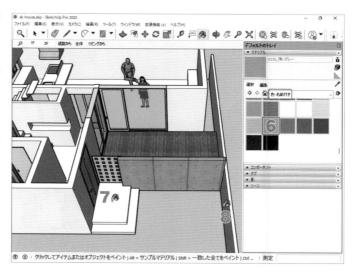

---

12 階段をペイントする

階段をペイントしましょう。

1 「マテリアル」ダイアログの「種類」ボックス
を「木材」にし、「フローリング_ライト」を
🖰。

2 階段の踊り場を🖰。

➡ グループエンティティである階段全体がペイント
される。

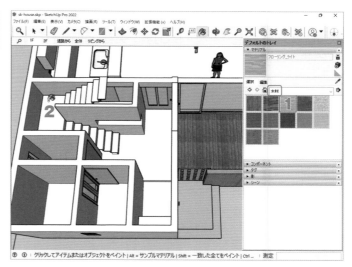

---

13 1階内装をペイントする

1階の床も、階段と同じ「フローリング_ラ
イト」でペイントしましょう。床と壁が1つ
のグループエンティティになっているため、
グループ編集セッションにしてペイントしま
す。

1 1階の壁(または床)を🖰し、コンテキストメ
ニューの「グループを編集」を🖰。

➡ グループ編集セッションになり、境界ボックスが表
示される。編集対象外のエンティティは淡色で表示さ
れる。

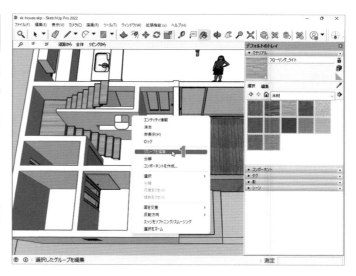

2 1階の床を🖰。

➡ 1階の床が「フローリング_ライト」でペイントされる。

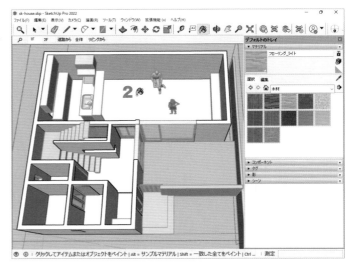

壁を「0009_リネン」でペイントしましょう。

3 「マテリアル」ダイアログの「種類」ボックスを「色－名前付き」にし、「0009_リネン」を🖰。

4 [Ctrl]キー（ Mac は[option]キー）を押す。

➡ ポインタに ▦▦ マークが付き、連結した面を一括ペイントするモードになる。

5 壁面を🖰。

➡ **5**の面に連結したすべての面（すでにペイントされている床面は除く）がペイントされる。

Point このとき、外壁面もペイントされますが、外壁は、後で外壁のマテリアルでペイントし直します。また、**5**の面に連結されていない壁面はペイントされません。ペイントされない内壁がある場合は、**5**と同じ操作でペイントしてください。

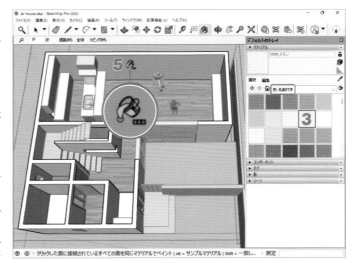

玄関の土間を、タタキと同じ色でペイントしましょう。

6 「マテリアル」ダイアログの 🏠（モデル内）を🖰し、「種類」ボックスを「モデル内」（ Mac は「Colors in Model」）にする。

Point 「種類」ボックスを「モデル内」にすることで、編集中の「sk－house.skp」内のモデルで使用されたマテリアルが一覧表示されます。

7 「0132_薄いグレー」を🖰。

8 [Ctrl]キー（ Mac は[option]キー）を押す。

➡ ポインタの ▦▦ マークが消え、一括ペイントモードが解除される。

9 玄関土間を🖰。

➡ 玄関土間が「0132_薄いグレー」でペイントされる。

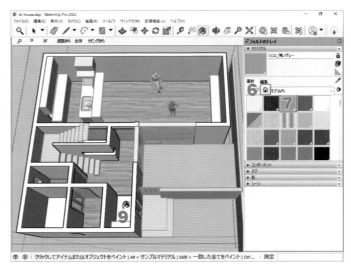

14 不要アイテムを削除する

「コンポーネント」「マテリアル」ダイアログの
「モデル内」には、削除したコンポーネントやそ
のコンポーネントで使用していたマテリアル
も含まれています。そのような不要なアイテム
を削除しましょう。

1 メニューバー［ウィンドウ］-「モデル情報」
を🖱。

2「モデル情報」ダイアログの「統計」を🖱。

3「不要アイテムを完全に削除」ボタンを🖱。

4「モデル情報」ダイアログの **✕**（ **Mac** は **✕**）
を🖱して、閉じる。

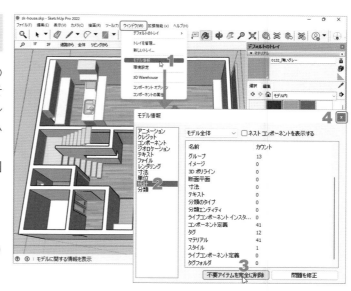

15 画像をマテリアルに追加する

画像をマテリアルに追加できます。ここでは外
壁をペイントするため、「2」フォルダーに収録
されている外壁のテクスチャーの画像ファイ
ル「Galva.jpg」を、マテリアルに追加しましょ
う。

Mac の場合→次ページの **Hint**

1「マテリアル」ダイアログの 🧊（マテリアル
を作成）を🖱。

➡「マテリアルを作成」ダイアログが開く。

2「テクスチャイメージを使用する」チェック
ボックスを🖱。

➡「イメージを選択」ダイアログが開く。

3「ファイルの場所」を「ドキュメント」内の
「22sk」フォルダー内の「2」フォルダーに
する。

4「Galva.jpg」を🖱🖱。

5「マテリアルを作成」ダイアログの「名前」
ボックスを「Galva」に変更する。

6「 ↔ 」（幅）ボックスを「500」に変更する
🖱。

Point 画像の横幅を500mmに設定しました。この数
値は「マテリアル」ダイアログの「編集」タブで、いつで
も変更できます。

7「OK」ボタンを🖱。

➡「マテリアル」ダイアログの「モデル内」に、外壁の
マテリアル「Galva」が追加される。

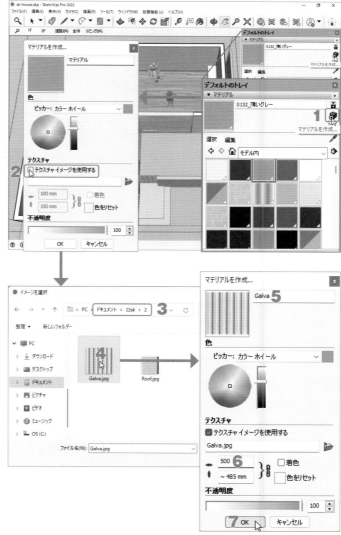

Mac で画像をマテリアルに追加

前ページ **1**、**2** の操作の代わりに、「カラーピッカー」ダイアログの「色」ボックスの ☑ を🖱し、プルダウンメニューの「新しいテクスチャ…」を🖱してください。

画像ファイルを選択するウィンドウが表示されるので、Windows版と同様（前ページの **3**～**6**）に、画像ファイルの選択および名前、幅の指定を行ってください。

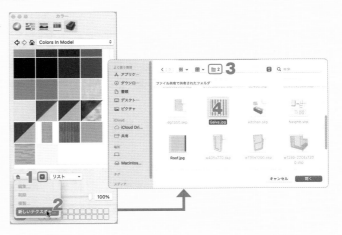

同様に、屋根で使用するマテリアルとして、画像「Roof.jpg」も追加しましょう。

8「マテリアル」ダイアログの 🗋（マテリアルを作成）を🖱。

　➡ **7** で作成したマテリアルが選択された状態で **8** の操作を行うと、**7** のマテリアルをベースにした「マテリアルを作成」ダイアログが表示される。

9「テクスチャイメージを使用する」のチェックが付いていることを確認し、📄（マテリアルイメージファイルを参照）を🖱。

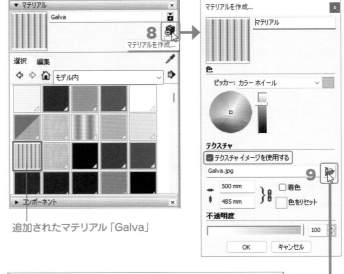

追加されたマテリアル「Galva」

　➡「イメージを選択」ダイアログが開く。

10「2」フォルダー内の「Roof.jpg」を🖱🖱。

　➡「マテリアルを作成」ダイアログのマテリアルに「Roof.jpg」が設定される。

11「名前」ボックスを「Roof」に変更する。

12「 ⬌ 」ボックスを「200」に変更する。

13「OK」ボタンを🖱。

　➡「マテリアル」ダイアログの「モデル内」に屋根のマテリアル「Roof」が追加される。

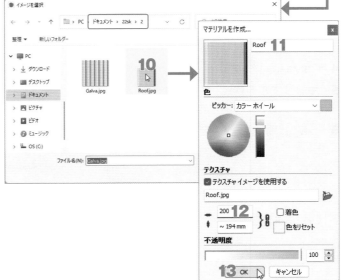

Chapter 2 住宅のモデルを作成しよう

16 追加したマテリアルを外壁にペイントする

前項で追加したマテリアル「Galva」を外壁にペイントしましょう。

1 「マテリアル」ダイアログの「モデル内」（**Mac** は「Colors in Model」）の「Galva」を 🖰。

2 玄関の外壁を 🖰。

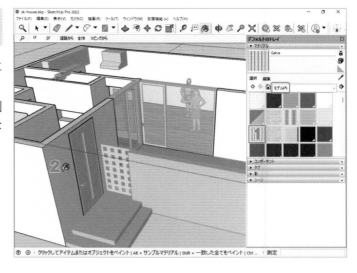

3 残り5面の外壁を 🖰し、1階のすべての外壁をマテリアル「Galva」でペイントする。

グループ編集セッションを終了しましょう。

4 編集対象のエンティティがない位置で 🖰し、コンテキストメニューの「グループを閉じる」を 🖰。

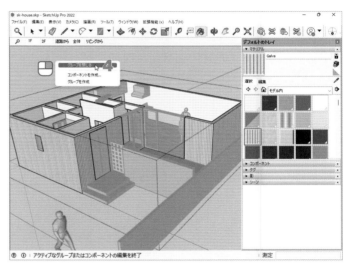

17 2階をペイントする

続けて、2階の外壁をペイントしましょう。

1 「2F」タブを 🖰。

➡ 「2F」シーンのビューになる。

2 2階の壁または床を 🖰し、コンテキストメニューの「グループを編集」を 🖰。

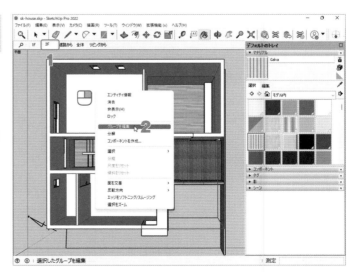

➡ グループ編集セッションになり、編集対象外のエンティティは淡色で表示される。

3 「マテリアル」ダイアログの「モデル内」（**Mac** は「Colors in Model」）の「Galva」を選択し、外壁面を🖱。

4 残り8面（ベランダ左右の壁、手摺内側を含む）の外壁を🖱し、マテリアル「Galva」でペイントする。

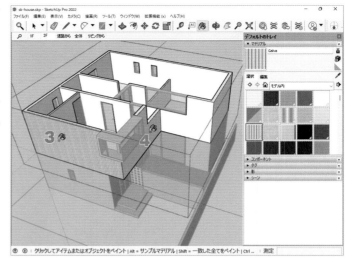

2階の床を、1階の床と同じマテリアルでペイントしましょう。

5 「マテリアル」ダイアログの「モデル内」の「フローリング_ライト」を🖱。

6 床を🖱。

ベランダの床は、外構のデッキテラスと同じマテリアルでペイントしましょう。

7 「マテリアル」ダイアログの「モデル内」の「クラッディング 風化」を🖱。

8 ベランダの床を🖱。

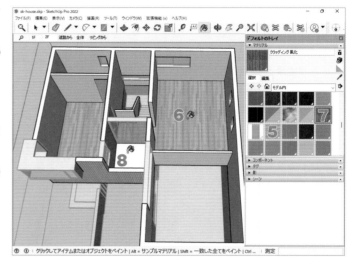

2階のすべての内壁を、1階の壁と同じ色でペイントしましょう。

9 「マテリアル」ダイアログの「モデル内」の「0009_リネン」を🖱。

10 Ctrlキー（ **Mac** は option キー）を押して、一括ペイントモードにする。

11 2階の内壁を🖱。

➡ **11** の面に連結するすべての面（すでにペイントされている床・外壁面は除く）がペイントされる。

Point **11** の壁に連結していない壁面はペイントされません。ペイントされない内壁がある場合は、**11** と同じ操作でペイントしてください。

12 Ctrlキー（ **Mac** は option キー）を押して、一括ペイントモードを解除する。

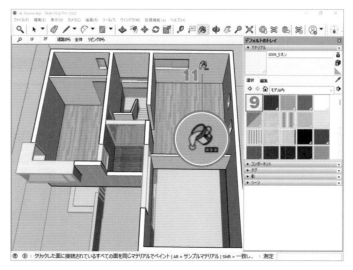

グループ編集セッションを終了しましょう。

13 編集対象のエンティティがない位置で🖱️
し、コンテキストメニューの「グループを閉
じる」を🖱️。

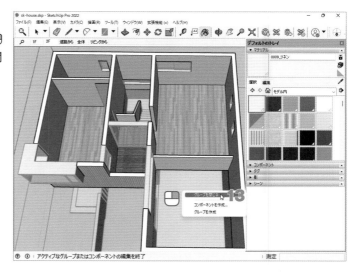

18　屋根をペイントする

屋根の側面をマテリアル「Galva」で、屋根面
をマテリアル「Roof」でペイントしましょう。

1 「タグ」ダイアログの「屋根」タグを可視にす
る。

2 屋根を🖱️し、コンテキストメニューの「グ
ループを編集」を🖱️。

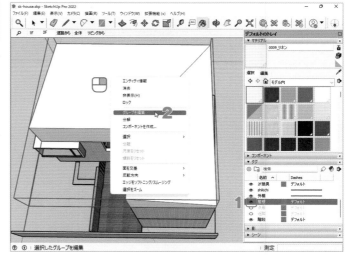

➡️ グループ編集セッションになり、編集対象外のエン
ティティが淡色で表示される。

3 「マテリアル」ダイアログの「モデル内」の
「Galva」を🖱️。

4 屋根の側面を🖱️。

5 残り5面の屋根側面も🖱️し、マテリアル
「Galva」でペイントする。

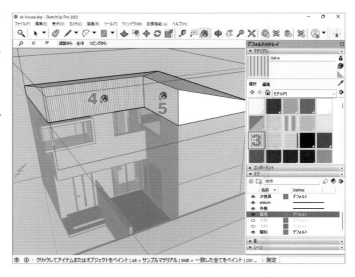

6 「マテリアル」ダイアログの「モデル内」の「Roof」を🖰。

7 屋根面を🖰。

8 もう一方の屋根面を🖰。

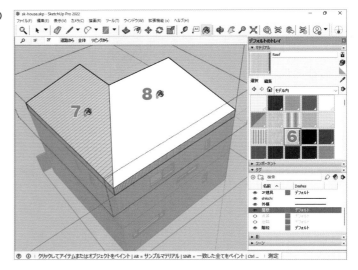

グループ編集セッションを終了しましょう。

9 編集対象のエンティティがない位置で🖰し、コンテキストメニューの「グループを閉じる」を🖰。

以上でモデルの作成は完了です。以降、モデルの見た目を整えるための操作を行います。

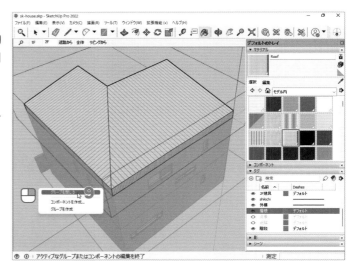

19 シーン「外観」を追加する

建物の外観をシーンとして追加しましょう。

1 「全体」タブを🖰。

　➡ シーン「全体」のビューになる。

2 メニューバー［カメラ］－「カメラを配置」を🖰。

3 右図の位置から建物へ向かってドラッグする。

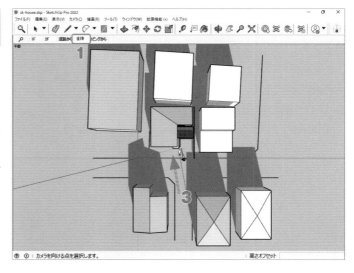

4 視線の高さを1550mmに指定して、ビューを調整する。

5 「タグ」ダイアログで「点景」タグを不可視にする。

➡ 人物モデルが非表示になる。

6 「シーン」ダイアログで ⊕ （シーンを追加）を 🖰 し、追加したシーンの名前を「外観」にする。

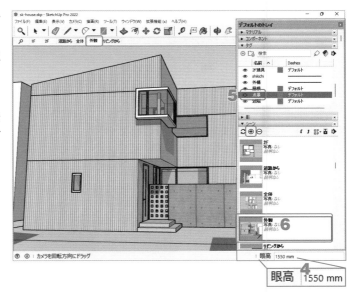

<table>
<tr><td></td><td colspan="2">眼高</td><td>1550 mm</td></tr>
</table>

太い外形線の表示を細くしましょう。

1 メニューバー［表示］－「エッジスタイル」－「外形線」を 🖰。

➡ 「外形線」のチェックが外れ、細い線で表示される。

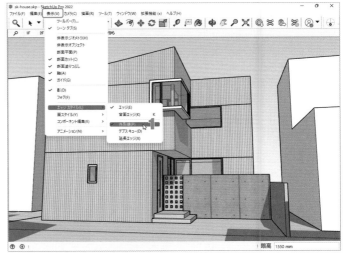

「外観」シーンで線が細く表示されるように、「外観」シーンを更新しましょう。

2 「外観」タブを 🖰 し、コンテキストメニューの「更新」を 🖰。

➡ エッジスタイルを変更したため、右図の警告ダイアログが表示される。

3 「新しいスタイルとして保存する」を選択した状態で「シーンを更新」ボタンを 🖰。

上書き保存しましょう。

4 メニューバー［ファイル］－「保存」を 🖰。

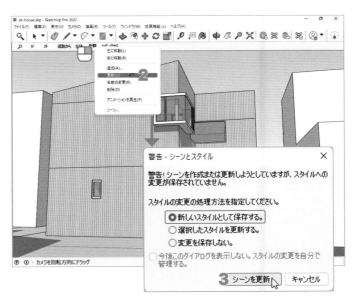

21 1階・2階・屋根のグループを分解して別名で保存する

1階・2階・屋根を区切る線を非表示にするために、これらのグループを分解しましょう。

1 「選択」ツールを🖱し、屋根を🖱。

2 Shift キーを押したまま（ポインタに±マークが表示された状態で）、2階の面を🖱。

➡ 2階のグループエンティティが追加選択され、ハイライトされる。

3 Shift キーを押したまま（ポインタに±マークが表示された状態で）、1階の面を🖱。

➡ 1階のグループエンティティが追加選択され、ハイライトされる。

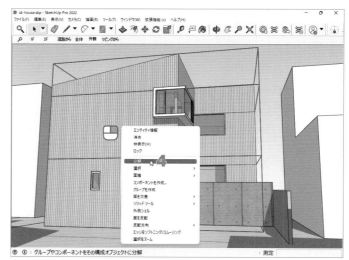

Point 1階・2階・屋根を区切る線は、外壁面の境界エッジであるため消すことはできませんが、「消しゴム」ツールを使って非表示にできます。この機能を「ソフトニング」と呼びます。ただし、現状の1階・2階・屋根がそれぞれグループになっている状態では、ソフトニングはできません。ソフトニングを適用するには、グループを分解する必要があります。

4 ハイライトされたグループエンティティの1つを🖱し、コンテキストメニューの「分解」を🖱。

➡ 1～3で選択した3つのグループが分解され、各エンティティがハイライトされる。

5 すべての選択を解除する。

前項で上書き保存したモデルをそのまま残しておくため、グループを分解したこのモデルを、別の名前で保存しましょう。

6 メニューバー［ファイル］－「名前を付けて保存」を🖱。

7 「名前を付けて保存」ダイアログの「保存する場所」を「22sk」フォルダーにし、「ファイル名」を「sk-house1」に変更する。

8 「保存」ボタンを🖱。

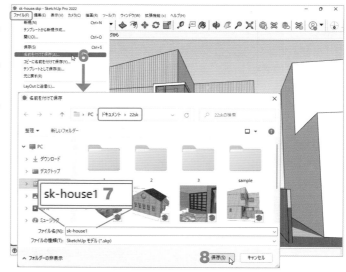

22 エッジをソフトニングする

近隣建物を非表示にし、1階・2階・屋根を区切るエッジをソフトニングしましょう。

1 「タグ」ダイアログで「近隣」タグを不可視にする。

2 「消しゴム」ツールを🖱し、Ctrlキー（**Mac**は option キー）を押す。

> **Point** Ctrlキー（Macは option キー）を押すと、ポインタに☝マークが付いたソフトニングモードに切り替わります。ソフトニングモードで🖱したエッジは、画面上では非表示になりますが実際には消去されません。

3 2階と屋根の境界エッジを🖱。

> ➡ 🖱したエッジがソフトニングされ、画面で非表示になる。

4 同様に、残りの境界エッジも🖱してソフトニングする。

> **Point** ソフトニングで非表示になったエッジ（線）を再び表示する場合は、「消しゴム」ツールで Alt キー（**Mac**は command キー）を押してソフトニングの解除モードにし、エッジのある位置を🖱します。また、メニューバー［表示］−「隠しジオメトリ」にチェックを付けることで、ソフトニングで非表示になったエッジなどのエンティティを一時的に表示できます。

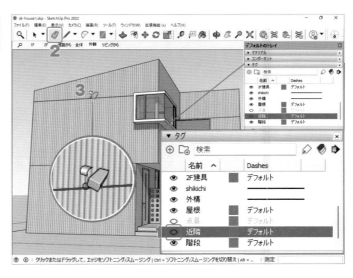

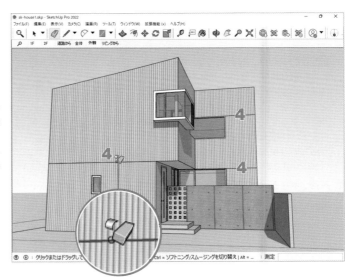

内部の1階と2階の間にある境界エッジも非表示にしましょう。

5 「2F」タブを🖱し、シーン「2F」のビューにする。

6 「オービット」「ズーム」「パン」ツールなどを使って適宜ビューを調整し、リビング吹抜部分と階段室、階段手摺にある1階と2階間の境界エッジをソフトニングする。

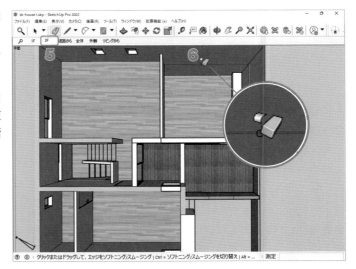

23 動的コンポーネントを確認する

インポートした一部の建具は、「動的コンポーネント」と呼ばれるもので、特別な性質を持っています。その性質を確認しましょう。

1 右図のビューにし、メニューバー［ツール］ー「対話操作」を🖱。

> **Point** 「対話操作」ツール選択時、ポインタアイコンは下図の①になり、対話操作が有効なコンポーネントにポインタを合わせた場合は②に、対話操作が無効なエンティティに合わせた場合は③に変化します。

 ① ② 有効 ③ 無効

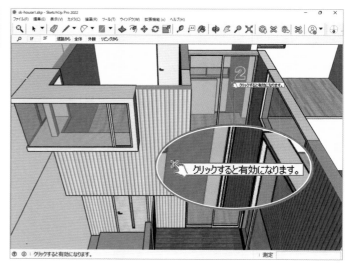

2 ポインタを2階の引き戸に合わせ、ポインタアイコンが右図のようになったら🖱。

> ➡🖱した引き戸が、アニメーションのように動いて開く。

> **Point** 🖱した引き戸は「動的コンポーネント」と呼ばれる特別な性質を持ったコンポーネントです。バルコニーに向いた1階と2階の2つの建具は同一のコンポーネントのため、一方のコンポーネントを🖱することでもう一方のコンポーネントも同じように動きます。再度🖱すると、引き戸は閉まります。このような動的コンポーネントの作成方法は、Chapter 3（→p.250）で紹介します。

3 再度、ポインタを引き戸に合わせて🖱。

> ➡🖱した引き戸と1階の引き戸が閉じる。

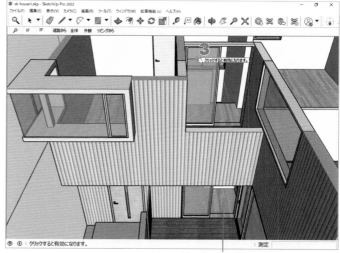

同じコンポーネントである1階の引き戸も開く

24 「外観」シーンにして上書保存する

シーン「外観」を表示して上書き保存しましょう。

1 「外観」タブを🖱。

2 上書き保存する。

> ➡1階・2階・屋根のグループを分解した「sk-house1.skp」が上書き保存される。

以上でStep 4は終了です。分解後のモデルは変更操作が行いにくいため、このモデルを変更する場合は、分解前の「sk-house.skp」を開いて変更してください。

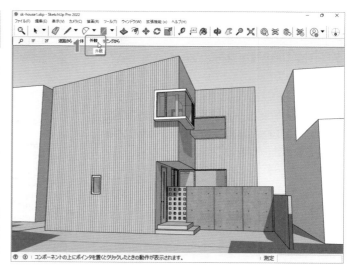

Chapter 3

ステップアップのための
テクニック

「3D Warehouse」には、世界中のSketchUpユーザーが作成した3Dモデルが収録されています。p.199と同じ要領で、それらのモデルをダウンロード、インポートできます。

ここでは、モデルを探してSKPファイルとしてダウンロードする手順を説明します。

1 「コンポーネント」ダイアログの「検索」ボックスに、探したいモデルの名称を入力する。

2 （検索）を🖱。

※ **Mac** では2の操作は不要。

> **Point** 一般名称（sofa、tableなど）や、製品名、製品ブランド名（BMW、EAMSなど）を入力します。より多くのモデルを検索するには、日本語ではなく、半角のアルファベットで入力します。

➡ 該当するモデルが表示される。

3 ダウンロードするモデルの名前部分を🖱。

> **Point** サムネイル部分を🖱すると、編集中のモデルにインポートできます。

➡ 「3D Warehouse」ウィンドウが開く。

4 「Download」（ **Mac** は「ダウンロード」）ボタンを🖱。

5 「モデル内にロードしますか？」と記載されたメッセージウィンドウが開くので、「いいえ」ボタンを🖱。

名称・製品名は、日本語よりも半角アルファベットで入力したほうが見つかる確率が高い

検索結果の件数を表示

6 「Save File」（ **Mac** は「保存」）ダイアログで、ファイルの場所およびファイル名を指定し、「保存」ボタンを🖱。

➡ 6の指定場所に、3で選択したモデルのSKPファイルが保存される。

> **Point** 保存したSKPファイルのモデルは、メニューバー［ファイル］－「開く」で開いたり、メニューバー［ファイル］－「インポート」（→p.112）でインポートしたりして利用できます。「3D Warehouse」のモデルには、インチ単位で作成されたモデルもあります。そのようなモデルを利用する場合は、mm単位で編集中のモデルにインポートしたあとで、「尺度」ツールで大きさを調整する必要があります（→次ページ）。

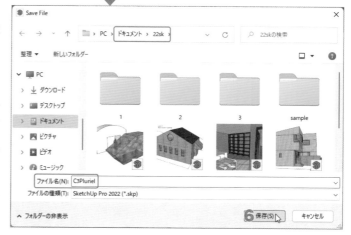

モデルの大きさ変更は「尺度」ツールで行います。ここでは、mm単位のモデルにインチ単位で作成されたコンポーネントをインポートしたことを前提に、コンポーネントの大きさを、mm単位に換算した大きさになるよう、0.0393倍する例で説明します。

1 🖼「尺度」ツールを🖱。

2 大きさ変更するエンティティ（ここではコンポーネント）を🖱。

➡ ハイライトされ、尺度変更グリップ（緑の小さな立方体）が表示される。

Point 「尺度」ツールでは、選択したエンティティの大きさを変更します。コンポーネントやグループになっていない複数のエンティティから成るモデルの大きさを変更する場合は、「選択」ツールでそれらを選択したあと、「尺度」ツールを🖱してください。

3 角のグリップにポインタを合わせ、尺度変更グリップが赤くなり、均等尺度 反対側の点を基準 が表示されたら🖱。

Point **3**で🖱したグリップの対角のグリップ位置を基準として、均等に大きさを変更します。この後、ポインタを移動するか、「尺度」ボックスに倍率を入力します。

4 キーボードから「0.0393」を入力する。

➡ **3**の対角を基準として、全体が均等に0.0393倍の大きさになる。

Point 必要に応じて、大きさ変更したコンポーネントを「移動」ツールで人物モデルの近くに移動してください。**3**で🖱するグリップによって、大きさ（長さ）変更される方向は異なります。上面中央のグリップにポインタを合わせると 青の尺度 反対側の点を基準 と表示され、青軸方向（高さ）の大きさ（長さ）のみが変更されます。

5 すべての選択を解除する。

6 「全体表示」ツールを🖱。

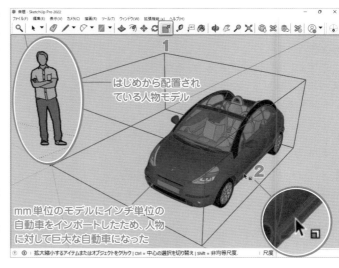

はじめから配置されている人物モデル

mm単位のモデルにインチ単位の自動車をインポートしたため、人物に対して巨大な自動車になった

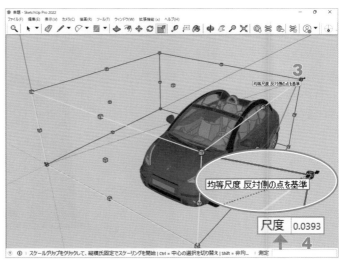

均等尺度 反対側の点を基準

尺度 0.0393

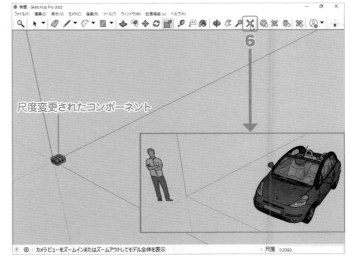

尺度変更されたコンポーネント

モデルの断面を表示する
▶▶▶ 断面平面

「断面平面」ツールを利用して、Chapter 2で作成した建物の吹抜部分の断面を表示しましょう。

ここでは、「22sk」フォルダー内「3」フォルダーに収録の「3-3_6.skp」を開き、「外観」シーンを表示した状態から説明します。

1 「タグ」ダイアログで、「近隣」タグを不可視にする。

2 メニューバー[ツール]-「断面平面」を🖱。

➡ 右図のように、ポインタに断面平面マークが表示される。

Point 断面平面マークは、ポインタを合わせる面に平行に表示されます。

3 表示したい断面と同じ向きの面（ここでは手前の外壁）にポインタを合わせ、断面平面マークの向きを確認して🖱。

➡ 「断面平面名」ダイアログが開く。

4 「名前」「記号」を確認（または変更）して、「OK」ボタンを🖱。

5 「全体表示」ツールを🖱。

➡ ワークスペースのビューが右図のようになり、オレンジ色の断面マーカーが表示される。

Point 断面マーカーは、モデル全体（非表示の「近隣」タグのモデルも含める）を覆うため、右図のような大きさになります。「近隣」タグのモデルを削除しない限り、この大きさは変わりません。

断面マーカーを移動して、吹抜部分の断面を表示しましょう。

6 「移動」ツールを🖱。

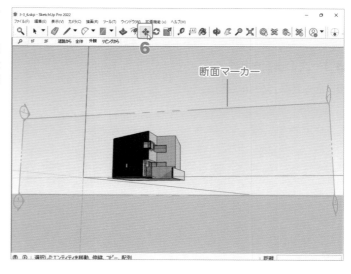

7 移動対象として、断面マーカーにポインタ
を合わせ、青くハイライトされたら🖱し、奥
にポインタを移動する。

> ➡ ポインタに従い、断面マーカーが移動し、それにと
> もない、表示される断面が変化する。

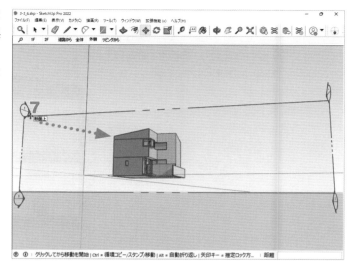

8 断面マーカーの移動先として、リビングの
吹抜の断面が表示された状態で🖱。

断面を、正面から見たビューにしましょう。

9 断面マーカーにポインタを合わせ🖱し、
コンテキストメニューの「ビューを揃える」
を🖱。

> ➡ 断面を正面から見たビューになる。

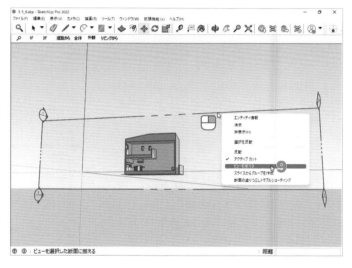

断面マーカーを非表示にしましょう。

10 メニューバー[表示]を🖱し、プルダウンメ
ニューのチェックの付いた「断面平面」を
🖱。

> ➡ 「断面平面」のチェックが外れ、断面マーカーが非表
> 示になる。

11 「全体表示」ツールを🖱し、適宜「パン」ツー
ルで、表示位置を調整する。

右図の表示では、部屋の奥行きが表現されて
います。断面図のように、平板な表示にしま
しょう。

12 メニューバー[カメラ]ー「平行投影」を🖱。

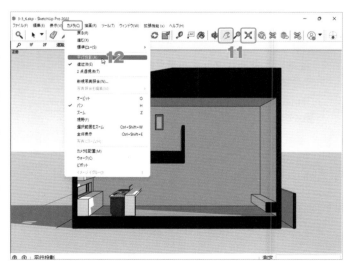

➡ 右図のように、断面図のビューになる。

13 必要に応じて、影の表示やスタイル（→p.243）などを変更し、名前を「断面図」としてシーンに追加する。

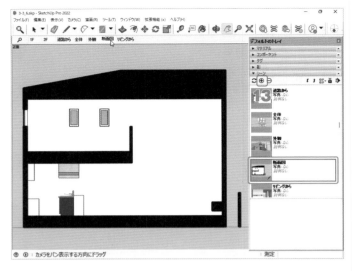

Hint DXFファイルに保存

以下の手順で、断面図のアウトラインをCADで読み込めるDXF（またはDWG）ファイルとして保存できます。

1 断面を表示した状態で、メニューバー［ファイル］－「エクスポート」－「断面スライス」を🖱。

2 「2D断面スライスをエクスポート」ダイアログの「ファイルの種類」（ **Mac** は「形式」）ボックスを、「AutoCAD DXFファイル(*.dxf)」にする。

3 必要に応じて、「オプション」ボタンを🖱し、オプションを指定する。

> **Point** 「DWG/DXFエクスポートオプション」ダイアログで、保存するDXF（またはDWG）のバージョンなどを指定できます。

4 「保存する場所」「ファイル名」を確認、適宜変更し、「エクスポート」ボタンを🖱。（ **Mac** はさらに出力確認のウィンドウが開くので、「OK」ボタンを🖱）。

実寸法で保存するには
「現寸（1：1）」にチェックを付ける

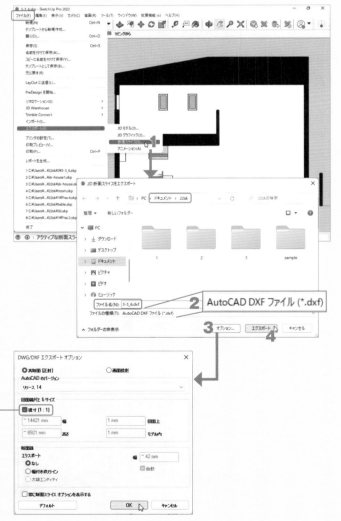

SketchUpには、モデルのエッジ（線）や面、ビューの背景などの表現方法を定義した、何種類もの「スタイル」が用意されています。このスタイルを指定することで、ペン画や水彩画風などの表現ができます。

ここでは、「22sk」フォルダー内「3」フォルダーに収録の「3-3_6.skp」を開き、「外観」シーンを表示した状態から、スタイルの変更方法を説明します。

1 メニューバー [ウィンドウ] －「デフォルトのトレイ」を🖰し、チェックの付いていない「スタイル」を🖰（ **Mac** はメニューバー [ウィンドウ] －「スタイル」を🖰）。

➡「スタイル」ダイアログが開く。

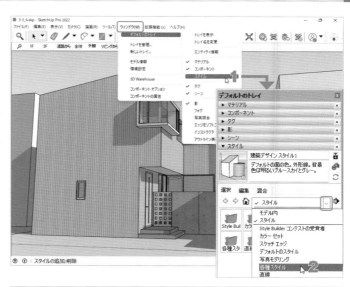

2「スタイル」ダイアログで、「選択」タブの「スタイル」右の ⌄ を🖰し、プルダウンリストから「各種スタイル」を🖰。

➡ 各種スタイルが表示される。

> **?** **Mac**「各種スタイル」を🖰しても何も表示されない→p.266

> **Point** サムネイル表示されたスタイルを🖰することで、ワークスペースのモデルがそのスタイルで表示されます。

3 サムネイル表示のスタイルを順に🖰し、ワークスペースのモデルの変化を確認する。

4「鉛筆と水彩画用紙」のサムネイルを🖰。

➡ ワークスペースの表示が、「鉛筆と水彩画用紙」スタイルに変更される。

現在表示しているスタイルで、現在のシーン「外観」を更新しましょう。

5「外観」タブを🖰し、コンテキストメニューの「更新」を🖰。

➡「外観」シーンが、**4**で指定のスタイルで更新される。

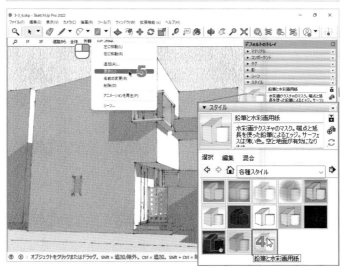

ここでは、「22sk」フォルダー内「3」フォルダーに収録されている「3-3_6.skp」を開き、「外観」シーンを印刷する例で説明します。

1 印刷する「外観」シーンを表示する。

2 メニューバー[ファイル]－「プリンタの設定」を🖱。

Mac の印刷手順→p.246

3 「プリンターの設定」ダイアログの「プリンター名」を確認し、用紙サイズ、印刷の向き（右図ではA4、横）を指定し、「OK」ボタンを🖱。

印刷プレビューで、用紙に対する印刷サイズなどを確認しましょう。

4 メニューバー[ファイル]－「印刷プレビュー」を🖱。

➡ 「印刷プレビュー」ダイアログが開く。

5 「タブ付きシーン印刷範囲」欄の「現在のビュー」が選択されていることを確認する。

Point 「タブ付きシーン印刷範囲」欄で「シーン」を選択し、「開始」と「終了」を指定すると、指定した範囲のシーン（複数枚）を印刷します。

6 「印刷サイズ」欄の「ページに合わせる」にチェックを付ける。

Point 6のチェックを付けると、用紙に現在のビュー全体が入る大きさで印刷します。チェックを外すと、印刷サイズの幅と高さを指定できます。その際の単位は、「単位」ボックスで変更できます。

7 「モデル範囲を使用する」のチェックを外す。

Point 現在のビューでの表示範囲を印刷するには、7のチェックを外します。

8 「印刷品質」ボックスで、印刷の品質（右図では高解像度）を指定する。

9 「OK」ボタンを🖱。

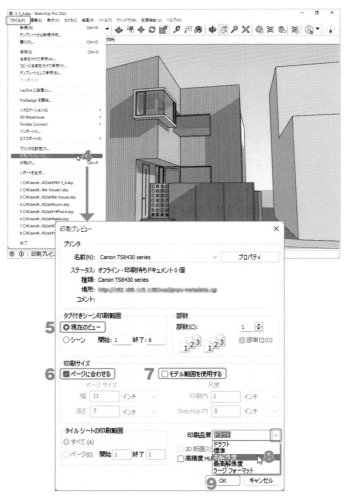

3

Chapter 3 ステップアップのためのテクニック

➡ 印刷プレビューが表示される。

Point 「タブ付きシーン印刷範囲」欄で「シーン」を選択し、複数枚のシーンの印刷を指定した場合は、「次のページへ」ボタンを🖱することで、次のページをプレビューします。

印刷しましょう。

10 「印刷」ボタンを🖱。

➡ 「印刷」ダイアログが開く（指定内容は「印刷プレビュー」ダイアログと同じ）。

11 「印刷」ダイアログの「OK」ボタンを🖱。

➡ 印刷される。

? 2枚の用紙に分かれて印刷される → p.266

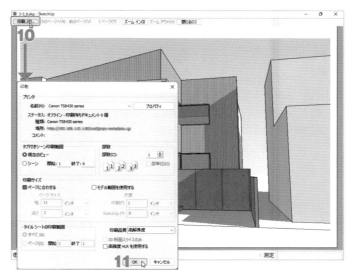

Hint 縮尺を指定（S＝1:100）して印刷

平面図・断面図・立面図でビューを「平行投影」にした場合に限り、縮尺を指定して印刷できます。ここでは、上記の操作に続けて、「1F」シーンの1階平面図をS＝1：100で印刷する例で説明します。

1 「1F」シーンにする。

2 メニューバー[カメラ]－「平行投影」を🖱。

3 「全体表示」ツールを🖱。

4 メニューバー[ファイル]－「印刷プレビュー」を🖱。

➡ 「印刷プレビュー」ダイアログが開く。

5 「印刷サイズ」欄の「ページに合わせる」のチェックを外す。

6 「尺度」の「単位」ボックスの ⌄ を🖱し、プルダウンリストから「mm」を選択する。

7 「尺度」の「印刷内」ボックスを「1」にする。

8 「尺度」の「SketchUp内」ボックスを「100」にする。

Point 7、8の数値で、1：100を指定します。

9 「OK」ボタンを🖱。

➡ 印刷プレビューが表示される。

10 「印刷」ボタンを🖱。

11 「印刷」ダイアログの「OK」ボタンを🖱。

➡ 1階平面図がS＝1：100で印刷される。

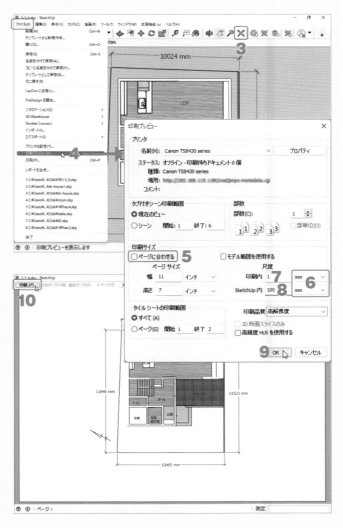

Mac での印刷

1 メニューバー[ファイル]-「ページ設定」を
🖱。

2 「ページ設定」ダイアログで、「対象プリン
タ」と「用紙サイズ」と「方向」(ここではA4
横)を指定し、「OK」ボタンを🖱。

3 メニューバー[ファイル]-「ドキュメント
設定」を🖱。

4 「ドキュメント設定」ダイアログで「ビュー
をページに合わせる」にチェックを付け、
「OK」ボタンを🖱。

> **Point** 前ページの **Hint** と同様に、平面投影の平面図
> や断面図を指定した縮尺で印刷するには、「ビューを
> ページに合わせる」のチェックを外し、「印刷尺度」欄
> の「図面上」「モデル内」ボックスで、下図のように指定
> します。

5 メニューバー[ファイル]-「印刷」を🖱。

6 「印刷」ダイアログで、「プリンタ」名とプレ
ビューを確認し、「プリント」ボタンを🖱。

プレビュー ──

Chapter 3 ステップアップのためのテクニック

「SketchUpで表示しているビューをWord やExcelに貼り付けたい」、あるいは「Sketch Upを入れていないパソコンやスマートフォン などでも見られる画像にしてメール添付で送 りたい」という場合は、JPEG画像として保存 します。

ここでは、「22sk」フォルダー内「3」フォル ダーに収録の「3-3_6.skp」を開き、「外観」 シーンをJPEG画像として保存する例で説明 します。

1 画像として保存するビュー（ここでは「外観」シーン）にする。

2 メニューバー［ファイル］－「エクスポート」－「2Dグラフィック」を🖰。

➡「2Dグラフィックをエクスポート」ダイアログが開く。

3 「ファイルの種類」（ **Mac** は「形式」）ボックスの✓を🖰し、プルダウンリストから「JPEGイメージ（*.jpg）」を🖰。

> **Point** 表示されるプルダウンリストから、右図の8種類の形式を選択できます（ **Mac** はBMPを除く7種類）。ここで「EPSファイル」「PDFファイル」を選択してエクスポートした場合、面にペイントしたテクスチャーは出力されません。

4 必要に応じて、「オプション」ボタンを🖰してオプション設定を行う。

> **Point** **3**で選択したファイル種類に応じた「エクスポートオプション」ダイアログが開きます。JPEG画像を選択した場合、右図のダイアログが開きます。「ビューサイズを使用する」のチェックを外してから「幅」や「高さ」の数値（単位：ピクセル）を指定することで、ピクセル単位でのサイズ指定ができます。

5 「保存する場所」と「ファイル名」を確認、適宜変更し、「エクスポート」ボタンを🖰。

➡ 指定場所に、指定のファイル名で保存される。

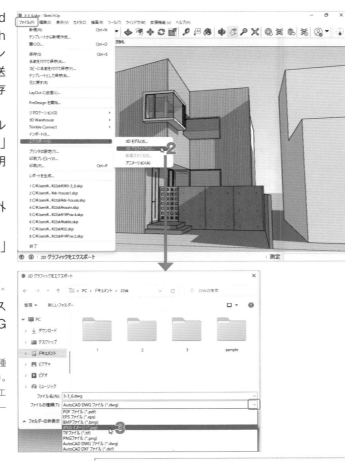

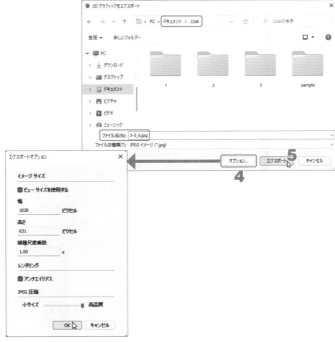

StepUp 7 アニメーションを作る ▶▶▶ アニメーション

アニメーションで見せる「シーン」を作成して再生順に並べるだけで、アニメーションができます。
ここでは、「22sk」フォルダー内「3」フォルダーに収録の「3-7.skp」を開き、シーンを以下の順に並べて、アニメーションを作る例で解説します。

「全体」シーン

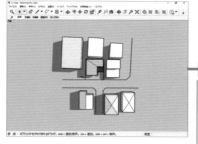

「外観B」シーン

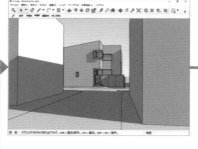

「外観A」シーン

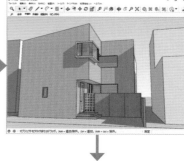

14:00の影を表示したシーンを追加

「道路から」シーン

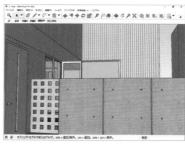

1 アニメーション用のシーンを追加する

「全体」シーンと同じビューで、影の時間帯を
14:00にしたシーンを追加しましょう。

1 「全体」シーンにして、「影（設定）」ダイアログで時間を進めて「14:00」にし、14:00の影を表示する。

「影設定」ダイアログの表示→p.121

2 「シーン」ダイアログで、⊕（シーンを追加）を🖱。

シーンの追加→p.106

➡「全体」シーンの後ろに「シーン6」として追加される。

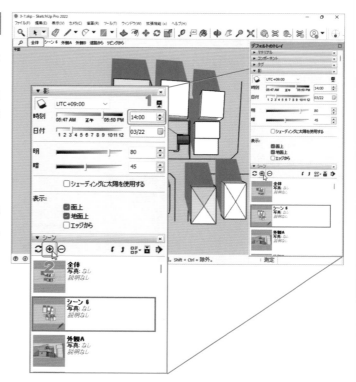

2 シーンの並び順を変更する

「外観A」シーンと「外観B」シーンの順序を入れ替えましょう。

1 「外観A」タブを🖱し、コンテキストメニューの「右に移動」を🖱。

➡ 🖱した「外観A」タブが1つ右に移動し、「外観B」タブの後ろになる。

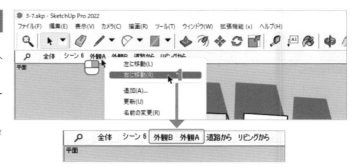

3 アニメーションに使わないシーンを指定する

「リビングから」シーンをアニメーションで表示しないよう設定しましょう。

1 「リビングから」タブを🖱。

2 「シーン」ダイアログの📊（詳細を表示）を🖱。

3 「リビングから」シーンが選択された状態で、「アニメーションに含める」のチェックを外す。

➡ シーンタブの名前に（　）が付き、「（リビングから）」となる。

以上で完了です。メニューバー［表示］－「アニメーション」－「再生」を🖱し、アニメーションを再生してみましょう。

❓ アニメーションでモデルの一部や影が表示されない／アニメーションの動きがぎこちない→p.267

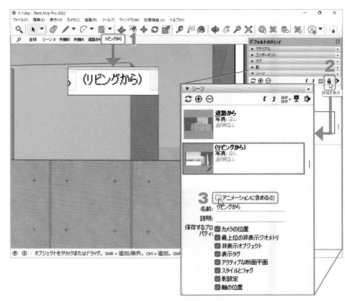

Hint アニメーションを動画ファイルとして保存

作成したアニメーションは、「Windows Media player」などで再生できるMP4（動画）ファイルとして保存できます。

1 メニューバー［ファイル］－「エクスポート」－「アニメーション」を🖱。

2 「アニメーションをエクスポート」ダイアログで、「ファイルの種類」（ Mac は「形式」）を「MP4H.264ビデオファイル（*.mp4）」（ Mac は「H.264（*.mp4）で圧縮」）にする。

3 「保存する場所」「ファイル名」を確認、適宜変更し、「エクスポート」ボタンを🖱。

➡ アニメーションがMP4ファイルとして保存される。

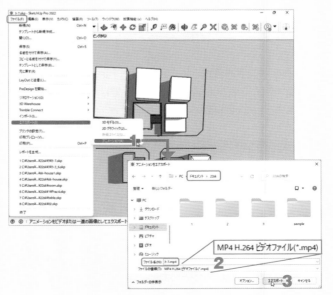

開閉できる扉（動的コンポーネント）の作成

ここでは、「22sk」フォルダー内「3」フォルダーに収録の「3-8.skp」の扉を、右（X軸）方向に開く（下図）動的コンポーネントにする例で説明します。

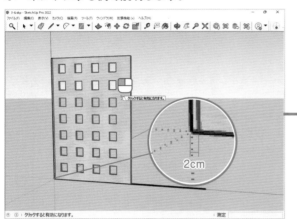
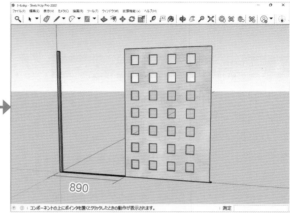

1 扉をコンポーネントにする

「3-8.skp」の扉はグループになっています。この扉をコンポーネントにしましょう。

1 グループになっている扉を🖱し、コンテキストメニューの「コンポーネントを作成」を🖱。

> **Point** この扉はグループになっていますが、コンポーネントにする対象を必ずしもグループにしておく必要はありません。p.157の「**25** 作成した直方体をコンポーネントにする」の手順で、コンポーネントを作成してください。

➡ 扉の左下角を原点として、赤（X）、緑（Y）、青（Z）の軸が表示され、「コンポーネントを作成」ダイアログが開く。

2 「コンポーネントを作成」ダイアログで、「定義」ボックスの名前を適宜変更（右図では「D1」に変更）し、「作成」ボタンを🖱。

2 動的コンポーネントの属性を設定する

作成したコンポーネントに動的コンポーネントの属性を設定しましょう。

1 属性を設定するコンポーネントを🖱し、コンテキストメニューの「動的コンポーネント」－「コンポーネントの属性」を🖱。

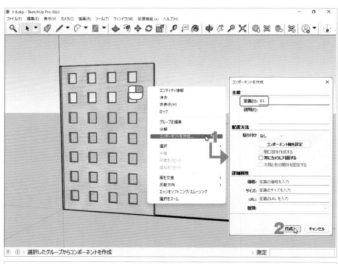

Chapter 3 ステップアップのためのテクニック

→「コンポーネントの属性」ダイアログが開く。

2「情報」タブの⊕（属性を追加）を🖰。

3 コンテキストメニューで、「動作」欄の「onClick」を🖰。

> **Point**「対話操作」ツールで🖰すると動作するように、「onClick」を選択します。

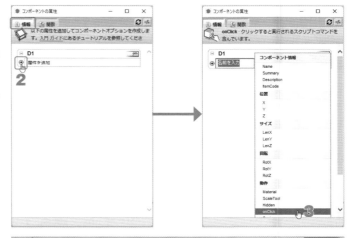

4 追加された「onClick」ボックスに「animate（"X",2,89）」を入力する。

> **Point**「animate」はアニメーションの動きをする指定で、その後ろに動きの軸方向（X）とその「元座標, 移動先座標」(2,89)を、右上に表示の単位(cm)で指定します。このモデルでは、X軸方向に原点から2cmの位置から89cmの位置に移動するため、「("X",2,89)」と入力します。

5「コンポーネントの属性」ダイアログの☒（Mac は⊗）を🖰。

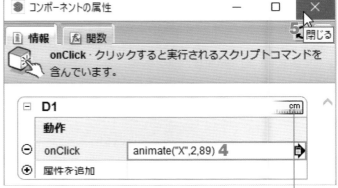

単位（🖰で cm ⇔ inch 切り替え）

動作を確認しましょう。

6 メニューバー［ツール］－「対話操作」を🖰。

7 コンポーネントの属性を設定した扉を🖰。

> → 扉が**4**での指定どおりに、右方向に動く。

> **?** Mac で「ERROR：Invalid entity to animate ("X")」とメッセージウィンドウが表示され、動作しない → p.267

以上で完了です。
このモデルをSKPファイルとして保存しておくことで、モデルにインポートして利用できます。

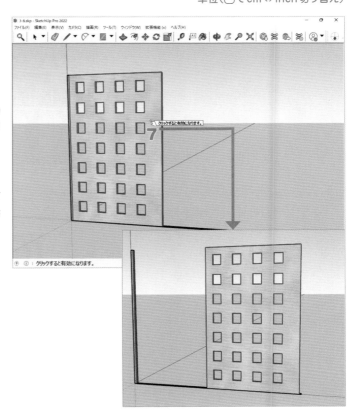

「タグ」ダイアログで、複数のタグをひとまとめにして管理できる「タグフォルダ」機能を紹介します。ここで教材にする「22sk」フォルダー内の「3」フォルダーに収録された「3-9.skp」は、Chapter 2で作成した住宅モデルの1階および2階に家具用のタグを加えて家具を配置したものです。

1 「3-9.skp」の「タグ」ダイアログを表示して、「▶ 2階」の「▶」を🖱。

> **Point** 「▶ 2階」はタグフォルダで、「▶」を🖱すると「▼ 2階」になり、タグフォルダ内の各タグが表示されます。

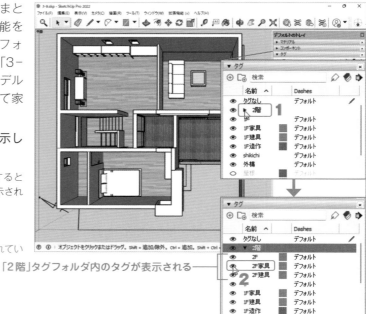

2 「2F家具」タグの👁(可視)マークを🖱。

> ➡「2F家具」タグが不可視になり、2階に配置されていた家具類が非表示になる。

「2階」タグフォルダ内のタグが表示される

3 「▼ 2階」タグフォルダの👁(可視)マークを🖱。

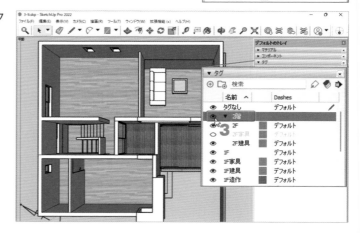

➡「▼ 2階」タグフォルダ内のタグの可視と不可視指定がそのままの状態で淡表示になり、「▼ 2階」タグフォルダ内の各タグの要素がワークスペースで非表示になる。

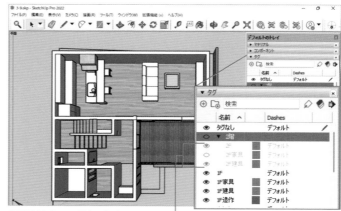

「可視」と「不可視」の指定はそのままで淡表示になる

1階のモデルのタグをひとまとめにした「1階」タグフォルダを作成しましょう。

4 「タグなし」を🖰。

> **Point** タグフォルダは、ハイライトされた場所に作成されるため、ここで4の操作をします。「▼ 2階」がハイライトされた状態で5～6の操作をすると、「▼ 2階」タグフォルダの中にさらにタグフォルダが作成されます。

5 🖿 (タグフォルダを作成)を🖰。

> ➡「▼ 2階」タグフォルダと同列にタグフォルダが作成され、名前入力をする状態になる。

6 「1階」を入力する。

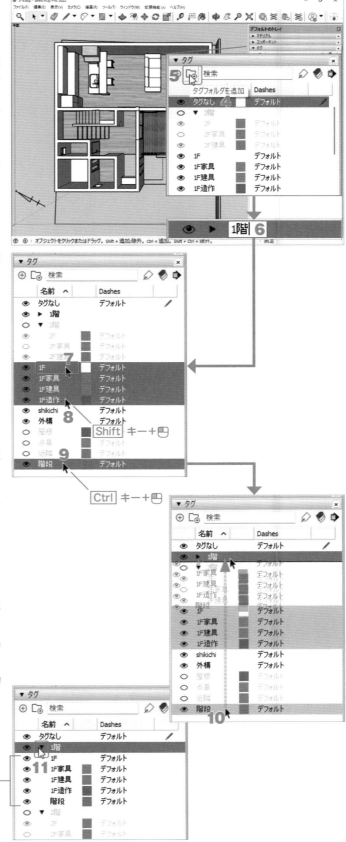

作成した「1階」タグフォルダに、「1F」「1F家具」「1F建具」「1F造作」「階段」タグを移動しましょう。

7 「1F」タグを🖰。

8 Shift キーを押したまま「1F造作」タグを🖰。

> ➡7から8のタグが選択(ハイライト)される。

9 Ctrl キー(Mac は command キー)を押したまま「階段」タグを🖰。

> ➡9のタグが追加選択(ハイライト)される。

> **Point** 8でShiftキーを押したまま🖰すると、7で選択したタグから8で指示したタグまでをすべて選択します。また、Ctrlキー(Mac は command キー)を押したまま🖰することで、個別に追加選択または選択から除外できます。

10 ハイライトされたタグをドラッグし、「▶ 1階」タグフォルダでマウスボタンをはなす。

> ➡7～9で選択したタグが「1階」タグフォルダに移動する。

11 「▶ 1階」タグフォルダの「▶」を🖰して、移動したタグを確認する。

「1階」タグフォルダ内のタグ━

インポートした3D DXFの編集
▶▶▶ 一括ソフトニングと色変更

SketchUpでは、2D（2次元）のDXF/DWG
ファイルだけではなく、設備機器メーカーな
どが提供している3D（3次元）のDXF・DWG
ファイルも、同じ手順（→p.134）でインポー
トできます。ここでは、そのようにインポート
したモデルの曲面に表示される境界エッジ
をまとめてソフトニングする方法や、マテリ
アル（色）を変更する方法を説明します。イン
ポートしたモデルはコンポーネントになっ
ているので、モデルを🖱️してコンテキストメ
ニューの「コンポーネントを編集」を🖱️したう
えで、以下の操作を行ってください。

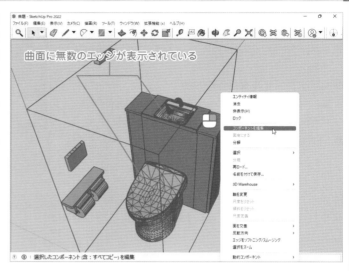

曲面に無数のエッジが表示されている

1　一括してソフトニングする

曲面上に表示されているエッジを非表示にし
ましょう。

1 「選択」ツールを🖱️。

2 ソフトニングする対象をウィンドウ選択す
る。

3 Shiftキーを押したまま、追加する個所を
ウィンドウ選択する。

> **Point** Shiftキーを押すとポインタに±マークが表示
> され、別のエンティティをウィンドウ選択することで
> 追加選択できます。また、すでに選択（ハイライト）さ
> れたエンティティをウィンドウ選択することで、選択
> の解除もできます。

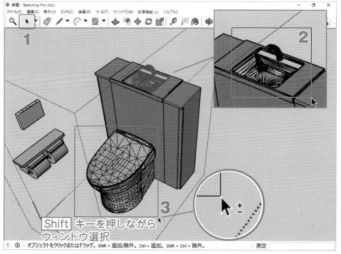

Shift キーを押しながら
ウィンドウ選択

4 メニューバー［ウィンドウ］−「デフォルト
のトレイ」を🖱️し、チェックが付いていない
「エッジをソフトニング」（**Mac** はメニュー
バー［ウィンドウ］−「エッジをソフトニン
グ」）を🖱️。

> **Point** 「エッジをソフトニング」にチェックが付いて
> いる場合は、デフォルトのトレイを表示して、トレイ
> の「エッジをソフトニング」ダイアログで**5**の操作を
> 行ってください。

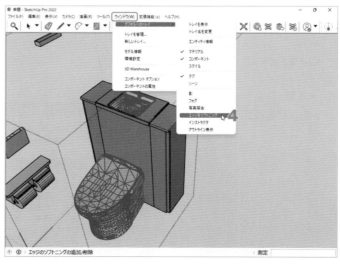

5 「エッジをソフトニング」ダイアログの「法
線間の角度」スライダーをスライドして、
エッジの状態を調整する。

> 「法線間の角度」が大きくなるに従い、多くの
> エッジがソフトニングされます。

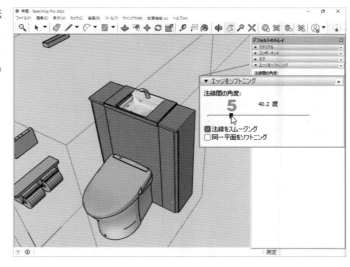

2 色（マテリアル）を変更する

便器、手洗い器の色を変更しましょう。

1 「ペイント」ツールを🖱。

2 「マテリアル」ダイアログで、ペイント色（マ
テリアル）を選択する。

3 Shift キーを押したまま、変更したい色の
エンティティを🖱。

> Point 「ペイント」ツールで Shift キーを押したまま
> （ポインタに右図のマークが表示された状態）🖱する
> と、🖱した面と同じマテリアルの面すべて（ここでは
> コンポーネント内の面が対象）をペイント（変更）しま
> す。離れた面のマテリアルを変更しない場合は、**3**で、
> Shift キーと Ctrl キー（ **Mac** は option キー）の両方を
> 押したまま🖱します。🖱面に連結する面のうち、同じ
> マテリアルの面が対象になります。
>
> ➡ **3**で🖱した面と同じ色（マテリアル）のコンポーネ
> ント内の面すべてが、**2**で選択した色（マテリアル）に
> なる。

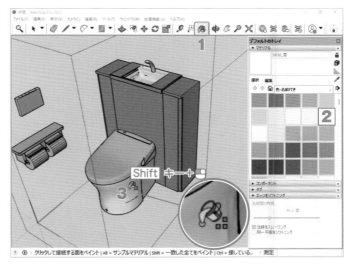

4 Shift キーを押したまま、変更したい色のエ
ンティティを🖱。

3と同じマテリアルの面が2の色になる

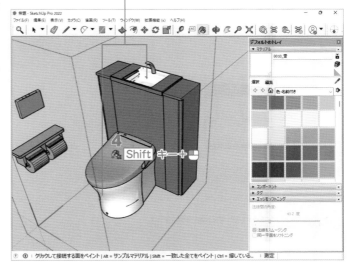

SketchUp Proに付属しているプレゼンテーションソフト「LayOut」を使うことで、複数のモデルや図、画像などを、1枚の用紙にレイアウトして印刷できます。

ここでは、「22sk」フォルダー内「3」フォルダーに収録の「3-11.skp」にあらかじめ作成してある3つのシーンを、A3横用紙にレイアウトする例で解説します。

「3-11.skp」

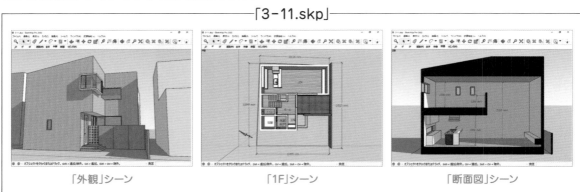

「外観」シーン　　　　　「1F」シーン　　　　　「断面図」シーン

LayOutの画面

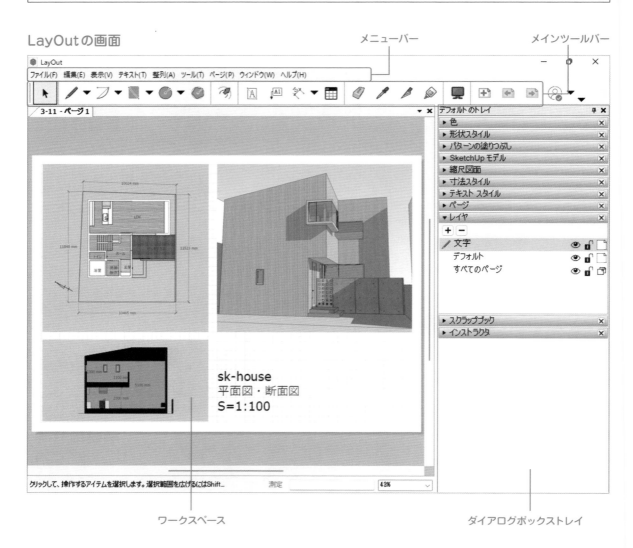

sk-house
平面図・断面図
S=1:100

メニューバー
メインツールバー
ワークスペース
ダイアログボックストレイ

Chapter 3 ステップアップのためのテクニック

1 LayOutを起動して用紙サイズを指定する

「LayOut」を起動し、A3横のテンプレートを指定しましょう。

1 デスクトップのLayOutのショートカット（ **Mac** はFinderを起動し、「アプリケーション」の「SketchUp2022」内のLayout）を 🖱🖱。

> **Point** SketchUp Proのインストール時に、デスクトップにLayOutのショートカットアイコンも作成されます。

➡ LayOutが起動し、「LayOutにようこそ」ウィンドウが開く。

2 「LayOutにようこそ」ウィンドウの「A3 Landscape」を🖱。

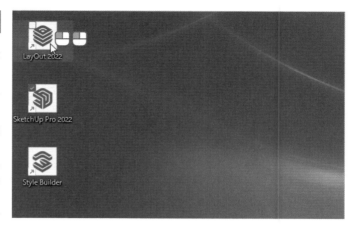

2 外観パースを挿入してレイアウトする

レイアウトするファイルを挿入しましょう。

1 メニューバー[ファイル]-「挿入」を🖱。

2 「開く」ダイアログで、レイアウトするファイル（ここでは「22sk」フォルダー内「3」フォルダーの「3-11.skp」）を🖱。

3 「開く」ボタンを🖱。

> **Point** LayOutでは、SketchUpのSKPファイルのほかに、JPEGやBMPなどの画像（ラスターイメージ）、テキスト（*.txt、*.rtf）、AutoCADファイル（*.dwg、*.dxf）、表（*.csv、*.tsv、*.xlsx）を挿入できます。

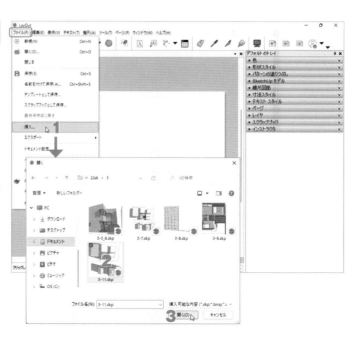

➡ 選択したファイル「3-11.skp」の保存時のシーン
が、2Dイメージとして右図のように表示され、「選択」
ツールが選択された状態になる。

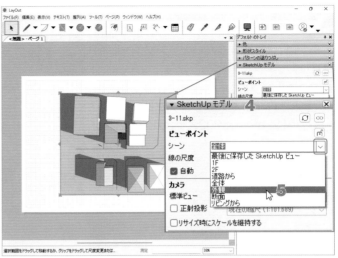

2Dイメージを「外観」シーンに変更しましょ
う。

4 「SketchUp モデル」ダイアログのタイトル
バーを🖱して、展開表示する。

　? 「SketchUpモデル」ダイアログがない→p.267

5 「シーン」ボックスの☑を🖱し、プルダウン
リストの「外観」を🖱。

　Point 「シーン」ボックスのプルダウンリストには、挿
入したSKPファイルに用意されているシーンの名前
が表示されます。

　➡「外観」シーンの2Dイメージに変わる。

外観の2Dイメージを、用紙右上に移動しま
しょう。

6 2Dイメージ上にポインタを合わせ、ポイン
タアイコンが✛（移動）になったら、右上方
向へドラッグし、2Dイメージを用紙の右上
に移動する。

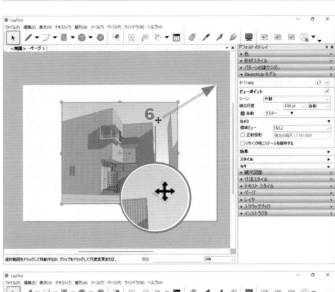

ワークスペースの用紙全体を拡大表示しま
しょう。

7 用紙のほぼ中央にポインタを合わせ、ホ
イールボタンを前方に回す。

　➡ ポインタの位置を中心に、用紙全体が拡大表示され
る。

　Point SketchUpと同様に、ホイールボタンを回すこ
とでワークスペースの表示の拡大・縮小が行えます。
ズーム操作は、メニューバー[表示]の「パン」「ズーム」
「全体表示」などを選択しても行えます。

移動した2Dイメージのサイズを小さくしま
しょう。

8 境界ボックス左下のサイズ変更グリップに
ポインタを合わせ、ポインタが右図のアイ
コンになったら、右上にドラッグして、2D
イメージの大きさを調整する。

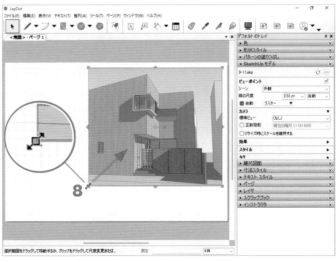

　Point 境界ボックス四隅の三角形（サイズ変更グリッ
プ）をドラッグすることで、2Dイメージの表示サイズ
を変更できます。

3 ビューを変更する

大きさを調整した2Dイメージの表示範囲を
変更しましょう。

1 ビュー変更する2Dイメージにポインタを
合わせて🖱🖱。

➡ ポインタアイコンが🔄（「オービット」）になる。

Point この状態で、SketchUpと同様に、オービット
操作やマウスホイールによるズーム操作が行えます。

2 2Dイメージ上で🖱して表示されるコンテ
キストメニューの「カメラツール」を🖱し、
「パン」を🖱。

3 2Dイメージ上でドラッグして、表示範囲を
調整する。

4 2Dイメージの外で🖱。

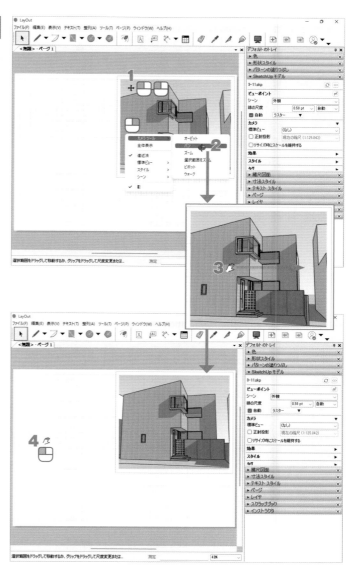

4 1FシーンをS=1:100でレイアウトする

右側に、同じSKPファイル「3-11.skp」の
「1F」シーンを挿入しましょう。

1 p.257「**2** 外観パースを挿入し、レイアウト
する」の**1～3**と同様の手順で、右図のよう
に「3-11.skp」を挿入する。

2 「SketchUpモデル」ダイアログの「シーン」
ボックスの🔽を🖱して、プルダウンリスト
の「1F」を🖱。

3 p.258の **6**、**8** と同様の手順で、「1F」シーン
の2Dイメージの大きさと位置を調整する。

「1F」シーンの2Dイメージが、平面図として
縮尺S＝1：100の大きさで印刷されるよう
に調整しましょう。

4 「1F」シーンの2Dイメージが選択された状
態で、「SketchUpモデル」ダイアログの「正
射投影」チェックボックスを🖰。

　➡ 「正射投影」にチェックが付き、「1F」シーンの2Dモ
　デルイメージが平面表示になる。

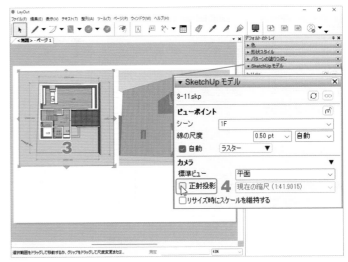

5 「スケール」ボックスの☑を🖰し、プルダウ
ンリストの「1mm：100mm（1：100）」
を🖰。

　➡ 「1F」シーンの2DイメージがS＝1：100の大きさ
　になる。

6 「リサイズ時にスケールを維持する」に
チェックを付ける。

　Point 必要に応じて、サイズ変更グリップをドラッグ
　し、平面図と寸法が表示されるよう、境界ボックスの
　大きさを調整してください。**6** のチェックを付けるこ
　とで、境界ボックスの大きさ変更後もスケール（1：
　100）は変わりません。

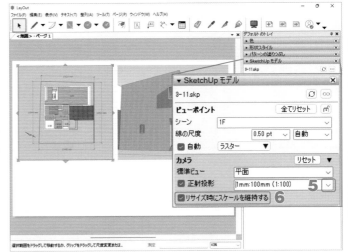

7 p.259 **1**〜**6** と同様にして、用紙の左下
に、「3-11.skp」の「断面」シーンをS＝
1/100の大きさでレイアウトする。

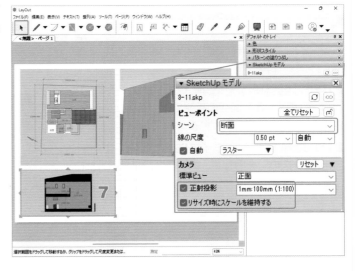

5 レイヤを追加してタイトル文字を記入する

LayOutではレイヤを利用できます。新しく「文字」レイヤを追加しましょう。

1 「デフォルトのトレイ」の「レイヤ」ダイアログの ⊞ （新しいレイヤを追加）を🖰。

> **Point** 「レイヤ」ダイアログが折り畳まれている場合は、そのタイトルバーを🖰して展開表示してください。トレイ上に「レイヤ」ダイアログがない場合は、メニューバー［ウィンドウ］−「レイヤ」を🖰してください。

> ➡「レイヤ3」が追加され、現在のレイヤ（鉛筆マーク付き）になる。

2 「レイヤ3」を🖰🖰（ **Mac** は不要）し、レイヤ名を「文字」に変更する。

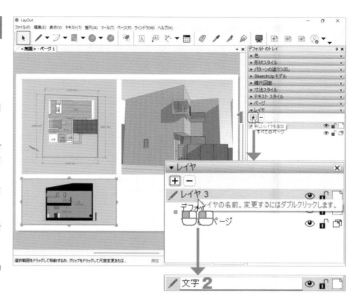

追加した「文字」レイヤに、タイトルを記入しましょう。

3 Ⓐ「テキスト」ツールを🖰。

4 「デフォルトのトレイ」の「テキストスタイル」ダイアログのタイトルバーを🖰し、展開表示する。

> **Point** **Mac** では、メニューバー［ウィンドウ］−「フォントを表示」を選択してください。

5 「サイズ」欄の「36pt」を🖰。

6 文字の記入開始位置にポインタを合わせ、右下方向へドラッグし、表示されるテキストボックスで文字の記入範囲を囲み、ボタンをはなす。

> **Point** 6で左から右にドラッグすると、テキストボックス内の文字は左（先頭）揃えで、右から左へドラッグすると右（末尾）揃えで記入されます。中央揃えにするには、文字記入の中心位置から、Ctrlキー（ **Mac** は optionキー）を押したままドラッグしてテキストボックスを作成します。

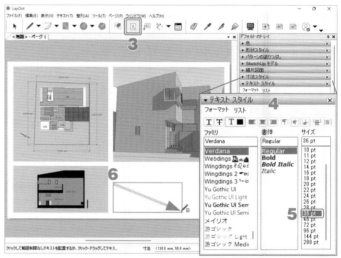

7 「sk-house」を入力し、Enterキーで改行する。

8 「平面図・断面図」を入力し、Enterキーで改行する。

9 「S＝1：100」を入力する。

10 テキストボックスの外で🖰。

> ➡テキストボックスへの入力が完了する。

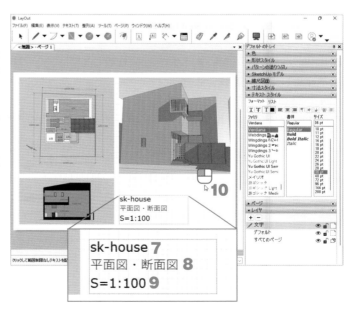

sk-house **7**
平面図・断面図 **8**
S=1:100 **9**

6　ファイルとして保存する

ここまでのレイアウトを、LayOutファイルとして保存しましょう。

1 メニューバー［ファイル］－「名前を付けて保存」を🖱。

2 「LayOutドキュメントを保存」ダイアログで、「保存する場所」を「22sk」フォルダーとし、「ファイル名」ボックスに「3-11」を入力して「保存」ボタンを🖱。

　➡「3-11.layout」として保存される。

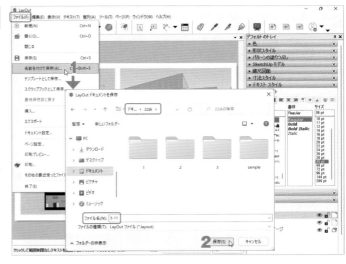

7　印刷する － Windowsの場合

印刷前に、ページ設定をしましょう。

1 メニューバー［ファイル］－「ページ設定」を🖱。

2 「ページ設定」ダイアログで、用紙の「サイズ」として「A3」を指定し、「OK」ボタンを🖱。

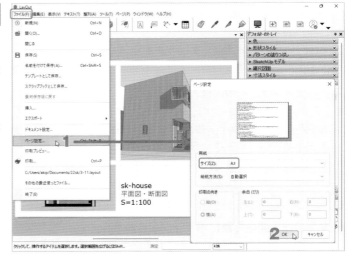

印刷プレビューで確認後、印刷しましょう。

3 メニューバー［ファイル］－「印刷プレビュー」を🖱。

4 「印刷プレビュー」ダイアログで、印刷状態を確認し、「印刷」ボタンを🖱。

　➡印刷される。

Point 印刷をしない場合は、「閉じる」ボタンを🖱してください。

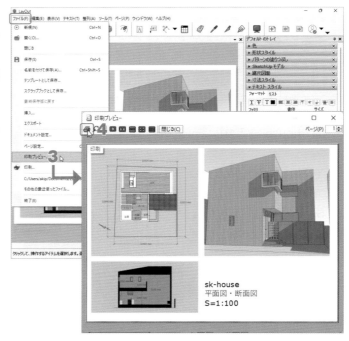

Mac での印刷

1 メニューバー［ファイル］－「ページ設定」を
   🖱。

2 「用紙サイズ」と「方向」を、印刷するレイア
   ウトと同じ「A3」と「横」にそれぞれ指定し、
   「OK」ボタンを🖱。

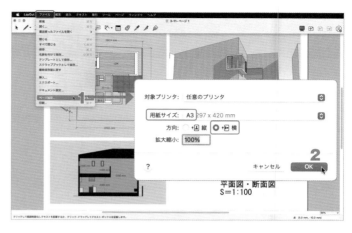

3 メニューバー［ファイル］－「印刷」を🖱。

4 「プリンタ」名とプレビューを確認し、「プリ
   ント」ボタンを🖱。

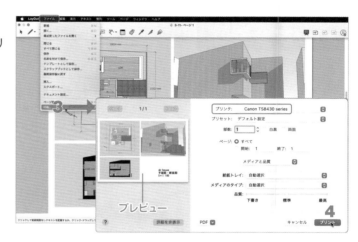

Hint PDFファイルに保存　Mac の場合

Mac では、上記4で次の操作を行うことで、
印刷する代わりにPDFファイルとして保
存できます。

1 「PDF」ボックスの 🔽 を🖱し、「PDFとし
   て保存」を🖱。

2 「場所」を確認のうえ、「名前」を入力する。

3 「保存」ボタンを🖱。

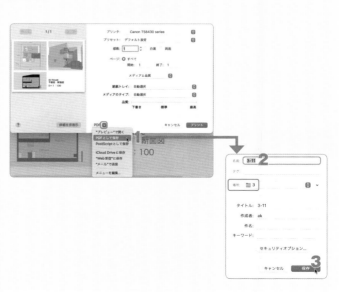

Appendix

解説どおりにならない場合のQ&A

Chapter 1〜Chapter 3の解説のなかで、記載されたとおりに動作しない場合や、意図しないメッセージが表示された場合の対処方法を、Q&A形式で解説します。

p.16/37 ➡ Q 01
「22sk」フォルダーがない

教材データをダウンロード・展開していない場合、「22sk」フォルダーはありません。

p.13〜14を参照し、インターネットから教材データをダウンロードしてから「ドキュメント」（ Mac は「書類」）に展開してください。パソコンで複数のユーザーで共有している場合、教材データの展開時と違うユーザー名でログインしていると、「ドキュメント」の中に「22sk」フォルダーはありません。教材データの展開時と同じユーザー名でログインしてください。

p.23/26 ➡ Q 02
ヒントの 点から軸方向 が表示されない

ワークスペースの表示が遠近法であることを考慮し、始点からの緑軸方向の線と、1つ前の終点からの赤軸方向の線との仮想交点付近に、ポインタを移動してください。

上記を行っても表示されない場合は、以下の操作を行ってください。以下はp.23の例で説明します。

4の操作の後、ポインタをいったん1辺目の始点に合わせ（🖱はしない）、端点を表示した後、ポインタを奥（緑軸方向）に仮想交点付近まで移動してください。

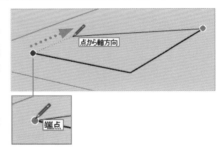

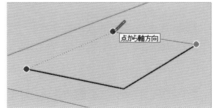

p.38 ➡ Q 03
「2点円弧」ツールがツールバーにない

ツールバーの「円弧」ツールの▼を🖱し、プルダウンリストから「2点円弧」ツールを🖱してください。

また、メニューバー［描画］−「円弧」−「2点円弧」を🖱でも、選択できます。

p.51/77 ⇨ Q 04

キーボードから入力した数値が「値制御」ボックスに入力されない

日本語入力が有効になっていることが原因です。
半角/全角キーを押して日本語入力を無効にしたうえで、数値を入力してください。

日本語入力モード有効

日本語入力モード無効（英数入力）

---

p.60 ⇨ Q 05

選択ボックスが表示されない

使用しているパソコンの性能がSketchUpを利用するための動作環境の条件（→p.9）を満たしていないことが原因と考えられます。動作環境の条件を満たした他のパソコンでご利用ください。

---

p.64 ⇨ Q 06

窓の外形線（4辺）しかコピーされない

p.63の**4**で窓を選択ボックスで囲む際、窓の150mm押し込んだ奥の面とそのエッジ全体が選択ボックスに入っていないため、コピー対象として選択されていないことが原因です。
メニューバー［編集］－「元に戻す」を🖱し、コピーを取り消したうえ、窓を囲む範囲に注意して**3**からの操作をやり直してください。

---

p.106 ⇨ Q 07

「デフォルトのトレイ」上に「シーン」ダイアログがない

p.105の**5**で「シーン」にチェックを付けなかったか、「デフォルトのトレイ」上で閉じた可能性があります。
メニューバー［ウィンドウ］－「デフォルトのトレイ」を🖱し、チェックの付いていない「シーン」を🖱してください。「デフォルトのトレイ」上に展開表示されます。

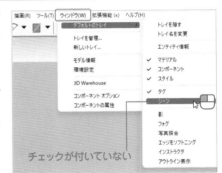

チェックが付いていない

---

p.115 ⇨ Q 08

回転した窓が開口にぴったり収まらずにずれる

p.113「**26** インポートした窓をコピーする」の**2**～**3**、p.114「**27** コピーした窓を回転する」の**2**～**4**のいずれかで正しい点をスナップできていないことが原因です。
メニューバー［編集］－「元に戻す」を🖱し、スナップを誤った時点まで操作を取り消してください。
点をスナップするときに、確実に目的の点をスナップできるよう、十分に拡大表示し、ヒントが表示されることを確認して🖱してください。

---

p.121 ⇨ Q 09

室内がくもって見える

p.104の**4**の操作で十分ズームインしなかったため、p.112でインポートしたドアのガラス越しに室内を見ています。
「ズーム」ツールでズームインして調整してください。

p.153 ⇨ Q 10

押し込んだ面が消去されない

p.152で作成したガイドラインが正確な位置に作成されていないか、あるいは、その後に作成した長方形の対角が、ガイドライン交点でスナップされていないことが原因です。

メニューバー［編集］−「元に戻す」で、ガイドラインの作成前まで戻し、ガイドラインおよび長方形を正確に作成してください。

p.169/200 ⇨ Q 11

インポートするモデルやコンポーネントがポインタに表示されない

インポートするモデルのサイズやパソコンの性能不足などにより、インポートするモデルがポインタに仮表示されない場合があります。

そのまま、配置位置を🖱してください。🖱位置に配置されます。

p.210 ⇨ Q 12

「Solar North」ツールバーが表示されない

次の操作で表示してください。

メニューバー［表示］−「ツールバー」を🖱し、「ツールバー」ダイアログ「ツールバー」タブの「Solar North」にチェックを付け、「閉じる」ボタンを🖱。

Mac の場合は、メニューバー［表示］−「ツールパレット」−「Solar North」を🖱。

p.243 ⇨ Q 13

Mac で「各種スタイル」を🖱しても何も表示されない

以下の手順で「各種スタイル」を選択しなおしてください。

1 「選択」タブの「スタイル」ボックスの🔽を🖱し、リストから「スタイル」を🖱。
2 表示される「各種スタイル」フォルダーを🖱🖱。

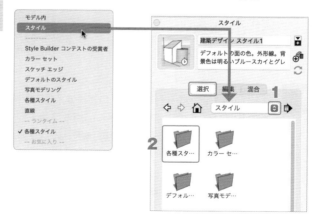

p.245 ⇨ Q 14

2枚の用紙に分かれて印刷される

メニューバー［ファイル］−「プリンタの設定」で、用紙の向きが「横」に設定されているかをご確認ください。

「横」に設定されていて2枚に分かれる場合は、SketchUPのウィンドウが横に長すぎることが原因です。

ウィンドウの幅を狭めたうえで、印刷してください。

Appendix　解説どおりにならない場合の Q&A

p.249 ⇨ Q 15

アニメーションを再生
するとモデルの一部や
影が表示されない。アニ
メーションの動きがぎ
こちない

パソコンの性能不足が原因です。
すべてのモデルを表示し終わる前に
次のシーンの表示になるため、このような現象が起きます。

そのような場合は、メニューバー[表示]－「アニメーション」－「設定」を🖰し、「モデル情報」ダイアログの「アニメーション」で「シーンの切り替え」の移行時間や「シーンの遅延」の秒数を変えて調整してください。

また、保存した動画ファイルでは（→p.249の **Hint** ）、これらの問題は回避されます。

チェック無：次のシーンに、スライドのように切り替わる

チェック有：指定秒数をかけ、アニメーションで次のシーンに移行。この秒数を長くする

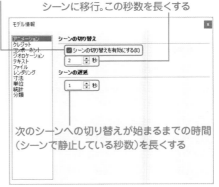

次のシーンへの切り替えが始まるまでの時間（シーンで静止している秒数）を長くする

---

p.251 ⇨ Q 16

作成した動的コンポー
ネントの扉を「対話操
作」ツールで🖰すると、
「ERROR：Invalid entity
to animate("X")」とエラ
ーメッセージが表示さ
れ、扉が動かない

コンポーネントの属性設定時に、ダブルクォーテーション（ " " ）を自動的に「" "」の組み合わせに変換する **Mac** の機能が働いたことが原因です。

この機能が働かないよう、以下の手順で **Mac** の設定を変更したうえで、コンポーネントの属性設定の指定「animate("X",2,89)」を入力しなおしてください。

1 メニューバー[appleロゴ]－「システム環境設定」を🖰。

2 「システム環境設定」ウィンドウの「キーボード」を🖰。

3 「キーボード」ウィンドウの「ユーザ辞書」タブを🖰。

4 「スマート引用符とスマートダッシュを使用」のチェックを外す。

5 ウィンドウを閉じる。

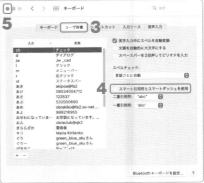

---

p.258 ⇨ Q 17

「SketchUp モデル」な
どのダイアログが表示
されない

メニューバー[ウィンドウ]を🖰し、「SketchUp モデル」など必要なダイアログ名を🖰することで表示してください。

Index

Index

送付先 FAX 番号 ▶ 03-3403-0582　メールアドレス ▶ info@xknowledge.co.jp
インターネットからのお問合せ ▶ https://www.xknowledge.co.jp/contact/book/

FAX質問シート

やさしく学ぶSketchUp [SketchUp 2022 対応]

2ページの「本書をご購入・ご利用になる前に必ずお読みください」と以下を必ずお読みになり、ご了承いただいた場合のみご質問をお送りください。

● 「本書の手順通り操作したが記載されているような結果にならない」といった本書記事に直接関係のある質問のみご回答いたします。「このようなことがしたい」「このようなときはどうすればよいか」など特定のユーザー向けの操作方法や問題解決方法については受け付けておりません。

● 本質問シートで、FAX またはメールにてお送りいただいた質問のみ受け付けております。お電話による質問はお受けできません。

● 本質問シートはコピーしてお使いください。また、必要事項に記入漏れがある場合はご回答できない場合がございます。

● メールの場合は、書名と当質問シートの項目を必ずご入力のうえ、送信してください。

● ご質問の内容によってはご回答できない場合や日数を要する場合がございます。

● パソコンや OS そのもの、ご使用の機器や環境についての操作方法・トラブルなどの質問は受け付けておりません。

ふりがな

氏　　名　　　　　　　　　　　　　　年齢　　　　歳　　　　性別　　男　・　女

回答送付先（FAX またはメールのいずれかに○印を付け、FAX 番号またはメールアドレスをご記入ください）

FAX　・　メール

※送付先ははっきりとわかりやすくご記入ください。判読できない場合はご回答いたしかねます。電話による回答はいたしておりません。

ご質問の内容　　※ 例）200 ページの手順 9 までは操作できるが、手順 8 の結果が別紙画面のようになって解決しない。

【 本書　　　　　ページ　～　　　　　ページ 】

ご使用の SketchUp のバージョン　　※ 例）Pro2022（　　　　　　　　　　　　　　　　　　　　　　　）

ご使用の OS のバージョン（以下の中から該当するものに○印を付けてください）

　　　Windows 11　　　　10　　　　8.1　　　　その他（　　　　　　　　　　　　　　　　　　）

● 著者

Obra Club（オブラ クラブ）

設計業務におけるパソコンの有効利用をテーマとしたクラブ。
会員を対象にJw_cadに関するサポートや情報提供などを行っている。
http://www.obraclub.com/

ホームページ（上記URL）では書籍に関するQ&Aも掲載

《主な著書》
『はじめて学ぶJw_cad 8』
『Jw_cadの「コレがしたい！」「アレができない！」をスッキリ解決する本』
『やさしく学ぶJw_cad 8』
『Jw_cad電気設備設計入門』
『Jw_cad空調給排水設備図面入門』
『Jw_cadで神速に図面をかくための100のテクニック』
『Jw_cad 8を仕事でフル活用するための88の方法（メソッド）』
『CADを使って機械や木工や製品の図面をかきたい人のためのJw_cad 8製図入門』
『建築だけじゃない！ だれでもかんたんに図がかける！ いますぐできる！ フリーソフトJw_cad 8』
『Jw_cad 8逆引きハンドブック』
『Jw_cad 8のトリセツ』
　　（いずれもエクスナレッジ刊）

やさしく学ぶ SketchUp

［SketchUp 2022 対応］

2022年 6月29日　初版第1刷発行

著　者　　Obra Club

発行者　　澤井 聖一
発行所　　株式会社エクスナレッジ
　　　　　〒106-0032　東京都港区六本木7-2-26
　　　　　https://www.xknowledge.co.jp/

● 問合せ先
編　集　　前ページのFAX質問シートを参照してください。
販　売　　TEL 03-3403-1321 ／ FAX 03-3403-1829 ／ info@xknowledge.co.jp